専修大学社会科学研究所　社会科学研究叢書 21

アクション・グループと地域・場所の形成

──アイデンティティの模索──

松尾容孝 編

専修大学出版局

はしがき

1. 地域への関心の諸相

　「地域」に関心をよせる研究は数多あり，関心の方向や内容にも，さまざまなものがある。なるほどと感じることがある一方で，捕捉しきれないものもある。また，自分が関心をもっていることで，渉猟の網の目では掬えず，どう扱ったらいいのか疑問のままのこともある。

　なるほどと感じたのは，「地域を形づくる3軸」と「地域認識の3頂点」。

　「地域を形づくる3軸」は，ウルフ・ウイバーグ（Ulf Wiberg）が指摘した。ウイバーグは，社会経済的なまとまりとしての地域が経済・法制度・ソーシャルキャピタルによって形成されていると論じた。地域の社会経済を規定するのは，市場経済，三権分立（統治機構）・法律などの政治・法制度，価値観・慣習・信頼関係などのソーシャルキャピタルの3つである。3つを足すと100％になるが，何が主導的に地域の社会経済を規定しているのかは，それぞれの地域ごとに異なる。3つを三角グラフの3軸に据えれば，それぞれの地域の位置を，三角グラフの中で確認できる。

　「地域認識の3頂点」は，キース・ハーファクリー（Keith Halfacree）が示したモデルである。「場所／空間／地域」（像）が，ロカリティlocality，生活 lives，表彰（イメージ）representation を3頂点とする正三角形の中にできることを論じたものである。各頂点で形成される地域（像）は，ロカリティつまり気候・地形・人口・距離などの定量的・物理的情報で捉えられる地域，生活のなかで得られる経験・体験を通した地域，間接的な情報に基づいて観念的に思い描く（＝イメージが作り出す）地域である。これらは，いずれも現実の地域を形成・改変する営力をもち，相互に異なる認識をもつ

社会集団が地域形成の主導権を得るために衝突することも少なくない。

地域の変化に関連して，地域の不動性（継承性・復元性）・浮動性・カタストロフィーがある。地域の不動性は，同一の地域において現象が継承され，復元・復活し，持続可能性を持ち続け，その地域・地点が長期的に中心性を高める現象である。一方，浮動性は，これまでの実績や深いかかわりがない場所・地点に現象が移り，あるいは新たに出現することを指す。カタストロフィーは突然変異つまり意味の転換が生じることを指す。それぞれの地点に視野を局限すれば，地域の浮動性やカタストロフィーは説明困難に見える。しかし，これらの地点・地域がネットワークにおける結節点や特異点であるならば，より体系的にその地点・地域で生じた理由を捉えうる可能性が高まるはずである。しかし，これらのテーマについては，トートロジーを回避してどのようにアプローチできるのか。その探求方法がいまなおわからない。

地域の存続を世代を超えて確実にするために，人々（社会集団）は何に頼り，何にすがっているか。宗教（祈り），技術・知識，正当性を備えた組織，資本など，時代と場所によって，頼り，すがる相手はさまざまである。正当性の種類は，功利的経済性，道徳的優位（妥当）性，権威に大別できる。他者に頼るのではなく自らに頼るなら，下から積み上げた別の論理を必要とする。それは，ジョン・ロールズ（John Rawls）の正義やアマルティア・セン（Amartya Sen）のアイデンティティ（一体性志向）に関する議論に通じるのであろう。

2．本書の構成

本書は3部構成である。第Ⅰ部は地域・コミュニティに関する研究動向を整理している。地域やコミュニティは，科学的分析により一義的に客観的存在として把握できるのはその一部にすぎない。むしろ，地域やコミュニティは，構造による決定と主意による形成が絡む確立以前の創造的過程＝進行形にあり，行為主体＝アクション・グループ相互の営力により多様に変化し，自らのおかれた状況により異なって理解されるものである。ポスト・モダニ

ズム，ポスト構造主義などの思想や，差異・周縁・民族などの社会的位置を念頭においたアクション・グループのアイデンティティによって，地域観やコミュニティ観は大きく異なる。松尾容孝は地域，広田康生はコミュニティをテーマにして，それぞれ研究史を整理している。広田が，「下からのトランスナショナリズム論」に焦点を合わせてコミュニティを論じる」と述べているのは，能動的・主体的な地域社会の形成への関心に基づく。広田と松尾の内容は，期せずして，同期している箇所が多い。

　第Ⅱ部は歴史上の地域形成と行為主体とを対象とした事例を扱っている。堀江洋文は，16世紀後半から17世紀にかけてのスペイン王権下のアイルランド移民を対象に，国際関係に揺さぶられる移民や交易商人の地域形成とネットワークを，行為主体が追求する地域像とアイデンティティに留意して追求している。松尾は近世北陸日本海で展開した海運活動と漁業による地域形成の特色について，研究史の整理により予察的に扱っている。

　第Ⅲ部は，戦争と平和ないし非日常と日常，伝統と革新を軸にして，現代の地域の光景を扱っている。砂山充子は，スペイン内戦により，他国への居住地移動を余儀なくされた子供たち（バスク・チルドレン＝社会的弱者）が生活した受け入れ地域と体験した文化変容を扱っている。樋口博美は，山中漆器産地を対象に，伝統的地場産地が産地としての持続可能性を追求して，経済的側面，社会的側面の両者において，伝統と革新のなか，いかなる施策を計画・実施しているのか，そこに産地アイデンティティや地域主義はどのように凝集しているのかを検討している。山本充は，EUの地域政策が，その長年にわたる歩みを経て，多様かつ大小さまざまな地域を「領域」territoryとしてどのように捉えなおそうとしているのかを検討した。その中で，農村におけるLAG（ローカル・アクション・グループ）による開発プロジェクトにおいて，地域資源，地域アイデンティティなどの個々の事業の推進が，どのような「領域」を基盤として行われているのかに注目した。松尾は，先進林業地域を中心とした日本の伝統的林業構造が外材主導の市場構造により再編されたなか，木質バイオマス事業の興隆が，新たな地域主義や地域アイ

デンティティを反映する産業と見なせるか否かを検討している。

3．関心の特色，発現の契機

　各章で取り扱っている対象はまちまちである。しかし，地域形成，（地域）アイデンティティ，アクション・グループ，地域主義などのキーワードにアプローチする際の題材の選択に注目すれば，多くの共通点が見いだせる。

　第1の共通点として，「移動・移民」を題材にしたものが多い。広田，堀江，砂山の章がそれに該当する。広田は，現在の国際的な移民を大理論に基づいて構造論的に考察するのではなく，新しい様式の採用など移民が行っている日常的実践，移民と関わる人々の実践，そこに生み出される諸関係に注目して，いわば行為主体である移民たちが構造に挑戦し，構造を作り変えることに関心を寄せることの重要性を指摘する。その過程において，移民たちの主張や選択は，単一のアイデンティティを主張し常に同じグループとして行動するものでもなく，移民が場所を獲得していく過程もさまざまな展開がありうる。

　堀江は，16～17世紀にアイルランド各地から跛行的にイベリア半島に移動・亡命したアイルランド人を対象に，彼らのレゾンデートルをかけた取り組みを分析している。コミュニティ・ネットワークとアイデンティティに焦点を合わせた検討は，まさに広田の掲げたテーマに正面から取り組んだ内容ともいえる。聖職者，貴族・族長・傭兵，商人あるいはオールド・アイリッシュ，オールド・イングリッシュらが，いかなる行為主体として，アイリッシュ・カレッジ，アイルランド連隊やスペイン騎士団，港湾都市や交易都市，スペイン国家・王室の政治勢力群などの結合契機にアイデンティティを寄せ，場所を獲得していったのか，その過程で地域主義やアイデンティティをいかに再構築したのかを考察した。

　砂山は，スペイン内戦時に自らの意思ではない移動を余儀なくされたバスク・チルドレンのウェールズ社会による受け入れと子供たちのその後のアイデンティティを考察している。バスクとの共通点や経済関係が，ウェールズ

での安定したコロニーの設立・運営を可能にし，特にスペイン第二共和国に共感を寄せる舎監・スタッフやバスク人コミュニティの存在は大きな意味をもった。一方で，バスク・チルドレンのアイデンティティは複雑である。故郷スペイン第二共和国は永遠に消失した，平和にイギリスで過ごせたが家族と離れ孤独だった，英語の生活が長くなりスペインが遠い存在になった，バスク・チルドレンのレッテルに抵抗を感じる，コロニーの友人と再会して同胞や自分を感じる。彼らが自らの経験に対して抱く錯綜した思いがこれらの言葉には溢れている。

　第2の共通点として，堀江と松尾（4章）が取り上げた，商人による「交易」「商取引」の題材がある。商人にとって取引場所は自らの本拠ではなく商売上の訪問先なので，商人はその地域に根を張っている船問屋や取引問屋あるいは市場などから情報を入手し，港湾都市・交易都市のルールに従って取引を行う。また，新規開拓者にとっては，新たな地域形成に向けた飛躍の場所でもある。

　第3に，第1点の移民も第2点の商人も，ともにその地域社会のなかでは少数派ないしマージナルな存在である点で共通している。つまり，題材の行為主体は多数派の社会経済に順応し，時に同化するなど，程度の幅があるが，行為主体の文化変容を扱う点で共通している。

　第4の共通点として，「戦争・紛争」や「再編」など，平時ではなく非常時や転換期を題材にしたものが多い。堀江，砂山が「戦争・紛争」，樋口，松尾（8章）が「再編」をそれぞれ題材にしている。樋口は，近年再び木製漆器の比重が高まり，これに他産地の半製品としての木地製品の生産需要が加わった再編・転換期の山中漆器産地を対象にしている。樋口は，山中において木地製品と木製漆器の生産を可能にするため，分業体制の各部門の事業者たちが産地システムの外延的拡大と産地要素の改変を進めて，分業と協業の生産構造（経済的側面）と産地コミュニティ・慣習・文化・伝統（社会的関係）の再編により産地の維持を図っていることを示した。松尾は，先進林業地域を中核にした木材市場の解体と木材産業の多様化・高度化によって林

業地域の再編が進行していること，しかしその一大牽引力である木質バイオマス事業では，地域内事業者による内在的事業化の事例は少数で，都市部を中心とした製紙合板・建材・産廃等の事業者がFIT（20年間の時限的な再生可能エネルギー固定価格買取制度）を頼りに事業化したものが大半を占めること，そのため，持続可能な産業として成長する可能性が決して高くないことを示した。山本も，機能の点でも空間規模の面でも多様な結合契機をもつ国々や地域における自律的な領域的紐帯 territorial cohesion を支援し，追求する，今日の EU の地域政策の導入とその取り組みを扱っており，EU における地域政策の転換あるいは試行錯誤を題材にしているといえよう。

　したがって，本書の執筆者が対象としているのは，非常時や既存の秩序の崩壊や不全により，地域全域を覆う秩序がなく，多様に混在し相互に矛盾・対立する未確立の創造的過程にある地域である。これは，まさに期せずして，エドワード・ソジャ（Edward Soja）のいう「第三空間」を扱っているといえる。

　2019年2月

編　者

目　次

はしがき

第 I 部　地域とコミュニティ ——————————————— 1

第 1 章　地域について考える

.... 松尾　容孝　3

1．はじめに　3

  1.1　問題の所在　3

  1.2　諸学の地域概念　4

  1.3　今日における地域の意味　6

2．地域概念に関する社会科学と地理学との間　6

3．地理学における地域の研究史　9

  3.1　領域・安定構造と地域区分を追求した1960年前後までの動向　9

  3.2　科学性の追求と，近代化と都市化による1960年台の動向　13

  3.3　1970年前後の人文主義やマルキスト地理学　15

  3.4　1980年台以後の地理学　17

  3.5　小括　27

4．地域主義と地域アイデンティティの諸相　28

  4.1　グローバリゼーションに伴う地域主義　28

  4.2　比較文化（文明）史における地域アイデンティティ　31

  4.3　アマルティア・センのアイデンティティ概念　32

  4.4　「新しい自然学（非線形科学）」が示唆する方向　34

5．おわりに　37

x　　目　次

第2章　コミュニティについて考える

――「トランスナショナル・コミュニティ」の「場所形成」と「行為主体」――

　　　　　　　　　　　　……………………広田　康生　　45

　1．本章の意図　45

　2．「トランスナショナリズム論」における「コミュニティ」とは何か　46

　　2.1　「トランスナショナリズム論」とは何か　46

　　2.2　「トランスナショナル・コミュニティ」の言説的世界

　　　　――周縁／差異／ヘゲモニー／行為志向性／ローカリティと

　　　　場所をめぐって　50

　　2.3　日本社会における「トランスナショナル・コミュニティ」の言説世界　55

　3．「トランスナショナル・コミュニティ」研究の方法論的立場と枠組み

　　　　――「場所形成」「コミュニティの存在様式と共同体」「行為主体とアイ

　　　　デンティティ」　58

　　3.1　「場所形成(place-making)」と「記憶の想像的利用」研究の重要性　58

　　3.2　「トランスナショナル・コミュニティ」の「存在様式」再考　63

　　3.3　「差異に開かれた主体」という問題設定の重要性

　　　　――「下からの都市コミュニティ」論再編　67

　4．結語　73

第II部　歴史的検討 ――――――――――――――― 79

第3章　イベリア半島のアイルランド人移民コミュニティ・ネットワークとアイデンティティ

　　　　　　　　　　　　……………………堀江　洋文　　81

　1．はじめに　81

　2．アイルランド人移民ネットワークの形成過程の概観　84

　3．アイルランド人傭兵とアイルランド人コミュニティ　95

4. アイルランド人聖職者とアイリッシュ・カレッジ（1）
　　——サンティアゴ・デ・コンポステーラ，サラマンカ，リスボン　101

5. アイリッシュ・カレッジ（2）
　　——バリャドリード，マドリード，アルカラ・デ・エナレス，セビリア　114

6. アイルランド人交易商の躍進と交易ネットワーク　120

7. おわりに　133

第4章　前近代北陸の海村・港町が織りなす地域
　　—研究史の整理による予察的検討—

　　　　　　　　　　　　……………… 松尾　容孝　145

1. はじめに　145

　　1.1　関心の所在　145

　　1.2　全般的な研究史の整理　146

2. 海運研究が示す北陸日本海の地域史　149

　　2.1　海運史の研究成果と論点　149

　　2.2　北陸日本海海運の展開と地域間関係　152

　　2.3　日本海海運と3次元の空間関係：全国市場・域内市場・
　　　　内陸水運圏　163

　　2.4　北前船の海村・港町とその生業・生活と地域社会の諸相
　　　　　　——橋立，河野浦・敦賀湊，黒島・門前，福浦を例に　164

3. 歴史的地域の地域構造と集落地理的アプローチの模索　169

　　3.1　分析の素材と方法　169

　　3.2　『小物成帳』にみる海村の生業・経済と内陸水運圏　172

　　3.3　海村・港町の集落形態とその比較：規模・階層性と機能　179

　　3.4　北陸日本海の地域群と歴史的地域の地域構造　182

4. おわりに　186

xii　目　次

第Ⅲ部　現代の光景 ——————————————————195

第5章　「バスク・チルドレン」の受け入れを巡って
　　　　　—ウェールズを中心に—

　　　　　　　　　　　　　　……………… 砂山　充子　197

1．はじめに　397

2．「バスク・チルドレン」とは　198

3．孤立か，統合か　199

4．ウェールズとスペイン内戦　203

5．ウェールズのコロニー　206

6．カンブリアハウス　209

7．アイデンティティを巡って　217

第6章　山中漆器産地にみる「産地の要素」の変容と
　　　　　産地アイデンティティ
　　　　　—地域における"産地"とはなにか—

　　　　　　　　　　　　　　……………… 樋口　博美　225

1．はじめに　225

2．"産地"概念と産地の要素　226

　　2.1　伝統と協業の地場産業産地　226

　　2.2　産地の「要素」　229

3．産地の要素に見る伝統的産地のあり方　231

　　3.1　伝統的地場産業産地としての産地システム　232

　　3.2　伝統的な生産関係と産地コミュニティ　234

4．近代的地場産業の登場と産地システムの変容　237

　　4.1　産地の要素と近代的地場産業化　237

　　4.2　「個別化と外部化」にみる生産関係と産地コミュニティ　241

5．おわりに　253

第7章 EU における住民主体の農村振興と地域
―LEADER プログラムにおける LAG―

.... 山本 充　259

1. はじめに　259

2. EU の政策における農村振興の変遷　261

　2.1 農業政策と地域政策における農村振興　261

　2.2 結束政策の開始と農村振興　263

　2.3 結束政策と農業政策における農村振興の拡充　265

　2.4 結束政策における「領域」的結束　268

3. EU の政策における「領域」　271

　3.1 「領域」の導入　271

　3.2 「領域」の種類と類型　274

4. LEADER 事業の導入と LAG の意義　279

　4.1 LEADER 事業の導入と構想　279

　4.2. LEADER 事業の変遷と LAG　283

5. LEADER 事業の実際：オーストリア・チロル州の事例　285

　5.1 オーストリア・チロル州における LEADER 事業　285

　5.2 ビィップ河谷 Wipptal における LEADER 事業の実施　288

6. おわりに　291

第8章 日本林業の衰退・再編と地域アイデンティティの模索
.... 松尾 容孝　297

1. はじめに　297

　1.1 背景と目的　297

　1.2 日本における林野と山村の特徴と現状　298

2. 林野・地域社会・育成林業の史的展開　300

　2.1 土地への租税の画期と林野　300

　2.2 林野基盤社会　301

2.3　近世期と近代期の育成林業地域　303

3. 1970年台以降の林業の景気変動とその地域分化　306

　　3.1　不景気の概要　306

　　3.2　林業地域間の活力の比較　309

　　3.3　先進林業地域の衰退の理由：奈良県吉野林業地域の場合　315

4. 吉野林業地域での取り組み　316

　　4.1　中心域，中間域，周辺域の分化　316

　　4.2　中心地域の林業山村・川上村での取り組み　317

　　4.3　中間地域の天川村と十津川村での取り組み　320

　　4.4　周辺地域野迫川村の状況　322

　　4.5　小括　326

5. 岩手県における林業の現況　326

　　5.1　岩手県の多様な林野利用と林業の興隆　326

　　5.2　木材・チップ加工・木質バイオマスのカスケード利用の展開と
　　　　限界　329

6. 結論：日本の山村地域において現在必要な要素　333

あとがき　337

第Ⅰ部
地域とコミュニティ

第1章
地域について考える

松尾 容孝

1. はじめに

1.1 問題の所在

　本書は，歴史学者，社会学者，地理学者計6名の「地域」をめぐる研究成果である。それぞれの分野の地域概念は同一ではないので，特定の分野に沿って「地域」の用法に窮屈な制限を設けるのは共同研究にとって現実的でない。しかし，分野による概念の違いを明示することは有用であるし，地域を主要な対象とする地理学の地域概念の歩みを整理すること，諸分野の地域概念や地域への関心を俯瞰的に考察することも，一定の意義があろう。

　この共同研究は「アクション・グループ」「地域主義」「アイデンティティ」を重視している。人々の能動的な地域形成，社会集団の意思を髣髴とさせる地域，内外の社会集団がともに認知する地域について興味を共有している。地域形成の歴史と現状を踏まえれば，政治や資本などの強い地域形成力を無視してユートピア的地域観に籠もるのは妥当でない。筆者が専攻する地理学は，実態分析と現状の描写・説明に関心を示してきた分野なので，強い営力をもつ政治や経済が主導する地域を提示することが少なくない。それを自覚しつつ，各地の社会集団による能動的・主体的な地域形成に資する知識，アプローチや視点について，不十分ながら諸分野の成果を検討する。

4 　第Ⅰ部　地域とコミュニティ

　さらに，現代は，空間や環境や場所性への関心がひろく世の中において高まり一般的になっている。現象の時代性や現象の社会性とともに，現象の規模・位置（場所）・地域間関係など，現象の空間性・地域条件に対して人々が強く意識し，関心をもつようになった。現象は抽象的に発生して展開するのではなく，現象をめぐる空間性が現象の本質と不可分に関わるものとして理解されるに至っている。その結果，地域現象ないし地域群自体が相互作用を通じてさまざまに関わり合い，相互に地域形成に関与する点について，多くの分野が関心を示すようになった。それは人文・社会科学にとどまらず，自然科学にもひろがっている。地域群の相互作用が自己調節や相転移を生じ，新しい地域の形成をもたらすことが注目されている。地域をめぐる関心はつきない。

1.2　諸学の地域概念

　地理学は地表を研究対象とする伝統のもとで地域概念を成熟させてきた。それに対して，人文・社会諸科学が用いる「地域」の語は，社会学を典型として，多くの場合，コミュニティ＝地域社会を指し，関心の重心が「地域」よりも「社会」にあることが多い。経済学では，抽象的な思考を基本とし，国民経済を暗黙の前提とする時代が長く続いたが，20世紀に一方で立地論や地域科学の台頭，他方で不景気や地域格差等の地域問題を受けて地域経済学が生成した。立地論や地域科学が対象とするのは空間の属性が経済に及ぼす影響や経済を規定する条件・程度である。地域格差や地域問題は，空間の属性が原因の場合もあるが，一般には地域差や地域性によって生じる。地域経済学は，格差や問題を生じる地域条件を明らかにするとともに，究極的には，地域条件を踏まえて，地域格差や地域問題の発生を最小限にとどめ，社会に沿った経済を志向する。

　歴史学は一国史が基本をなすが，一方で，科学史，文化史など主題別の歴史研究がある。後者は必ずしも歴史学を専攻する研究者によるわけではない。時代別（古代・中世……）あるいは地域別（オリエント・インド・中国

……）の検討から始めて比較史に向かうのが一般的で，比較史を経て人類の科学史，文化史に収斂する志向性をもつ。前者の一国史は政治史と社会経済史を核にして研究される。とりわけ近代国家の誕生以降は，地域間関係や国際関係の比重が増し，世界史の中の一国史としての性格を強める。すなわち，一国史・主題史ともに対象地域が世界へと拡大するにつれて，構成要素としての地域が関心対象となる。主題は時間軸に沿った展開にあり，地域間相互作用を生じつつ形成される世界が最終的な対象地をなす。

　以上の考え方が，近代思想（モダニズム）に立脚した人文・社会科学にとって，「地域」に関心を寄せる根拠であろう。

　自然科学の場合，純粋科学の多くは還元主義的に法則追求を志向するため，長く地域（差）は残差，ノイズとして扱われ，主要な考察対象とならなかった。一方，現実の営みに力点を置く応用的な土木工学，建築学，造園学などの分野では，自然と造形物との関係を基本とし，地表上の地域が対象となるので，より内在的に地域を考察対象としてきた。認識論や方法論においても地理学との類似点が多い。

　これに対して，近年，物理現象や生命現象を扱う広汎な自然科学の分野が，要素間の差や要素間関係に関心を寄せるに至っている。それは「非線形科学」と呼ばれ，身近な自然界において，要素同士が相互作用によって，自己調節，新たな形や動きの形成，相転移などの現象を引き起こすことに関心を寄せる。現象を経験するだけでなく，観測精度や分析能の向上により，検証やプロセスの再構成の可能性も高まった。敷衍すれば，地域差は残差ではなく，重大な差異の要因であり，理論化や法則定立にとって地域差の研究が重要なことが徐々に明らかになってきた。

　自然科学におけるこの動きは，科学の複雑さ，思想の多様性自体が全体の構造の一部をなし，単線的な法則性ではなく，よりやわらかでファジーな状態で実在する法則群を支えるための意味や価値をもつ，との考え方に基づく。地域に焦点をあてて表現すれば，地域群は，必ずしも線形上の要素群にとどまらず，コスモスとカオスの間に重要な媒介環として存在し，新しい形

6 　第 I 部　地域とコミュニティ

や動きを生み出すことによってコスモスの存続や展開を支える働きをしていることを意味する。

1.3　今日における地域の意味

　上記を受けて，本章では，地域について，次の3方向から考察する。1つめは，地理学における地域の研究史を，他の社会科学等との異同に留意したうえで，整理して検討する。2つめは，社会集団による能動的・主体的な地域形成に資する知識，アプローチや視点について，人文・社会科学の既存成果に求め，参考にする。3つめは，地域間相互作用について考察すべき点を，地理学の成果と「非線形科学」の取り組みの対比によって検討する。

　3つめに関して補足しよう。自然諸科学における動向に直接の影響を受けてではないが，大局的に同じ方向にあるのが，人文・社会科学におけるポスト・モダンの研究動向である。モダニズムのメタ・ナラティヴ（大理論）ではなく，地域差や細部の差異を重視し，地域形成プロセスや地域間の関係性に注目し，地域の厚い記述と読解を重視する認識論や方法論に立つ。ただ，地域群による自己調節，新たな形や動きの形成，相転移などに注目してそれを積極的に追求しようとする志向性，姿勢はいまだ限定的であるが，この関心に沿う先行研究を紹介し，それと「非線形科学」の視角を対照して，地域群同士の相互作用運動の考察の方向を模索したい。

2．地域概念に関する社会科学と地理学との間

　社会科学と地理学との地域概念については，伊藤喜栄（1980）が，一定の土地区画エリアを地域の共通要件としながらも，実際の取り扱いにおいて，そのエリアの生成・展開やあるべきエリアの検討に関心を寄せる地理学と，エリアにおいて活動する人間集団（地域社会，コミュニティ）に注目する過程で土地区画としてのエリアが考察から抜け落ちることがある社会学等の社会科学との違いを指摘している。

伊藤（1980）は経済学とりわけ地域経済学について言及していないので，地域経済学の成立と展開を，地域経済学を冠した書籍群の目次や内容によって整理・検討しよう。W. アイザード（Walter Isard 1960）は「地域科学」「地域分析」の名称を用いて，総合的な要素群から成る地域を学際的に分析する地域経済研究を提唱したが，現実には経済立地論を中心とする新古典派経済学を地域分析に適用する「地域経済学」が展開した。ヒュー・ナース（Hugh Nourse 1968）はその典型例である。その後，地域経済学は拡張され，立地論にとどまらず，新古典派経済学全般を地域経済の分析に適用するようになった。原勲（2000, 2007）は，その例である。この視角の地域経済学では，地域経済の計量的分析を行う際に，地域の境界・範囲を定めておくことが不可欠であり，等質地域，結節地域，計画地域や行政地域，経済圏などの空間的まとまりが分析単位として用いられる。

　他方，1930年台以降，資本主義による地域問題の発生に対処するために，国民国家とは異なる地域の理論と実態を明らかにする課題が生じた。また1950〜60年台には経済成長の地域格差や都市問題により地域経済政策の重要性が広まった。その後，国家を超える地域組織の誕生・活動や多国籍企業の活動により，国とは異なる大小の地域を対象とする地域経済学が研究分野としての重要性を増した。こうして，経済合理主義とは異なり，地域問題を踏まえ，地域政策を科学的に実施し，そのため地域経済構造の把握・分析方法を体系化することを追求する「地域経済学」が1980年台以降成長した。宮本憲一ら（1993）はその例で，宮本の「地域主義」はこの文脈に基づく主張である。

　また，経済地理学においても，抽象化を志向する立地論とは別に，マルクス主義経済学に基づいてあるべき産業構造や土地利用を追求する川島哲郎らの研究が1950年台に台頭し，矢田俊文らによる地域構造研究へと向かった。この流れは世界的にも見られ，D. マッシーが空間的分業論，D. ハーヴェーや N. スミスらが経済の不均等発展や社会的正義論の視角を確立した。

　以上を整理すると，地域経済学は20世紀に誕生し成長した新たな分野で，

研究者によりその主たる内容・対象について，3つの考え方がある。経済立地論ないし空間経済学を主な対象とする経済学の部門，国民国家を対象にしてきた新古典派経済学を地域を対象にして展開する部門，地域問題・地域政策・地域経済構造を連関させて対象とする理論・応用両面を扱う経済学の部門である。現在は第三の考え方が主流とみなせる。

　歴史学では，地域史や社会史の部門がある。地形，気候，動植物相の特性を踏まえた多様な地域群の形成と15世紀末に始まるヨーロッパ主導の大規模な交流・移動・伝播による地域変容が，地球規模での世界史の視野における地域史の基礎となるはずである。多様な歴史時代を対象に，生態・風土，民族・民族運動，文化・国民国家，アイデンティティ・帰属意識，ネットワーク・普遍化，地域変容・盛衰などを旗頭に立てて地域史は取り組まれている。また，一国史においても，地域史・地方史が取り組まれている。そこでは，それぞれの国における政治・文化・社会経済構造の跛行的展開（進歩の程度）や政治的対立などに留意して地域史を論じることが一般的である。近年，環境条件とその時間的変化に注目するに至っているが，それは，政治・社会経済の動態を説明する要因としての環境への関心が主流をなしていて，地域史に向かう関心ではない。一国史における地域史は，世界史における地域史と同じテーマをより詳細に研究する分野なのか。世界史における地域史とは別に，一国史における地域史の意味を提起する枠組，オールターナティヴの意味は存在しないのか。一国史と対置しうる地域史の視角や研究テーマはいまだ十分に提示するに至っていないのではなかろうか。

　歴史学における大理論の解体は，社会史の隆盛を生み出した。支配的な政治や経済ではなく人々の生活世界の丹念な記述・観察により多様な歴史的事実に注目して歴史を捉えなおすその方法論は，単線的な歴史観に修正を迫り，歴史時代の社会もまた多様であったことを示している。同時に，具象的な地域実態に密着した研究スタイルをとるので，地域性への関心が高い。しかし，個別研究群をどのように収斂させるのか。結論に向けての道筋や，何を結論として志向・標榜するのかが明瞭でなく，衣・食・住や身体などの

テーマ史への分散が進行した。

　20世紀の長期的動向の中では，地理学は人文・社会科学よりも応用的な自然科学分野である土木工学，建築学，造園学と近似した地域概念に立っていた。一方で，1930年台以降の経済地理学の生成，第二次世界大戦後の社会科学としての地理学の進展のなかで社会科学との関係を強めた。1970〜80年台以降は社会科学諸分野が地域の省察を深め，両者は接近した。自然科学の応用部門もまた，新素材など技術の開発とともに，生活における多面的な需要に対応した造形の機能や価値観を反映するようになり，自然科学の面での守備範囲を拡大すると同様に，社会科学や人文科学との親近感が強い部門をも守備範囲に収めるに至った。

　以上を踏まえれば，今日，諸学の認識論や方法論は，地域，現象の空間性への関心を深め，それらを研究対象の構成要素とみなして取り込むようになっている。地理学とこれらの分野は多大に関心を共有する関係にあり，相互にとって共通理解と交流を深めるべき状態にあるといえよう。

3．地理学における地域の研究史

3.1　領域・安定構造と地域区分を追求した1960年前後までの動向

　地理学における20世紀前半の地域地理学の代表的研究と地域的総合の歩みとして，次の4つが挙げられる。
・ヴィダル・ドゥ・ラ・ブラーシュとヴィダル学派の地域地理学：生活様式，文明，環境，循環
・ヘットナー，ハーツホーンのコロロジカルな視角：現象の地域的総合，地域分化
・ソヴィエトの地域地理学：計画経済が依拠し実施される合理的地域
・生物地域主義・生命地域主義（バイオリージョナリズム）：土地の特性や自然の持続性を損なわない生活様式の構築，地域の生態系に適応する地域

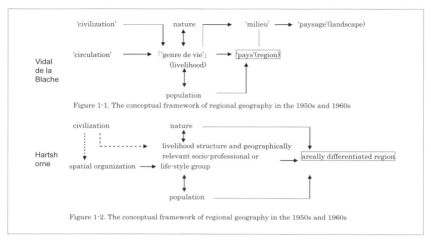

図1　フークヴェルトによる地域地理学とコロロジカルな視角の考え方の枠組
出典：Hoekveld（1990）。

社会を目指す社会運動

　諸国の地理学に影響を与えたヴィダル・ドゥ・ラ・ブラーシュとヴィダル学派の地域地理学とヘットナー，ハーツホーンのコロロジカルな視角の考え方の枠組を，フークヴェルト（Gerard A. Hoekveld 1990）は，図1に示した。

　ヴィダルは，生活様式が，人口や自然との相互作用と，より広域から及ぼされる文明と循環の影響を受けて成り立つとし，生活様式と人口（人間集団）が地域を，また生活様式が環境を形成し，環境が景観を生み出すとした。ヴィダルの環境 milieu 概念は単なる自然ではなく，生活の積み重ねに揉まれて景観の母体をなすものであり，長期的時間のなかでの作用を重視する独自性をもつ。

　これに対して，ヘットナーとハーツホーンは，歴史性・文化・長期的時間の働きを重視しない。人口や自然と，生活構造や地理的にまとまった人間集団との相互作用，空間的な作用が生活構造や人間集団に与える影響を調べ，これらの生活構造や人間集団，および人口（人間集団）と自然が，地域分化（分化地域）を形成すると考える。ヴィダルと比較した場合，地域と地域の

違いに注目する点は同じであるが，地域を景観に即して地表上の可視的存在
として把握する姿勢が弱い。

　次に，地域的総合の実践については，次の相異なる思想に基づく活動が
あった。まず，ソヴィエトでは，ゴスプラン（国家計画委員会）を組織し，ダー
ウィニズムの独自の解釈により自然環境に打ち勝つ自然改造のイデオロギー
を優先して，計画経済を実施した。これを支える論理は次のとおりである。
国土のなかには計画経済実施の基盤をなす合理的地域群が潜在する。天然資
源と労働能力と蓄積された資産・新技術を結びつけて最適の生産結合をなす
合理的地域群に国土を分割し，それらを実践的に地域として形成することが
計画経済の実施であり，地域地理学の実践の徹底である。この考えは科学的
で正当かつ効率的と位置づけられ，国家の重要政策として実施された。

　一方，生物地域主義（生命地域主義，バイオリージョナリズム）は，その
土地の特性や自然の持続性を損なわない生活様式を構築していく思想・社会
運動である。それぞれの生物にはその生存を支える生態系の単位地域が存在
する。人間も，人為的な関与を排除して，地域を地理的，歴史的，自然的な
空間として認識しそれに適応して生活すべきである。人間にとっての地域
は，1つの川とその支流で結びついた流域をなすことが多い，とする。バイ
オリージョナリズムは，生物地域が自然や地域アイデンティティと調和する
と信じるロマン主義である。

　以上の20世紀半ばころまでの地域概念は，域外関係も考察枠組の一部をな
すが，自然と人間活動との域内関係を基軸にして構築されている点で共通し
ている。ロカリティを主に内部条件（要素）によって説明・提示し，客観的
実在としての地域観を前提とする。これに対して，20世紀後半には，世界レ
ベルの相互作用，域外関係が地域に及ぼす影響を重視する地域概念が台頭
し，客観的実在としての地域観に必ずしも立脚しない考えが意義を高める。
これらに関しては，次節で検討する。

　1960年台前後までの客観的実在としての地域観に立脚する研究の重要な成
果に，地球上の地域群の比較考察の枠組を追求した地域の階梯に関する研

究，およびホイットルセィ（Derwent Whittlesey 1954）の「知的概念としての地域」論がある。

地域の階梯に関する研究とは，ダーウィンの生物分類（種属科目綱……）を地理学に導入し，世界を数次元の階層に分節化（区分）して，地球全域から小地域までの次元の地域を比較対照し，各次元の地域の機能を比較考察する研究を指す。多くの地理学者がこのテーマに取り組んだが，地域比較に有用な「地理尺度」（G スケール）をハゲットとチョーリーとストダート（P. Haggett, R. J. Chorley, and D. R. Stoddart 1965）が提案し，日本ではそれを活用した野間三郎ほか（1974）などの研究がある。同様の関心から，ドイツ（ラウテンザッハなど）やフランス（トリカールやブリュネなど）においても独自に地誌学や地生態学による地域区分，地域の階梯（地域システム）に関する研究成果がある。水津一朗の「地域の論理」（水津 1972），さらに時間軸を導入した「Rm 群の通時論的発展」（水津 1982）もこれに属する。これらの研究は，個々のエリアは一定のクラス（レベル，級）に割り当てることができる，それらのエリアには下位から上位に Locality/Stow/Quartier から District/Tract, Region/Section, Country/Province, Continent/Major Region/Realm/Domaine/Zone, 地球全表面までの数クラスが存在する，ある地域と他の地域との比較研究は同じクラスの地域間の場合に可能である，いずれかのクラスに則して分析する必要がある，などについて認識を共有している。

ホイットルセィが主張した「知的概念としての地域」論は，地域が客観的実在物か社会的構成物（社会的構成概念）かの論争に関して後者を主張するもの，と一部に誤解されて受けとめられた。しかし，*AAAG* に掲載された補足説明により，その理解は誤解であるとフークベルト（1990）が明瞭に指摘している。ホイットルセィの主張は，地域を比較考察するときは同じレベル（階梯）の地域と地域について行わなければいけない，その意味において地域は研究上の知的概念である，との意である。つまり，ホイットルセィの主張も地域の階梯に関する指摘である（松尾 2014, 2015）。

3.2 科学性の追求と，近代化と都市化による1960年台の動向

フークヴェルト（1990）は，ヴィダル学派とハーツホーンの地域地理学の枠組をベースに，1960年以降の世界レベルの地域間関係の拡大を踏まえて，新たな時代に対応した地域地理学の枠組を図2のように提示した。世界の生態系が自然に対して，また世界の経済システム・政治システムや国家が空間の組織化などに及ぼす影響が大きくなった状況が図に反映されている。

また，1960年台には，都市や経済中心が部分地域群を機能地域として統合する状況が進展して，等質地域概念でなく結節地域概念によって地域構造を解明する研究が広範に展開した。都市による地域群の統合（結節地域結合）については，ドイツではW. クリスタラー（Walter Christaller 1933）が『南ドイツの中心地』（邦訳『都市の立地と発展』），フランスでは，『メガロポリス』（1961）の著者ゴットマンが論文「人文地理学の分析方法について」（Jean Gottmann 1947）においてつとに論じており，1960年台に実証研究が多く登場した。フランスでは，地域地理学的成果として析出した。1960年台前半にジュイヤール（Etienne Juillard 1962）「地域：定義の論文」やブリュネ（Roger Brunet 1967）「地理における不連続現象」が，都市による編成

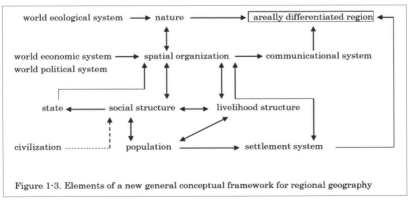

図2 フークヴェルトによる新たな時代に対応した地域地理学の枠組
出典：Hoekveld（1990）。

14 第 I 部 地域とコミュニティ

が進行する当時の地域を論じた理論的論文を提起し，ラバス（Jean La-basse 1966）『空間の組織化』は銀行資本による地域の編成を示した。

　一方，ドイツでは，近代化と都市化の進展による生活行動と生活空間の変容が進行した。ハイデッガー（Martin Heidegger 1927）の現存在（Dasein：一定の時空間の中に投じられた人間の存在）を念頭におき，ボベック（Hans Bobek 1948）やハルトケ（Wolfgang Hartke 1959）が築いたミュンヘン学派の社会地理学が，1950年台に農村地域，1960年台に都市地域を主な対象にして実証研究を蓄積し，それを踏まえて，ルッペルト（Karl Ruppert），シャファー（Franz Schaffer）らが社会地理学の方法論を図式も用いて示した（1977）。具体的には，1950～60年台のドイツを対象に，環境条件をもとに人々の価値基準が土地利用に反映されている中で，一定の属性が共通する社会集団ごとに生活の基本的諸機能（居住，労働，サービス供給，教育，保養・余暇，交通，地域社会での活動）がどのような景観・地域を現出させ，どの施設をどこに立地させるのかを分析する方法論である（堤研二 1992）。

　このように，近代化と都市化によって，外部からの経済フローに結びついた地域の研究が不可欠になった。伝統的地域地理学は，総じて経験主義に基づき，全般に静的・記述的で，他の社会科学の理論や方法論と没交渉であったため，地域内外の結合の諸相や結合の動態に取り組むには限界があった。それを克服するために，地域地理学の伝統をもつドイツやフランスにおいて，上記のように，伝統の延長線上に，機能主義的な地域構造を捉える方法論が模索・提起されて，実践され，成果を得た。

　これに対して，アメリカ合衆国を嚆矢に，地域地理学の個性記述的性格を批判して，1950年台以降，法則定立的な地理学を主張する計量革命の時代が到来した。計量革命は空間の属性たとえば距離・方向・面積・相互関係などに即して展開したので，一般に空間論地理学と呼ばれている。計量革命は，科学的な地理学，仮説検証に基づく議論を可能にし，地理学の理論的思考を促した。しかし，自然科学と同様の科学としての厳密さを優先して，人間を中心に据えた人文主義，場所をとおして人々の知覚や感情と一体化した生活

世界を理解（理会）する認識論，1960年台に深刻さを増した社会問題，資本主義が引き起こす搾取・抑圧等の社会問題に取り組む認識論に対して，あまり関心を払わなかった。科学性を優先し，そぐわない研究を排除する傾向は，広汎な研究領域を緩く結びつけて成立してきた地理学を窒息させた。そのため，短い隆盛の後，1970年前後から人文科学・社会科学的側面の捨象への批判が高まり，空間論地理学に代わって，人文主義地理学とマルキスト地理学が二大潮流になった。

3.3　1970年前後の人文主義やマルキスト地理学

計量革命以後の地理学における研究方法の変化を，ピート（Richard Peet 1998）やファイロ（Chris Philo 2008）が図式で示している（図3，図4）。これらが依拠する地域概念は，相互にどのように異なり，全体としてどのように総括できるであろうか。

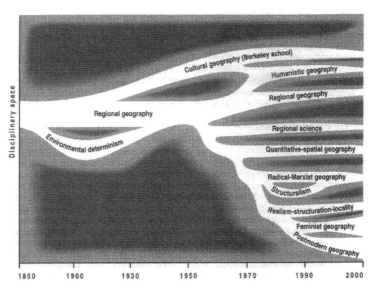

図3　地理学の研究方法の変化
出典：Richard Peet 1998。

16　第Ⅰ部　地域とコミュニティ

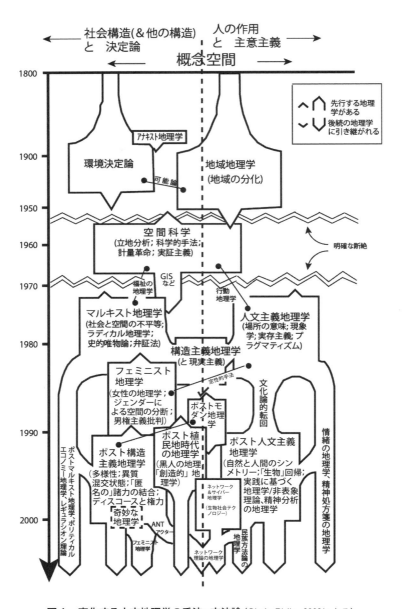

図4　変化する人文地理学の手法・方法論（Chris Philo, 2008による）

人文主義地理学は実存主義を土台とする。実存主義では，地域は普遍的・必然的な本質存在でなく，個別的・偶発的な現実存在（実存）である。客観的な地域の存在を保留して，自分の意識が対象（地域）とその意味を形づくる超越論的還元に則った地域観に立脚する。それだけに，個々人が個々の地域に抱くなつかしさ・愛着・怖れなどの主観的な知覚・認識や，その地域に対する帰属意識やアイデンティティなどが重要な考察・分析対象となり，全体地域の地域区分や客観的な指標群による地域差への関心は背後に退く。これらの地域は，個々人にとって home や habitat の実体をもつ。それゆえに「地域（region）」よりも身近なニュアンスをもつ「場所（place）」を用語として用いることも多い。研究者は，主体が認識する地域（場所）像を解明するために，インタヴューや参与観察によって間主観的に理解（理会）する方法を重視する。

マルクス主義は，構造主義を土台とし，社会問題，社会的正義や平等を重視する。マルクス主義地理学は，地域（空間，場所）が資本主義において果たす役割の解明を目指し，資本主義において最大利潤を生み出す場所の造成が地域の不均等発展を生み出すと考えた。自然と文化に対しても，自然は利益をもたらすがゆえに人為的に残されているもの，文化はヘゲモニー闘争の場，文化景観はイデオロギーをこめた社会的構造物であるとみなす。

このように，地域（空間・景観）を社会的生産物として扱う視角を誕生させ，かつ資本主義が3種類の空間（日常の生産・再生産を支える空間，生産関係とその秩序に結びつく空間，社会生活の秘密に連なるコードやシンボルの空間）を生産し，空間は社会を生み出す道具であり，空間をつくらないと社会を生み出すことができないことを示した。社会・経済・政治を反映する影とみなされていた空間を，社会を創る主要な要因に位置づけた。

3.4 1980年台以後の地理学

人文主義地理学とマルキスト地理学の興隆以後，1980年前後から群生した人文地理学は，一方で大理論を志向せず，他方で従来の地域地理学の個性記

述とも異なる，別の道を模索するに至った。1980年前後からの地理学は，一般にポスト・モダン地理学，さらにポスト構造主義地理学などと呼ばれている。それ以前と異なる方向性として，次の諸点が指摘できる。大理論に基づく構造の提示ではなく，その時間・空間・社会に即して構造を提示することを模索した。また，「差異」に留意した新たな視角に立つ地理学を目指した。主意主義に軸足を置く研究も構造主義に軸足を置く研究も，多くはこのスタンスに立つ。そして，それ以前の時代と異なり，人文・社会諸科学とテーマ（対象とする事象）を共有し，他の学問分野との研究上の相互作用が拡大・日常化した。その人文地理学の主な歩みは次のとおりである。

● 地域と社会変化との接点，社会的プロセスへの注目まで

　人文地理学の社会科学化の進展のなかで社会変化や社会的プロセスを重視する研究姿勢が確立するのには時間がかかったが，その確立は地域のより総合的な理解を可能にする進展に結びついた。この成立過程をまず概観しよう（Ray Hudson 1990）。

　空間論的関心が強い研究者は，空間的パタンの時間的変化を解明した後述のヘーゲルストランドの成果を生みだした。しかし，この研究視角は，たとえば B. J. L. ベリー（B. J. L. Berry 1993）に典型的なように，都市の階層性の拡大は深い意味での社会変化の一要素として生じていることに関心を寄せない。多国籍企業が歴史的展開を経てなぜ現在のような複雑で階層的な国際組織に成長したのか，資本主義国の組織や機能が複雑かつ内的な分化と階層的組織となったのか，それらが創り発信する情報の目的や社会的過程に関心をもたず，取り組もうとしなかった。空間現象と社会現象との関係や，社会的条件の差異が空間的パタンの差異とどのように関わっているのかを，研究の枠組として構築することに十分な関心を寄せない時期がしばらく続いた。

　場所への関心が強い研究者は人々にとっての場所の意味を探求したが，社会的プロセスへの関心は低く，研究は記述的な地域地理学に類似した方向を辿った。地域の個別性は仮定される正常な社会変化パタンからの乖離であ

る，他の地域が受容する伝播を受け付けない場所はプレースレス（没場所的）になることを拒否している（レルフ，Edward Relph 1976）といった解釈で済ませることが続いた。

上記を経た後，社会と空間の関係の探求に向けた地域概念の検討が本格化した。社会構造と社会の空間的パタンとの関係，「社会の空間性」（ソジャ，Edward Soja 1989），地域・場所の社会的生成（マッシー 1978），地域は時空間的存在（ギデンズ 1979），の考えが重視されるに至った。地域は地表の地域区分であるとともに，社会変化の時期区分でもある。地域・場所は社会的に生産・再生産されるユニークで混沌とした存在で，社会関係を通じて一連の相互依存関係にある。社会変化の広汎なプロセスはユニークな地域群・場所群の特異性によって次々と部分的に形成されている。

地域個性と社会的過程の関係を模索した人々は，階級関係，ジェンダー関係，民族関係など広汎な社会的諸力が作用することが地域の個別性や地域個性を生み出すこと，また，地域の個別性や地域個性が作用して社会変化が生じることを主張し，本格的にその研究を深めるに至った。伝統的な地域地理学の関心と社会理論の研究者の関心が像を結んで一緒に歩むことは以前には考えられないことであったが，1980年台以降，それが現実となった。社会の空間性に対する認識が深まり，地域のユニークネスは広汎な社会的関係の要素をなし，社会的プロセスと関連づけたときに最も総合的にその特色を適切に理解することができると確信されるようになったのである。

● （社会的）位置の地理学

「科学知識は客観的で価値自由で偏りがない」とのかつての科学観とは異なり，「知識は身体の中で生産され，男女，人種，民族，国籍，出自などにより異なる，社会的構成物である」「あらゆる知識はそれを作り出す人の立場からのみ有効である」「個々の文脈下で認識される知識の方が普遍・自然を装う知識よりも信頼に値する」との科学観に立つ。フェミニスト地理学，ポスト植民地時代の地理学，1990年台に誕生した性的マイノリティの地理学

queer geography などがこれに含まれる。フェミニスト地理学は，地域がいかに男権主義に満ち，ジェンダーにより分断されているかを明らかにした。位置の地理学は，社会的弱者が地域においてこうむる制約に取り組んで社会問題を明確に示し，これまで見落とされていた重要な所見を提示した[1]。

● ポスト・モダン地理学

　小さな個別問題群に焦点を当て，思考の相対化が加速した。地域が示す多彩な差異や主体的な地域の構築に注目し，個々の差異をローカルな条件を重視して深く解釈する，差異に注目する地理学が主流になった。現実を表象（イメージ）の産物とみなす考え方が広く受容され，真・価値などの普遍存在を受け入れない。個別化・相対化の思考によって，空間的規模の大小を価値の大小に読み替えるのではなく，地域を並列的に認識する仕方が広まった。民族を社会的文化の構成物とみなし，「表象（イメージ，伝説 representation）の後にも先にも真実など存在しない。表象が真実といわれるものを作る」（デリダ，Jacques Derrida 1974）との考えが勢力を増し，文化地理学や地理学の文化論的転回 cultural turn の興隆の要因をなした。

　ポスト・モダン地理学は，個別性・特殊性（詳細性）やユニークネスの重要性を主張し，地域の分化，地域的差異を重視し，ローカルな説明を追求するが，これは人類学者クリフォード・ギアーツ（Clifford Geertz 1973）の「深い地図化」「厚い描写」と軌を一にする。グレゴリー（Derek Gregory 1996）は，ポスト・モダン地理学は新たな理論的感度・感受性を装備しているので，我々が生きる世界に対して，深くローカルに沈潜した説明によって，場所・地域・ロカリティの生気と出会うことができると，1960年以前の個性記述的な地域地理学とは異なる今日の地理学の意義を評価する。多くの学問が空間・地域への関心を高め，社会理論に地域（空間）を組み込むことが重要になっている（ソジャ 1989, 1999, 2000）。ロサンゼルスはポストモダニズムを体現する都市であると，ソジャ（1989, 1996），デーヴィス（Mike

Davis 1990），ディア（Michael Dear 2000）がそれぞれロサンゼルスを対象にして著述している。エッジシティ，プライベートピアー（集合住宅・住宅集合地区が厳重な規制と区域外を排除する入念な防御形態を敷いて私的政府のごとき管理体制を築くこと），テーマパークシティ（イメージを売る都市）など，ロサンゼルスが見せる多様な都市像，差異性の混在を描写している。

　ポスト・モダン地理学は，地域（空間）の大小を重要度の大小に読み替える垂直的・階層的な地域（空間）の捉え方に異議を申し立て，地域間相互作用においてそれぞれの地域はフラットな関係にあり，諸力は相互に異なる方法で活性化し，その結果，差異に満ちた平面からさまざまな現象や地域が生産されると主張する。そのため，相対的な視角が極端に走ると，重要な差異とそうでない差異の弁別が不可能となり，地域的差異の意味を考察するのではなく，差異を理由にして客観的な価値基準や評価指標，客観的事実の存在を否定し，表象と共同幻想の共有が現実を大きく規定することになる。差異への関心が目的化し，差異の先に見据えるべき研究目的・ミッションを欠き，研究内容に意味や価値の大小・上下を持ち込むことを嫌う事態が生じる。

● 時間地理学と構造化理論
　構造主義と主意主義の二元論（図3）を克服し止揚する方法として，ヘーゲルストランド（Torsten Hägerstrand 1967）は時間地理学を創案した。個人や集団の時空間の軌跡をダイアグラムとして捉え，モデル構築を目指した。人々や集団が一定の企図（プロジェクト）をもって行う時空間行動のパスの表現により，停留地点（ステーション），活動収束場（アクティビティバンドル），バンドル形成可能領域（ドメイン）を示し，活動の制約群に注目する。制約群には，能力的制約（睡眠，食事，所与時間内のa→b地点への移動の不可能など），一対の制約（他人と特定の時間・場所に一緒にいることでの制約），権限的制約（特定の場所への政治的・経済的・社会文化

的理由によるアクセスの禁止など）の３種類がある。ヘーゲルストランドは，構造（制約）と作用力（運動・活動）をともに考慮し，時間と組み合わせて空間を動的に捉えて，人間の行動選択を解釈する仕組みを提供した。外的な制約を特定できることで人間の行動選択の幅を広げる社会改良に供しうると彼は考え，レントープ（Bo Lenntorp 1976），モルテンソン（Solveig Mårtensson 1979），さらに都市工学・社会工学による交通・施設計画の改善等の応用研究に継承された。

　また，時間地理学は，特定の地域内での諸過程の文脈的説明を提示できる。地域は一群の人間・非人間・技術の３作用力の絶え間ない運動からなり，常に生成（変化）の過程にある。時間地理学は，絶え間ない選択と制約，作用力と構造とのバランスのなかで展開するこの生成過程を追跡するので，歴史的・動態的な活力ある地域地理学が可能になるとプレッド（Allan Pred 1981a, 1981b, 1983, 1984）は主張し，実践した（A. Pred 1981a, 1981b, 1986）。

　社会学者ギデンズ（Anthony Giddens 1979）は，ヘーゲルストランドの時間地理学に示唆を得て，構造化理論を打ち立てた。それは時間地理学の操作を具体的に行うわけではないが，人間の主意の理解，制約形成の背後に潜む権力を対象とするアプローチにギデンズの独自性がある。文化社会学者ブルデュー（Pierre Bourdieu 1986, 1990, 1998）もギデンズに類似した研究を独自に展開した。彼らは，①空間構造は行動を制約・規定するが，それによって行動が完全に固定されるのではなく，その制限の下で新たな可能性が生まれる，②依拠する基準があり，それを用いるからこそ新たな変化・創造が生まれ，共有されて新たに構造化する，③構造と作用力（人々の行為）は絶えず相互に再生産され，どちらかが優先することはない，④構造と作用力の相互作用はハビタスの働きによる。ハビタスとは，13世紀の神学者トマス・アクィナス（Thomas Aquinas）の造語ハビトゥスの借用で，意識的に目的を志向せず客観的に行動や表象化を生産し組織化する原理を指し，人間の知性を能動化するために人間に内在化されているとする。彼らの①〜④の説明は説得力があり明快であるが，ヘーゲルストランドの場合と異なり，操

作レベルにおける了解性や蓋然性は十分には担保されていない。諸作用の中で何が構造化に重要な作用であるのかを判別する方法が彼らの説では確立していないからである。

　とはいうものの，社会学や人文地理学において，行為に先行して構造が存在するとの考え方を払拭するポスト構造主義の思想が確立した。本質主義（事象の核心部分は客観的実在であり，事象は必ずその本質を有し，それに規定されるとの考え方）を拒絶し，それに代わって，構造化のプロセス，とくに社会的プロセスを重視するのが，ポスト構造主義の特徴である。すなわち，事象をカテゴリー化する過程に顕在化するさまざまな意志や権力を特定して，差異を生む力の持ち主，カテゴリーの境界線引きの過程，社会生活におけるカテゴリーの機能，社会空間においてカテゴリー化を実行する力の持ち主を調べることにより，地域（社会）の構造化とそれに作用する諸営力を考察・検討する方法論である。地理学が長く取り組んできた景観や空間を対象にして考察する方法論と，関係する社会集団の働きとそれが地域・景観・空間・場所の形成に作用する営力を考察するこの方法論では，対象とする地域や空間に対する認識が同一ではない。後者は社会的過程そのものに関心を寄せるとともに，対象とする地域・景観・空間・場所は関係する社会集団の諸営力がつくる（社会的生産による）それらに限定することになるからである。

● 抵抗活動研究，第三空間論とポスト構造主義地理学

　ギデンズやブルデューが切り開いたポスト構造主義の思想は，多くの人文地理学者に共有されるに至った。ジャクソン（Peter Jackson 1989）が，構造が未完で構造の形成をめぐって諸営力が衝突する抵抗活動を扱い，抵抗活動研究は新しい文化地理学の主要なテーマになった。同じく，ソジャ（1999）が，空間（地域）に3つの種類があり，第一空間＝プラナーの空間，第二空間＝より想像的・表象的で場所と呼びうる空間と比較して，第三空間＝多様に混在し相互に矛盾・対立する未確立の創造的過程にある空間（可変的で多

彩で重層的な地域・場所・空間）が研究対象として重要であると指摘した。

　ポスト構造主義地理学の確立に最も大きな影響を与えたのは哲学者フーコー（Michel Foucault 1975, 1986）である。フーコーは支配をメインテーマに，さまざまな管理システムの誕生について膨大な資料の言説（ディスコース，ディスクール）分析を行った。近代以降の管理統制が，人間の生の掌握，従順な身体への改造をせまること，軍隊・監獄・学校・工場・病院などの空間装置がそのための重要な役割を果たしていることを解明した。『監獄の誕生──監視と処罰』は，試行錯誤を経て辿り着いた監獄の一望監視施設が収容者の自己規制を可能にしたこと，つまり空間は社会を実現するために重要かつ能動的な役割を果たすことを示した。

　言説は，特定の社会・文化集団・諸関係に結びついた言語表現を意味する。言説分析（ディスコース分析）とは，長期にわたってある言語表現を収集し，その変化を読み解くことによって，メディアの影響や効果，社会のその言語表現に対する変化を明らかにすることである。それまで名前のなかった現象に固有の名前が与えられたことの意味とそれを促した営力を分析する。言説は特定の時間と場所の生産物で，かつ文脈的なので，言説分析の関心は地理学の「空間と社会」研究の関心と同一線上にある。

● 関係性の地理学

　現代世界において，我々は，地域（空間）の境界は絶えず変化し，境界性が一義的でなく，地域は内部と外部の両方に意味づけられてアイデンティティをもつこと，すなわち現代は関係性の空間の時代であることを目の当たりにしている。関係性の空間観は，内部の要素群が結合して外部と明瞭な境界をもつ空間観とは明瞭に異なる。異質な素材・物質が混交して常に活動し，空間が生成・変化する。ポスト構造主義に属し，即物性と即時性ないし空間と事物のアイデンティティを同時発生として理解する点が，関係性の地理学の特徴である。スリフト（Nigel Thrift 2000, 2002, 2004）らの非表象理論（非表象手法 Non-Representation Theory, NRT），マードック（Jona-

than Murdoch 1997a, 1997b, 1998, 2006）のアクターネットワーク理論
（Actor-Network Theory, ANT）は，ともにこの空間観を受容し，かつ批判
的に検討する主張である。

　NRT は，空間（地域）を形成する人間に焦点をあてたポスト人文主義に
よる方法論開拓の試論である。バーチャルな地域（空間，環境）や人工的地
域（空間，造形）が瞬時に形成・可変される。生命・生物や知の倫理面で差
し迫った難題が生じている。ポストモダニズムが本質論（真実や現実の客観
的存在）を疑問視し，表象（社会的構成概念）が実体化して真実を作ること
を強調したことが，世界や地域・空間・場所の創造的瞬間や生の躍動への感
性や関心を喪失させた。これらの状況に対して，スリフトは表象主義にとど
まることを批判し，関係性の空間に生起する誕生の創造的瞬間や生の躍動に
出会い，感じ，交感することを主張し，NRT の方法論を提起した。その方
法論は，書き言葉（思考を介して整理統合された言葉）を対象とするディス
コース分析ではなく，いま生じている現象（event）に対しておのずとわき
あがる感情（affect）を手がかりにして，出会い，感じ，交感することである。
NRT は，フーコーのディスコース分析やデリダ（1974）のテクスト分析は
歴史主義的な資料吟味に徹して関係性の空間を科学的に探求する，しかし関
係性の空間に触れることに消極的である，と主張する。したがって，両者の
方法論は，対立ではなく補完関係とみなせる。

　ANT は，今日，人間・非人間（多様な生物）・テクノロジー（非生物）の
アクター相互が容易に結合しあい，新たな関係性の空間を形成する状況を探
求する方法論である。アクター相互が課題を共通理解してそれぞれの役割
（アイデンティティ）を了解しあうことによってアクター間のネットワーク
の形成がうまく機能する。しかし，自然や技術など異質なアクターとネット
ワークを結ぶので，試行錯誤により，アクター相互間の翻訳（問題化，利害
化，加入登録，動員・結集）を遂行し，ネットワークを実践する（アクター
相互間を微調節して相互の信用・分担を培い自律的な遂行に導く）方法論を
確立するのが，研究者が行う職務である。ANT は，人文地理学が生物・無

生物の区別を超えた研究領域に踏み出していることを示したが，人文地理学における研究テーマは，動物地理学（人間と動物の交渉，動物の表象や動物性が我々のアイデンティティにどのように関連するかなどの研究），ハイブリッド地理学（Hybrid Geographies，混成の地理学，遺伝子組み換え大豆をはじめとした自然と文化の境界の線引きの難しさ，自然と文化（社会）が混成状態にある現代に典型的な地理現象の研究）などへと拡張している。

　NRT や ANT は人文（文化）的視角と社会的視角からの取り組みの例であるが，より大規模で影響力のある研究動向として，マッシー（Doreen Massey 1978, 1984, 1995a, 1998eds, 1999eds, 2005, 2007）をはじめとする，経済的視角や都市経済的視角からの取り組みがある。マッシーは，地域・場所・空間に関して生涯広汎に発言し続けた。1978年，現代の地域主義の特色を，資本や階級闘争と関連づけて論じている。多くの研究者を糾合して研究可能性を模索する書籍（1999eds），ジェンダー，新自由主義などをテーマに掲げて認識の再検討を迫る書籍（1994ed, 1998eds）を編集し，関係性の地理学を提起した。2005年，自らの研究を振り返り，空間概念をめぐる思索を展開した。マッシー（1984, 1995b）は，それまでの立地論や地域科学にはない「社会的関係」を組み込んだ独自の「空間的分業」を提起した。20世紀後半の産業（製造業）の立地再編について，管理部門，生産技術部門，各部門内の階層関係を反映した不均等立地を証明し，立地論の社会科学化を促した。空間と社会的関係との不可分性に注目し，ハーヴェイやニール・スミス同様，人間的な社会変化を目指す思想体系の構築を掲げて，貧困・富・矛盾やジェンダーへの空間・場所・地域の関わりを研究した。そして，空間・場所・地域を，相互作用の産物であり，多様性・重層性を可能にする領域であり，明確な内部と外部の境界をもたず絶えず建設途上にあると規定し，このような空間・場所・地域の捉え方に立つ地理学を「関係性の地理学」と呼んだ。この空間・地域のアイデンティティは内部・外部双方との関係をつうじて形成される。関係性の種類は多様で，全体論には言及せず，空間と事象との不可分性や空間形成の瞬時性，動態的な生成・変化を特性とする。

第 1 章 地域について考える　　27

● シティリージョン

　関係性の地理学に深く関連するのが，シティリージョン，グローバルシティリージョンなど，都市の拡大や世界規模の都市競争がもたらす現象である。

　シティリージョンの概念は今日多義的に用いられている。19世紀末から20世紀前半にかけて市場の拡大や都市生活圏の拡大に対して基礎自治体が中心になって実際の生活圏に即したサービス供給を行う仕組みをシティリージョンと呼んだ。

　20世紀後半にジェイコブズ（Jane Jacobs 1961, 1984）は，アメリカ合衆国における自動車中心の人間不在の大都市開発を批判して，代替すべき都市像として多様性をもつ都市を挙げ，多様性に必要な4条件（各地区が複数の用途エリアから成る，街路が多く街区ブロックが短い，年代や状態の異なる建物の混在，居住も含め高密度な人々の集積）を提示した。

　これとは別に，都市の経済活動が，需要・供給関係が後背地と一体的であった段階から，後背地と必ずしも結びつかず都市が独自に広域交易を基盤にして成長する状況に転換した，現代の新自由主義の都市地域構造をグローバルシティリージョンと呼ぶ（Allen Scott ed. 2001）。経済とくに金融と情報を中心に国境を超えてグローバル化する大都市圏の成長により，社会経済的不平等の進行と環境の悪化や，大都市による地域の選別が進行している。これは従来の結節地域や都市圏とは異なる地域間関係の現出を示している。ジェイコブズのシティリージョンとグローバルシティリージョンでは，地域形成主体の捉え方が大きく異なる。

3.5　小括

　以上，「地域」および関連深い「空間」「場所」を軸に，人文地理学の20世紀前半以後の研究史を整理した。人文地理学では，20世紀後半に，大理論の否定だけでなく，経験論的アプローチの見直しがあわせて進行した。地理学内部だけをみる内向的な認識論・方法論に対する批判が高まり，外延的方向

28　第Ⅰ部　地域とコミュニティ

に向けての認識論・方法論の転換が進行した。景観に傾いていた関心を社会的プロセスの探求にシフトする流れが進行した。そのなかで哲学や他の人文科学・社会科学を取り入れて，学際的交流が深まった。また現代世界において新たに生起する事象や実態を対象にして，新たな関心テーマとそれを遂行する認識論・方法論が提起されてきたことを示した。

　その動向は，現時点では，地域形成力として，政治・経済（資本）・社会（階級・組織構造）などが大きな力を有することである。しかし，一方で，文化的レジスタンスや局地市場のように，主導的な営力ではないが，抵抗，運動論，局所的活動などによる主体的な地域形成とその契機に注目する研究群を確認できた。歴史上すでに成りしものとして捉える静態的視点とは異なり，地域の生成・形成過程とそこに働く多様な営力の分析を通じて，地域アイデンティティの生成・変転を具体的に対象に即して捉える方法論が，多くの研究者によって探求されてきた。地域形成に関わる関係網を構成する要素群，関係網の存在形態もまた多種多様である。今日の地理学の地域をめぐる研究史は，このように整理することができる。

4．地域主義と地域アイデンティティの諸相

4.1　グローバリゼーションに伴う地域主義

　ここでは，地域，地域主義，アイデンティティに関して，上述の整理では十分カバーできなかった諸分野の中から，管見の限りであるが，有意義と感じたことを数点挙げておきたい。

　地域主義は，各地方の独自性や特徴を重視・尊重する立場に立ち，地域住民の自発性と実行力によって，地域の個性を活かした産業と文化を内発的に創りだし，政治，経済，文化などの面で地域の自立性と独自性とを高めようとする考え方や運動を指す。中央（多数派）に対する抵抗が要因をなす場合が多いが，それ以外の関係性のなかで発現する場合もある。たとえばEUが

取り組んだ農村地域の活性化政策である LEADER プロジェクト（1991–2006）では，LAG（Local Action Group）と呼ばれる地域集団が2006年段階 EU15カ国に892地域組織されて活動するに至った。この取り組みは，第1期 LEADER では，EU が各国政府の頭越しに政策を遂行して，諸国の地元活動グループの成長を支援した。第2期以降，EU と各国政府の関係修復が進み，EU，国，LAG の3層の地域の連携や，LAG 間の情報交換による相互協力の構築に向かった（松尾 2008）。

　グローバリゼーションや新自由主義の資本主義下における対抗策として，世界各地でさまざまな取り組みが実践されている。農家市場（ファーマーズマーケット），地域通貨，フェアトレードをはじめとする取り組みに共通するのは，その生産や流通の正当性を掲げ，評価価値を創出して運動を実践している点である。

　また，グラミン銀行をはじめとするマイクロファイナンスの諸活動は，ローカルな経済単位を重視する価値観に基づいていて，その実践においてローカルコミュニティが重要な役割を担っている。

　どこでもディズニーランドが立地できるわけではないように，グローバリゼーションにより世界都市などの成長地域とそうでない地域の分化が進行する。そうでない地域の持続可能性を支える取り組みを地域主義を支える活動とみなせば，経済に規定されやすい地域の活路としてアーティストの意義を重視する施策，より広汎には文化経済学の取り組みがある。経済地理学者アン・マークセンは，工業立地の動態モデルを研究した成果を踏まえて，技術や労働力の変化により必然的に継起する工業地域の盛衰による変動を緩和する都市・地域政策として，経済（収入の確保）・夢の実現・コミュニティへの関与という3つの価値を人生にとって重要と考えることが多いアーティストが都市の持続可能性に対して果たす役割の重要性を提起している（Ann Markusen 2006, アン・マークセン 2007）。

　マクロ経済政策は中央政府の権限であり，広汎な産業振興施策も中央政府が主に実施してきたことを踏まえつつ，ノックスとアグニュー（Paul Knox and John Agnew 1989）は，グローバリゼーションによる経済環境の変化とそのもとでの経済の分散化や分権主義的対応策について，つぎのように整理している。まず，大企業が一国内で工場立地を考えないため，衰退地域への雇用創出政策などの古典的経済政策が効果を発揮できないだけでなく，中央政府の関心は地域の危機よりも国の危機に関心を集中し，そのための政策が中心になる。補助金の支出はそれ自体が多国籍企業にとって魅力を下げる政策のため，各国は不振な地域や産業に対する補助金施策の縮小を迫られる。企業が生産工場のより安価な地点への分散と中央管理部門の維持・高度化により計画的に労働の質に階層差をつけるので，古典的な地域問題（経済上の繁栄と衰退）とは異なり，社会関係を反映した空間的分業が進展し，空間的不平等がより鮮明に出現する。

　従来の地域政策が有効性を減じ，国の政策に占める地域振興政策の比重が下がるため，国民国家と資本主義の進展が対になった時代が過去のものとなり，エスニック集団間で経済成長の果実や国政の指導権を争う状況が世界中に広がっている。いわゆる既存の国体の否定と分離主義の台頭である。この争いは貧困なエスニック集団が常に起こすのではなく，裕福な集団が起こすことも少なくない。移民のグローバル化により新たに形成されたエスニック集団が既存社会にもたらす緊張も拡大している。

　それとは別に，草の根の対応策も取り組まれている。そのいくつかは上述した。グローバリゼーションにより海外企業も含め多くの企業との競争圧力が高まり，その帰結として多品種少量生産，生産工場の分散化，小規模工場の増加が進み，この間，工場の安定性（経営や雇用の安定性）は大きく低下している。このように，新たな分散化が進行する現在の経済は乱高下が激しく不安定であるため，国の集計（総計）的な経済状態ではなく，局地的な状態が多くの人間集団の福利にとって直接重要な課題になっている。したがって政府の権限を分権化することが対策として不可欠であるが，権力者や国の官僚機構がそれを文字どおり進めることは少なく，多くの国で経済民主主義が部分的に採用されている。雇用や社会保障の制度設計と経済政策の決定に

労働者の意見を取り入れる参加型民主主義の方式であり，競争による変動が大きい経済活動に対する自己管理への関心の高まり，新自由主義とも中央管理とも異なる選択肢の模索が，経済民主主義の導入・実践を促している。

4.2　比較文化（文明）史における地域アイデンティティ

　西欧中心史観に対置する比較文化（文明）史観は，地球上にさまざまな文化（文明）が，ユニークなスタイル，自立的な発展，長期間の存続などの要件をみたす有機体として存続したとする，相対的歴史文化主義に立つ。シュペングラー（Oswald Spengler 1918〜23）は 8 高度文化，トインビー（Arnold Toynbee 1951, 1972）は23の文明（その後，13文明と15の衛星文明），伊東（1988）は17の基本文明圏と多くの周辺文明の存在を主張する。文化（文明）間の相互交渉・影響関係や継承関係の有無について研究者間に考えの差異はあるが，いずれの場合も，これらの文化（文明）が確固とした地域アイデンティティをもつと考える点で共通する。

　シュペングラーやトインビーの比較文化（文明）史では，歴史上の文化（文明）が共通して春（成長期）・夏（盛期）・秋（後半期）・冬（没落期）を経験するとみなし，個々の文化（文明）において春・夏・秋・冬に該当する現象を比較形態学的に検討する。伊東は，人類史における普遍的な人類革命・農業革命・都市革命・精神革命・科学革命の５つの転換点を時代区分指標として用いることによって，比較の科学性・正当性を高めることに努めた。

　比較文化史における上記の取り組みは，文化（文明）の誕生から没落・消滅までの時代区分と文化（文明）間の比較の視座に関する検討である。これに対して，そもそも人類史上何が文化（文明）に該当し，その版図はどのようにして設定できるのか。明確な時空間で王朝と版図が区画される場合を除けば，世界各地に展開した文化（文明）群の中から文化（文明）とその版図を明確な基準で時空間設定し，その地域アイデンティティを提示すること自体が困難である。既存研究の成果の中から蓋然性の高い研究に依拠して設定することを余儀なくされる可能性が高いことが推測される。

32　第Ⅰ部　地域とコミュニティ

　ところで，文化と文明については，地域文化と世界文明の用法のように，発生地など狭域に局地的に展開するものを文化，他の地域に拡大して広く展開するものを文明に，あるいは，文化を精神的な存在，文明を可視的・物理的な存在に使い分けるなど，両者を使い分ける傾向がある。伊東（1990）は，文化を，一定の地域の人間集団との結びつきが強い精神的なエートス・観念・価値観などを意味し，文明を咀嚼して内部化する機能をもち，また変化する場合も長い時間をかけて新たな性質をもつにいたるもの，一方，文明を，文化の外化した制度や組織や技術や装置などを意味し，移転や改変が可能な一種の道具をなすものと措定する。つまり，文化は個々の人間集団が再帰的に則する性向・超有機的存在であるのに対して，文明は文化から生み出されるものの，その文化の下で体系的・効率的に社会を運営する手段であり，他の文化を有する社会においても利用可能な存在とみなす。このように概念枠組を設定すれば，同じ地域において文化と文明が常にともに存在し，かつ文化は地域ごとに固有であるが，文明は文化から独立して移転されて他の文化と両立可能となる。この重合である文化・文明複合体をなす地域は地域アイデンティティを有し，相互に比較することができる。

4.3　アマルティア・センのアイデンティティ概念

　アマルティア・セン（Amartya Sen）は，人びとのアイデンティティに関して数冊の著作を出版し，繰り返し主張をしている。多くの研究者は，すでに構築されていることがらを対象にしてアイデンティティを論じる。国や共同体への帰属意識に関連づけてアイデンティティを論じることも多い。それに対して，センの主張の特色は，人は自らのうちに複数のアイデンティティを有しており，その中からその時々に決断して選択することが重要なことを主張する点である。特に社会的アイデンティティ（社会的に同じ価値観をもち，一体性を感じる単位，およびそうありたいと感じる単位）に対して，合理的（理性的）判断に基づく選択の必要性を主張する。

　共同体主義のアイデンティティ観は，センの考えの対極をなす。共同体主

義では，まずアイデンティティが存在し，人はその存在を発見し，それを受け入れることで自己実現すると考える。

　共同体主義のアイデンティティ観とその前提を，センは批判する。まず，個人と社会との関係に対して，共同体主義は，合理的判断により公正から正義を導出することが「共同体メンバーに対する配慮などの共同的価値が個人の行動に制約を与えて公正としての正義を社会的行動として遂行できない」「平等主義的な分配は強い共同体意識による結束力がない社会では長続きしない」と主張する。これに対して，センは，個人の行動の領域における公正としての正義の存在を重視し，正義は共同体意識の領域をはるかに凌駕した大切なものであることを主張する。アイデンティティも同様で，社会的アイデンティティに選択の余地がない状態は，理性的判断を停止させ，順応主義的行動を無批判に受け入れさせてしまう，それは，古い慣習を守ろうとする保守的意味の隠蔽や，逆に新たなアイデンティティの発見との共同体主義的連帯（共同幻想）に陥ることに通じる，と共同体主義の問題性を指摘する。

　個人の行動の領域ならその個人がもつ複数のアイデンティティの中のどのアイデンティティに沿った選択か，社会的な行動の領域ならそれがどの集団の善を指し，そのアイデンティティを自分の複数のアイデンティティの中で優先して選択すべきか，を理性的に判断する，つまり，自分の中にある複数のアイデンティティの中で，他の競合するアイデンティティと比較して重要なアイデンティティを合理的判断により決定して選択すること，また，選択は無制限にできるものではない制約があるが一度きりのものでもないから，選択の存在，実質的な選択の幅を踏まえて，検証や吟味を繰り返して決定し選択すべきことである，とセンは主張する。

　帰属する共同体や文化はたしかに選択と合理的判断の仕方に影響を与えるが，選択を決定するわけではない。他の合理的判断をする能力と選択の余地は残っている。文化自体も，その内部にかなりの多様性をもっている。すなわち，各アイデンティティ間の優先順位に関する合理的判断こそが大切である。一つの支配的なアイデンティティに他のすべてを服従させれば，人間関

34　　第Ⅰ部　地域とコミュニティ

係がもっている力や幅広い関係性が見失われてしまう。合理的選択の余地を
設け，個人が理性に沿った判断と選択によってアイデンティティを（未来に
向かって）志向することが大切である。このように，センは，みずからが理
性に基づく判断と選択により，将来に向けて形成していくものとしてアイデ
ンティティを位置づけている。

4.4　「新しい自然学（非線形科学）」が示唆する方向

　自然を観察して科学的に記述し，法則を追求する自然学の取り組みに対し
て，蔵本（2007, 2016）は，これまでの取り組みの欠点や危惧を指摘し，新
しい自然学の必要を提起した。その論点には，地理学にとって関連深く，上
述の地理学の動向と共通する点が多いように思われる。
　蔵本の指摘のなかで，次の4点が特に関わりが深い。

　　①「定常現象を要素に分割して数学言語で解明する従来の物理学等の自
　　然学は主語的統一の（ものに即して同一性を認識する）見方に過度に傾
　　斜している。性質の共通性・連関によって（ことに即して）同一性を認
　　識する述語的統一の見方（非線形科学）を活用して，知のバランスを回
　　復し，知の不在が著しい自然現象を解明することが必要である。」
　　②「価値を含まない事実の記述や部分記述・要素記述に徹するのは，科
　　学記述として当然である。科学が行うべきは，その有効性を高めるため，
　　「事実」の範疇を広い意味で使い，「部分」概念を拡張して，記述を豊か
　　にして全体知の貧困を解消し，自然のあり方の省察を深めて，あるべき
　　生への省察に有用な客観的事実を追求することである。しかし，事実と
　　価値，物と心を分離する方法論が日常感覚に影響を及ぼして，物質と価
　　値を分離する二元論に基づく両者の関係の遮断や，一方が他方を説明で
　　きるとする一元論の不毛を生み，絶えず物心二元論的思考に陥る危険が
　　ある。」
　　③「エネルギー散逸による不可逆性は，熱力学の第二法則，別名エント

ロピー（物体や熱の混合度・乱雑さの程度）増大の法則と呼ばれている。システムが平衡に達しない限りエントロピーは生成され，総量は増大して，その逆は生じない。地表と上空に温度差があり熱が地球外に放散されるので，大気や地球は熱平衡からほど遠い状態にある。この巨大な駆動力がさまざまな駆動力に分散し，地上のいたるところに非平衡開放系を実現している。この散逸構造によって，地球の現象は無構造から構造，静止から動きを自発的に形成し，人間は文化を創造し，世界をますます構造化・複雑化させている。」

④「非線形現象とはあるプロセスが進行した時にそれを促進したり阻害したりするフィードバック機構を内蔵しているシステムを指し，生きた自然（形や動きを生成し，おのずから組織していくような自然現象）の多くがその現象を示す。不安定化した流動が一定の流れに落ち着くことも，変動が大きくなり根本的に系のふるまいを変えること（相転移）も，フィードバック効果による。構成要素間の緊密な相互作用から生まれる新しい性質の発現を「創発」と呼ぶ。」

非線形現象の実例として，蔵本は，「地球規模の対流：崩壊と創造」「熱対流現象（流動現象）：力学的自然像」「空間的な秩序構造：自然のパターン形成能力」「時間的な秩序構造：リズムと同期」「カオスの世界」「ゆらぎの視点から見た自然像」を挙げて，複雑な現象世界における，要素的実体，物質的つながりを不問のまま，生物・無生物の両方に共通する同期などさまざまな不変構造の記述を行っている。

①は新しい自然学の基本姿勢である。地理学は，地域の形・景観への関心に傾注した段階から，地域の社会変化や社会的プロセスを重視し，「社会の空間性」「地域・場所の社会的生成」の解明を確立して地域の総合的な理解を模索してきた。その歩みと軌を一にする。つまり，ものに即して同一性を認識する主語的統一は，景観構成要素のまとまりや共通性と異質性によって地域を内外に分けて地域の構造や特色を説明する方法に近い。一方，ことに

即して同一性を認識する述語的統一は，ポスト・モダン地理学における地域・場所・空間形成の社会的プロセスへの注目，内外の地域間のさまざまな結合のあり方に注目する関係性の地理学，および多様に混在する未確立の地域・空間を検討するポスト構造主義地理学との近似性が高い。

　②は，実証主義を方法論として客観的科学知識を探求してきた地理学が，ポスト・モダンの時代に思考の相対化（知識は社会的位置によって同一でない，知識は社会的構成物である）を重視して，これまで見落とされてきた重要な所見を得た一方で，重要な差異とそうでない差異の弁別ができなくなり，価値や客観的事実の存在を否定して，表象と共同幻想の共有が現実を規定する事態が生じたのと同相である。

　③は，人の誕生と分化，国家や文化・文明の分化，世界農業の分化形成など，時空間的な現象の開放系の分化を研究対象として扱うことの多い地理学が成り立つ一半の根拠をなす。非平衡開放系の散逸構造によって地球の現象を捉える視角は，人口圧への農村社会の歴史的対応にはさまざまな地域的展開・地域的対応があったことを示した地理学の視角が開放系をなす点と共通する。一方で，地球と宇宙ではなく，有限な地球の地表に大半を負う地理学の対象はエネルギーの散逸を内部に抱え，巨大な駆動力による非平衡開放系の持続が困難になっている。地理学の性格，科学としての位置と，現在の地理学の当為を考える準拠枠をなす事実と位置づけたい。

　④は，トマス・アクィナスのハビトゥスや近代地理学の祖フンボルトやリッターの思想を土台にしつつ，アクターネットワーク理論（ANT）やHybrid Geographies に拡張する現代の地理学の動向を連想させる。相転移や創発の概念は，地球上の現象世界における生物・無生物を問わないさまざまな秩序構造やカオスの発現のメカニズムと，ANT の地域現象・地域問題の捉え方と類似する。

　このように，蔵本が提示した新しい自然学の動向と，地域をめぐる地理学の認識論・方法論の展開とを比較すると，両者はほぼ同じ方向の模索の上にある。

5．おわりに

　以上，20世紀半ばから現在までの地理学を素描した。地理学や社会科学の
地域概念や地域主義・アイデンティティ，自然科学における自然を捉える新
たな視角・記述方法を検討して，地理学の展開動向と他の科学との共通性と
地理学の特色・独自性を整理した。1970年台以降地理学の方法論はそれ以前
とは異なり，哲学や他の社会科学との知的交流の深まりを反映している。ポ
スト・モダンやポスト構造主義の地理学の動向は，新しい自然学の記述方法
の模索と相応する。地域主義・地域アイデンティティについては，歴史主義
的な考え方と現代的な能動主義の考え方を併置して指摘した。歴史的テーマ
と現代的テーマの両方へのアプローチを念頭において検討した。不十分さが
残るものの，検討を措くこととする。

〔注〕
　1）提示された所見として次の例がある。
　　フェミニスト地理学では，都市における犯罪や恐怖の場所に関するマスメディアの報道
と女性が実際に危険を感じる場所の差異，女性や貧困層・マイノリティが主に用いるバス
移動と白人通勤者が主に用いる自動車・電車・ライトレールでの移動との違い，開発途上
国における経済開発は市場経済に特化してそれまでの家族労働システムを壊すので女性の
役割の位置づけが重要であることを，ポスト植民地時代の地理学では，アパルトヘイトの
空間的不平等，ネイティヴアメリカンの都市経験，アメリカ合衆国の地理教科書が黒人の
歴史を消し去る傾向などを，明らかにした。

〔参考文献〕
Allen, J., Massey, D. and Cochrane, A., with Charlesworth, J., Court, G., Henry, N.
　　and Sarre, P. (1998) *Rethinking the region* (London, New York: Routledge), p. x +
　　159.
Berry, B. J. L. (1993) 'Geography's quantitative revolution: initial conditions, 1954-
　　1960: a personal memoir', *Urban Geography*, vol. 14, pp. 343-441.
Bobek, H. (1948) 'Stellung und Bedeutung der Sozialgeographie', *Erdkunde*, 2, S.

118-25.

Bourdieu, P. (1986) 'The forms of capital', in J. Richardson ed., *Handbook of Theory and Research for the Sociology of Education* (New York: Greenwood), pp. 241-58.

Bourdieu, P. (1990) *The Logic of Practice* (Stanford, CA: Stanford University Press), p. 333.

Bourdieu, P. (1998) *Practical Reason: On the Theory of Action* (Stanford, CA: Stanford University Press), p. xi + 153.

Brunet, R. (1967) *Les phénomènes de discontinuité en géographie*, CNRS (*Éditions du Central national de la Recherche Scientifique*), p. 117.

Christaller, W. (1933) *Die zentralen Orte in Süddeutschland: eine ökonemisch-geographische Untersuchung über die Gesetzmäßigkeit der Verbreitung und Eniwicklung der Siedlungen mit städtischen Funktionen* (Jena: Gustav Fischer), p. 334.
　(Baskin, C.W. trans. (1966) *Central Places in Southern Germany* (Englewood Cliffs, NJ and London: Prentice-Hall)).
　(江澤讓爾訳 (1969)『都市の立地と発展』大明堂)。

Cresswell, T. (2013) *Geographic Thought: a critical introduction* (Chichester: Wiley-Blackwell), p. 290.

Davis, M. (1990) *City of Quartz: excavating the future in Los Angeles* (London, New York: Verso), p. xviii + 462.

Dear, M. (2000) *The Postmodern Urban Condition* (Oxford: Blackwell), p. xii + 337.

Derrida, J., 1974, *Grammatologie* (Frankfurt am Main: Suhrkamp), p. 540.
　(Spivak, G. C. trans. (1976) *Of Grammatology* (Baltimore: Johns Hopkins University Press), p. xc + 360).

Entrikin, N. J. ed. (2008) *Regions: critical essays in human geography* (Series: Contemporary foundations of space and place) (Aldershot and Burlington: Ashgate), p. xxix + 606.

Foucault, M. (1975) *Surveiller et punir: naissance de la prion* (Paris: Gallimard), p. 318.
　(Sheridan, A. trans. (1995) *Discipline and Punish: the birth of the prison* (New York: Vintage Books), p. 333).
　(田村俶訳 (1977)『監獄の誕生―監視と処罰』新潮社, p. 318 + 27)。

Foucault, M. (1986) 'Of other spaces', *Diacritics*, vol. 16, pp. 22-7.

Geertz, Clifford (1973) *The Interpretation of Cultures: selected essays* (New York: Basic Books), p. ix + 470.

Giddens, A. (1979) *Central Problems in Social Theory: action, structure, and contradiction in social analysis* (Berkeley, Oakland, CA: University of California Press), p. 294.

Gottmann, J. (1947) 'De la méthode d'analyse de la géographie hummaine', *Annales de Géographie*, t. 56, no301, pp. 1-12.

Gottmann, J. (1961) *Megalopolis: the urbanized northeastern seaboard of the United States* (Cambridge, Mass: The M. I. T. Press), p. xi + 810.

Gregory, D. (1996) 'Areal differentiation and post-modern human geography', in J. A. Agnew, D. Livingstone, and A. Rogers eds., *Human Geography: An Essential Anthology* (Oxford: Blackwell), pp. 211-232.

Hägerstrand, T. and Pred, A. R. eds. (1981) *Space and Time in Geography: essays dedicated to Torsten Hägerstrand* (Lund: CWK Gleerup).

Hägerstrand, T. (1953) *Innovationsförloppet ur Korologisk Synpunkt* (Lund: Lund University).

(Pred, A. R. trans. (1967) *Innovation Diffusion as a Spatial Process* (Chicago: University of Chicago Press), p. xvi + 334).

Haggett, P., Chorley, R. J. and Stoddart, D. R. (1965) 'Scale standards in geographical research: a new measure of areal magnitude', *Nature*, vol. 205, pp. 844-7.

原勲 (2000)『地域の経済学』中央経済社，p. 267。

原勲 (2007)『改訂版　地域経済学の新展開』多賀出版，p. xvii + 277。

伊藤喜栄 (1980)「Area, Region, Locality」『地域』vol. 5, pp. 52-56。

Jacobs, J. (1961) *The Death and Life of Great American Cities* (New York: Random House), p. 458.

(黒川紀章訳 (1969)『アメリカ大都市の死と生』鹿島研究所出版会，p. 324)。

(中村達也訳 (2012改訂版，解説：片山善博・塩沢由典)『発展する地域　衰退する地域：地域が自立するための経済学』ちくま学芸文庫，p. 413)。

Hartke, W. (1959) 'Gedanken über die Bedeutung von Räumen gleichen sozialgeographischen Verhaltens', *Erdkunde*, vol. 13, pp. 426-36.

Heidegger, M. (1927) *Sein und Zeit*, Gesamtausgabe, Vol. 2.

(Macquarrie, J. and Robinson, E. trans. (1962) *Being and Time* (New York: Harper), p. 589).

Isard, W. ed. (1960) *Methods of Regional Analysis: an introduction to regional science* (Cambridge, MM: M.I.T. Press), p. xxix + 784.

(笹田友三郎訳 (1969)『地域分析の方法：地域科学入門』朝倉書店，p. 324).

伊東俊太郎 (1988)『文明の誕生』(講談社学術文庫) 講談社，p. 308。

伊東俊太郎 (1990)「世界文明と地域文化」『比較文明』vol. 6 (比較文明学会), pp. 6-10。

Jackson, P. (1989) *Maps of Meaning: an introduction to cultural geography* (London: Unwin Hyman), p. xv + 213.

(徳久球雄・吉富亨訳 (1999)『文化地理学の再構築：意味の地図を描く』玉川大学出版部，p. 268)。

40 第Ⅰ部 地域とコミュニティ

Johnston, R. J., Hauer, J., and Hoekveld, G. A. eds. (1990) *Regional Geography: current developments and future prospects* (London and New York: Routledge), p. xiii + 216.

Hoekveld, G. A. (1990) 'Regional geography must adjust to new realities', pp. 11-31.

Hudson, R. (1990) Re-thinking regions: some preliminary considerations on regions and social change, pp. 67-84.

Johnston, R. J. (1990) 'The challenge for regional geography: some proposals for research frontiers', pp. 122-39.

Juillard, E. (1962) 'La région, essai de definition', *Annales de Géographie*, t.71, no. 387, pp. 483-99.

Knox, P. and Agnew, J. (1989) *The Geography of the World-Economy* (London, New York: Edward Arnold), p. vi + 410.

特に第12章 分権主義的反応。

蔵本由紀 (2003, 2016)『新しい自然学─非線形科学の可能性─』岩波書店, p. xiv + 184, (ちくま学芸文庫) 筑摩書房。

蔵本由紀 (2007)『非線形科学』(集英社新書) 集英社, p. 253。

Labasse, J. (1966) *L'organisation de l'espace. Éléments de géographie volontaire* (Paris: Hermann), p. 604.

Lenntorp, B. (1976) *Paths in space-time environments: a time-geographic study of movement possibilities of individuals* (Lund: Royal University of Lund, Dept. of Geography), p. 150.

Maier, J., Paesler, R., Ruppert, K. und Schaffer, F. (1977) *Sozialgeographie* (Das Geographische Seminar) (Braunschweig: Westermann), p. 187.

(石井素介・水岡不二雄・朝野洋一共訳 (1982)『社会地理学』古今書院, p. 334)。

Markusen, A. (2006) 'Urban development and the politics of a creative class: evidence from a study of artists', *Environment and Planning A*, vol. 38-10, pp. 1921-1940.

マークセン, A. (2007)「創造都市のネットワークにおける芸術家の役割」大阪市・財団法人大阪21世紀協会・大阪商工会議所編『世界創造都市フォーラム2007 in Osaka』所収。

Mårtensson, S. (1979) *On the formation of biographies in space-time environments* (Lund : Royal University of Lund, Dep. of geography), p. 189.

Massey, D. (1978) 'Regionalism: some current issues', *Capital and Class*, vol. 2-3, pp. 105-25.

Massey, D. (1984, 1995b 2nd ed.) *Spatial Divisions of Labour: social structures and the geography of production* (London: Macmillan), p. xi + 339 (p. xvii + 393).

Massey, D. (1994) *Space, Place and Gender* (Cambridge: Polity Press), p. viii + 280.

Massey, D. (1995a) 'Masculinity, dualisms and high technology', *Trans Inst Br Geogr*, 20-4, pp. 487-99.

Massey, D., Allen, J., and Sarre, P. eds. (1999) *Human Geography Today* (Cambridge: Polity), p. xi + 340.

Massey, D. (2005) *For Space* (London: SAGE), p. viii + 222.

Massey, D. (2007) *World City* (Cambridge: Polity Press), p. viii + 262.

松尾容孝 (2008)［広域東アジア非大都市圏における周辺地域振興にむけての素描―ヨーロッパでの取り組みや現代の社会経済動向を参考にして―］『人文科学年報』(専修大学人文科学研究所), vol. 38, pp. 45-114。

松尾容孝 (2014)「今日の人文地理学―Tim Cresswell の近業に沿って―」『専修人文論集』vol. 95, pp. 183-206。

松尾容孝 (2015)「今日の人文地理学―Tim Cresswell の近業に沿って―（2）」『専修人文論集』vol. 96, pp. 133-163。

宮本憲一・横田茂・中村剛治郎編 (1993)『地域経済学』有斐閣, p. v + 378。

Murdoch, J. (1997a) 'Inhuman/nonhuman/human: actor-network theory and the prospects for a nondualistic and symmetrical perspective on nature and society', *Environment and Planning D: Society and Space*, vol. 15, pp. 731-56.

Murdoch, J. (1997b) 'Towards a geography of heterogeneous associations', *Progress in Human Geography*, vol. 21-3, pp. 321-37.

Murdoch, J. (1998) 'The spaces of actor-network theory', *Geoforum*, vol. 29-4, pp. 357-74.

Murdoch, J. (2006) *Post-Structuralist Geography: a guide to relational space* (London: SAGE), p. ix + 220.

野間三郎, 門村 浩, 中村 和郎, 野沢 秀樹, 堀 信行 (1974)「「地域のシステム」に関する諸外国の研究―その展望（1）」『地学雑誌』vol. 83-1, pp. 19-37。

野間三郎, 門村 浩, 中村 和郎, 野沢 秀樹, 堀 信行 (1974)「「地域のシステム」に関する諸外国の研究―その展望（2）」『地学雑誌』vol. 83-2, pp. 103-24。

Nourse, H. O. (1968) *Regional Economics: a study in the economic structure, stability, and growth of regions*, (New York: McGraw-Hill), p. viii + 247.
(笹田友三郎訳 (1971)『地域経済学―地域の経済構造・安定および成長の研究』好学社, p. 265)。

Peet, R. (1998) *Modern Geographical Thought* (Oxford: Blackwell), p. ix + 342.

Philo, C. ed. (2008) *Theory and Methods: critical essays in human geography* (Series: Contemporary foundations of space and place) (Aldershot: Ashgate), p. xlix + 648.

Pred, A. R. (1981a) 'Of paths and projects: individual behavior and its societal context', in Golledge, R. and Cox, K. eds. *Behavioral Geography Revisited* (London:

Methuen), pp. 231-55.

Pred, A. R. (1981b) 'Social reproduction and the time-geography of everyday life', *Geografiska Annaler: Series B, Human Geography*, vol. 53, pp. 207-21.

Pred, A. R. (1983) 'Structuration and place: on the becoming of sense of place and structure of feeling', *Journal for the Theory of Social Behaviour*, vol. 13-1, pp. 45-68.

Pred, A. R. (1984) 'Place as historically contingent process: structuration and the time-geography of becoming places', *Annals of the Association of American Geographers*, vol. 74, pp. 279-97.

Pred, A. R. (1986) *Place, Practice, and Structure: social and spatial transformation in southern Sweden, 1750-1850* (Totowa: Barnes & Noble Imports), p. x + 268.

Relpf, E. (1976) *Place and Placelessness*, London: Pion.

Scott, A. J. ed. (2001) *Global City-Regions: trends, theory, policy* (Oxford: Oxford University Press), p. xv + 467.

Sen, A. (1999) *Reason Before Identity* (Oxford: Oxford University Press), p. 31.

（細見和志訳（2003）『アイデンティティに先行する理性』関西学院大学出版会，p. 95）。

Sen, A. (2005) *The Argumentative Indian: Writings on Indian History, Culture and Identity* (London: Allen Lane, New York : Picador/Farrar, Straus and Giroux), p. xx + 409.

（佐藤宏・粟屋利江訳（2008）『議論好きなインド人――対話と異端の歴史が紡ぐ多文化世界』明石書店，p. 686）。

Sen, A. (2006) *Identity and Violence: the Illusion of Destiny* (New York: W. W. Norton), p. xx + 215.

（アマルティア・セン，2011，大門毅監訳2011，『アイデンティティと暴力――運命は幻想である』勁草書房，p. iii + 280）。

ソジャ，E. W.（1989, 加藤政洋・西部均・水内俊雄・長尾謙吉・大城直樹訳2003）『ポストモダン地理学―批判的社会理論における空間の位相―』青土社，p. vi + 373。

ソジャ，E. W.（1996, 加藤政洋訳 2005）『第三空間：ポストモダンの空間論的転回』青土社，p. ix + 413。

Soja, E. W. (1999) 'Thirdspace: expanding the scope of the geographical imagination', in D. Massey, J. Allen, and P. Sarre eds., *Human Geography Today* (Cambridge: Polity), pp. 260-78.

Soja, E. W. (2000) *Postmetropolis: critical studies of cities and regions* (Oxford: Blackwell), p. xx + 440.

Spengler, O. (1923) *Der Untergang des Abendlandes* (Langensalza: Hermann Beyer & Söhne).

（Atkinson, C. F. trans. (1926) *The Decline of the West. Vol. 1. Form and Actuality*

(London: G. Allen & Unwin), p. xviii + 428).

(Atkinson, C. F. trans. (1928) *The Decline of the West. Vol. 2. Perspectives of World-History* (London: G. Allen & Unwin), p. xi + 507).

水津一朗 (1972)『地域の論理：世界と国家と地方』古今書院，p. 221。

水津一朗 (1982)『地域の構造：行動空間の表層と深層』大明堂，p. 258。

Thrift, N. (2000) 'Afterwards', *Environment and Planning D: Society and Space*, vol. 18, pp. 213-55.

Thrift, N. and French, S. (2002) 'The automatic production of space', *Trans Inst Br Geogr NS*, vol. 27, pp. 309-35.

Thrift, N. (2004) 'Remembering the technological unconscious by foregrounding knowledges of position', *Environment and Planning D: Society and Space*, vol. 22, pp. 175-90.

Toynbee, A. J. (1951, 1972) *A Study of History. Vol. 1-10* (Oxford: Oxford University Press).

(「歴史の研究」刊行会訳 (1966-72)『歴史の研究』全25巻，経済往来社)。

堤研二 (1992)「ドイツ社会地理学の一系譜―社会地理学論争の周辺―」『人文地理』vol. 44-2, pp. 44-65。

Whittlesey, D. (1954) 'The regional concept and the regional method', in P. James and C. F. Jones eds., *American Geography: inventory and prospect* (Syracuse, NY: Syracuse University Press), pp. 19-68.

第 2 章
コミュニティについて考える
―「トランスナショナル・コミュニティ」の「場所形成」と「行為主体」―

広田　康生

1．本章の意図

　本章の目的は，「トランスナショナル・コミュニティ」を近代化が揺れる地平に置いたときに，「トランスナショナル・コミュニティ」における「場所形成」と「主体」の意味を再考することにある。

　1990年代後半以来，国際的な「移動」「移民」や「民族・エスニシティ」「独自のコミュニティ形成」研究は，近代社会における社会学的な問題として一般化し深化した（Foner, Rumbaut, and Gold 1999；広田 2006b）。国際的な「移動」「移民」「コミュニティ形成」の問題は，それぞれの国々における政治的，社会的そして文化的領域において提起されている。実際，国際的な「移動」「移民」「民族・エスニシティ」問題は，それぞれの国家が，彼らをどのような形で受け入れるか，彼らの権利をどのような制度として受け容れるのか，そして，当該の社会は，「移動」「移民」「民族・エスニシティ」と「独自のコミュニティ形成」をどのような「存在」として理解するのか，彼らを受け入れる「国民」「コミュニティ」は，どのように互いのアイデンティティを理解するのか，異なる「社会的世界」や「コミュニティ」は，互いの「生き方」や「存在のあり方」を支える「場所」をどう理解し，それぞれの政治的，経済的，社会的，地理的，文化的な問題として提示していくのか。

　この背後には，経済的，政治的，社会・文化的「差異」，グローバル対ロー

46 第Ⅰ部 地域とコミュニティ

カル，グローバル化と国民国家，「中心性」と「周縁性」，ナショナリズムの台頭，そして，互いに異質な「主体性」「アイデンティティ」と「共生」に関する新たな問題が隠れている（Basch, Glick-Shiller and Blanc 1984；Smith 2001）。

　本章で筆者は，本書の諸問題を考えるための手掛かりの一つとして，都市社会学の中でも特に「都市コミュニティ論」とそれに続く「都市エスニシティ論」が1990年代以降注目し展開してきた「下からのトランスナショナリズム論」に焦点を合わせ，現在の「コミュニティ」問題を，「トランスナショナル・コミュニティ」という観点から考えてみたい。

2．「トランスナショナリズム論」における「コミュニティ」とは何か

2.1　「トランスナショナリズム論」とは何か

　1990年代以降になって，「トランスナショナリズム論」に関する研究領域とその“洗練”されたテキストやリーディングスが刊行されだした。

　たとえば，S. バトベック（S. Vertovec）は，そのテキスト『トランスナショナリズム』の冒頭部分で，「トランスナショナリズム」について，国家政府間で提携される正式な条約や外交関係，ある国から他国への旅行や貿易といったいわば「インタナショナルな」関係と区別し，「非政府的行為者間の国境を越えたビジネスや非政府組織や個人の間の結びつきや相互のやり取りが（宗教的信念や共通の文化的，地理的出身に基づいて）続いているとき，われわれはこれをトランスナショナルな実践とか集団として区別する」と述べ，その過程が，政府や企業などのいわゆる国際関係や旅行といったものとは「異なる社会過程」であることを指摘している（Vertovec 2009: 3＝水上・細萱・本田 2014）。バトベックは，「トランスナショナルな社会形成」（運動，ビジネスなど），「トランスナショナルな社会変容過程」，「移動する人々と母国の家族との遠隔地ケア」「移動する人々と彼らの母国に生きる

人々との遠隔地教育や仕送り」といった諸過程等を，「トランスナショナリズム論」という研究テーマとしている（Vertobec 2009＝水上・細萱・本田 2014）。

　文化人類学者であり社会学者である P. レビット（P. Levitt）と S. カグラン（S. Khagram）は，上記のような，国際的な「移動」「移民」が生み出す社会過程＝トランスナショナリズム論の研究世界を，「トランスナショナル・スタディーズ」として一括し，次の5つの基本的な知的営為としてまとめている。彼女／彼らによれば，こうした研究は，①経験的トランスナショナリズム（empirical transnationalism），②方法論的トランスナショナリズム（methodological transnationalism），③理論的トランスナショナリズム（theoretical transnationalism），④哲学的トランスナショナリズム（philosophical transnationalism），⑤公共的トランスナショナリズム（public transnationalism）である（この中で⑤については純粋な研究営為からは切り離している）。ちなみにレビットとカグランによれば，①経験的トランスナショナリズムとは，潜在的にトランスナショナルな現象や動態と思われるものを記述し，地図化し，分類し，そして量化しようとする知的営為を指す。ここで記述されるトランスナショナルな過程とは，一般的には局所的，地域的，国民国家的そしてグローバル・システムに対応した単位での行為者，構造および諸過程から派生したもの，もしくはそれと対比される現象や社会過程を指す。レビットとカグランによれば「トランスナショナル・スタディーズ」は，こうした現象を，比較史やエスノグラフィックな戦略を用いてその類似性や差異，関係性，相互作用について研究する営為ということになる。②方法論的トランスナショナリズム論とは，それぞれの境界を持つ諸単位に基礎を置いて収集された既存のデータや証拠，そして歴史的でエスノグラフィックな説明について，本来のトランスナショナルな形や過程が現れるような仕方でそれを再構成したり再分類したりする知的営為を指す。無論こうした知的営為においては，新しいタイプのデータや証拠や，より正確で厳密にトランスナショナルな現実を観察するための調査デザインや方法論を

作り出す必要がある，とレビットは指摘する。③理論的トランスナショナリズムとは，既存の理論的枠組みや説明に時にその違いを明瞭にし，あるいは統合されるかもしれない説明や解釈を公式化，明確化する知的営為である。④哲学的トランスナショナリズムとは，社会的世界や生活は，本質的にトランスナショナルなものであるとする形而上学的前提から出発するものであるという（Levitt and Khagram 2008: 3 –10）。

　「トランスナショナリズム論」をより一般化した用語（＝トランスナショナル・スタディーズ）に置き換え，より客観的に，より門戸を開放し研究しやすいように紹介していくこうした彼らの研究動向は，「トランスナショナリズム論」が一つの学問領域として認知され，制度化される過程の一つの試みではあるが，彼らのポイントもやはり，「移動」「移民」「民族・エスニシティ」そして彼らの「新たなコミュニティ形成」であり，国際的な移民，移動の問題──「移民トランスナショナリズム研究」──に注目していることが重要である。

　もちろん，現在注目される「トランスナショナリズム論」の中心である「移民トランスナショナリズム」の展開は，すでに1990年代後半以降急速にすすめられた。たとえば，これも文化人類学者であり社会学者であるS. マーラー（S. Mahler）は，特に社会学者のM. P. スミス（M. P. Smith）とL. E. ガルニゾ（L. E. Guarnizo）が編集した『*Transnationalism from Below*（下からのトランスナショナリズム）』と題した研究書に所収の論文のなかで，トランスナショナリズム論の主流は「移民のトランスナショナリズム（migrant transnationalism）」「マイグレーション論としてのトランスナショナリズム（transnationalism as transmigration）」にある，と述べている（Mahler 1998: 66-73）。

　マーラーによれば，「トランスナショナリズム論」の思想的な源流・背景には，「グローバリゼーション論」を支える近代化論や「世界システム論」のような，いわゆる「大きな物語」への批判があり，それを言わば，西欧資

本主義を主導な社会変化とし，他方で「ローカリティ」は，静止したステレオタイプなものとしてきた考えがあると批判している（ibid.: 64）。そしてマーラーは，「トランスナショナリズム論」の典型を「下からのトランスナショナリズム論」と述べ，その基本的な研究の焦点を，グラスルーツな人々の「日常的実践」や彼らの「都市文化の新しい様式（modes of urban culture）」の形成にあるとしている（ibid.: 67）。もちろんマーラーは，こうした「下からのトランスナショナリズム論」の研究思想，思潮には，西欧文化と西欧経済が世界を同質化する救い難い状況に，民主的で力を与える一種の鎮痛剤としての役割があるが，しかし，概念的には，グラスルーツそのものの定義の曖昧さや，日常的な実践そのものに焦点を合わせることで逆に，グローバル化し脱領域化する力への問題もあると指摘している（ibid.: 69）。

　なぜグローバリゼーション論に抗して「トランスナショナリズム論」という研究領域が生まれざるを得なかったのか，その研究的な立場の特異な意味とは何だったのか，そしてどのような現象や行為を対象にしたか。「トランスナショナリズム論」の背景に，国際的な移動や国際的なコミュニティの形成，政治的，経済的な秩序，あるいは「構造論的」な考え方や「主体」や「アイデンティティ」に関する既存の文化的な研究動向に対し，一見相容れない形態の動向の同時進行や，「複数性」「多数性」「多声性」，解体と再構成，脱構築の過程を前提とする考えがある。「トランスナショナリズム論」は，こうした問題論にもう一度目を向けて現れてきた研究領域でもある。

　われわれは，現在における「コミュニティ」や「場所形成」をめぐるフィールドノーツの意味や位置や可能性を改めて考える必要があり，「下からのトランスナショナリズム論」に負わされた「可能性」や「期待」がある。特にこうした「期待」こそがその背景にあった，と筆者は考える（広田 2002, 2003a, 2003b, 2006a, 2006b, 2008, 2010a, 2010b, 2010c, 2012, 2013a, 2013b）。

2.2 「トランスナショナル・コミュニティ」の言説的世界
——周縁／差異／ヘゲモニー／行為志向性／ローカリティと 場所をめぐって

「下からのトランスナショナリズム」に立つスミスとガルニゾによれば，「トランスナショナリズム論」とは，特にどちらかと言えばアメリカにおいて，まず A. アパデュライ（A. Appadurai）や J. クリフォード（J. Clifford）らの「カルチュラル・スタディーズ」が先陣を切り，そこにマイグレーション研究者としての社会学者であり人類学者たちのグリック–シラー（N. Glick-Schiller）や A. ポルテス（A. Portes）らの「トランスナショナリズム研究」が統合されることで始まった，と言う（Smith and Guarnizo 1998: 4）。スミスとガルニゾによれば，「（こうした研究の特徴）は，トランスナショナリズムを，人々の "下からの（from below）のレジスタンス" として表現し，それを称賛する傾向が生まれたこと，文化的混淆性，多様な位置取りをするアイデンティティ，周縁的な他者による越境は，普通の人々が資本と国家による "上からの" 支配と統制を避けるための努力として描くこと」にあることから生まれた，と指摘している（Smith and Guarnizo 1998: 5）。

では，具体的に特に「トランスナショナル・コミュニティ」が示す言説世界とはどういうものか。その出発点の一人である N. グリック–シラーらと M. P. スミスの場合に焦点を合わせて探っておこう。

グリック–シラー他著『*Nations Unbound*（境界のない人々）』によれば，グリック–シラーらが見た「現実」は，西インド諸島のグレナダやハイチ，ドミニカ，ジャマイカ等々と（そしてフィリピンについても彼らは述べているが），アメリカとの間を移動する人々と国家政府との関係であった（Glick-Schiller, et al. 1994）。グリック–シラーによれば，ドミニカからアメリカのボストンのジャマイカン・プレーンや，グレナダからニューヨークに移住しアメリカ国籍を得てホワイトカラーとして生活をしている人々の居住地が，母国から選挙区として認められるといった現象，またフィリピンか

らアメリカに移住した人々が，母国への「仕送り（remittance）」をとおして「名誉市民」の称号を受ける現実等々，これまで「周縁」に位置していた人々の「立場の変化」と，彼らを統合するはずの国家的制度の「変容」であり，特に彼らの選挙区を正当化する「イデオロギー装置」，そして，「移民」に与えられるシンボルや言葉や政治的な儀礼をとおして変化する現実であった（Glick-Schiller et al. 1994: 3）。

　グリック‐シラーらは，こうした「現実」の中に，地理的空間や社会的アイデンティティに関する既存の構成（previous conflation）への「周縁からの挑戦」を見，「移民（transmigrant）」の諸実践が国民国家に影響を与える仕方や彼らの生活が変化する現実を理解するための，「グローバリゼーション論とは異なるもう一つの世界的構造の研究の異なる方法」（＝「大きな物語」を脱構築する「複数性」や「多数性」や「混淆的」な多様な方法）に注目した（Glick-Schiller 1994: 8）。

　グリック‐シラーは，「トランスナショナリズム」という，国家を超える「移動」やそこに彼らの形成する「コミュニティ」を次のように定義した。「われわれは"トランスナショナリズム"を，移民がその出身地（origin）と定住地（settlement）の社会を連結する，複雑に縒りあわされた社会関係を育みそして維持する諸過程を指す。われわれは，こうした諸過程をトランスナョナリズムと呼ぶことによって，今日の多数の移民が，地理的，文化的，政治的な境界を跨いで形成する社会的な領域の存在を強調したい。そして多様な関係——家族的，経済的，社会的，組織間のそして宗教的，政治的な関係——を発展させ維持する移民たちを"トランスマイグラント"と呼ぶ」（Basch, Glick-Schiller, and Blanc 1994: 7）。そこで彼女たちによって「地理的，文化的，政治的な境界を跨いで形成する社会的な領域」は，「トランスナショナル・ソーシャル・スペース（transnational social space）（＝越境する空間）」ないしは「トランスナショナル・ソーシャル・フィールド（transnational social field）」あるいは「トランスナショナル・コミュニティ（transnational community）」と呼ばれることになる。

52　第I部　地域とコミュニティ

　ただしグリック–シラーらは，こうした「トランスナショナリズム」を見る手掛かりとして，「世界システム論」のパースペクティブを否定しているわけではない。要するに，そこからでは見えてこない「社会文化的」な問題に重要性を見る。たとえばI. ウォーラーステイン（I. Wallerstein）の「世界システム論」が，いわば「労働力の分配をめぐるグローバルな差異と不平等性を生み出す地理学的構成を作り出す社会システムとしての世界システム」であり，そこでは中心が周辺を作り出すことを当然とするなら，グリック–シラーらは，むしろ移動を，中心と労働力の移動だけに限定するというよりは，彼らの政治的行為と意識を創り出す人種的，民族的，国民的アイデンティティの多様性への注意を指摘する（Basch, Glick-Schiller, and Szanton Blanc 1994: 11）。つまり彼らによれば，「移民は確かに資本制生産における労働力の提供者であるが，彼らは同時に政治的社会的な存在である」と指摘し（ibid. 1994: 12），国際的な「移動」や「移動する人々」の，文化そして彼ら自身の文化の「権力化」「権威化作用」にわれわれはもっと注目しなければならない，と言う。グリック–シラーらは，「ヘゲモニー過程」に関して，ステュアート・ホール（S.Hall）が言う「ヘゲモニーは決して一つの性格を持っているわけでもなく，先験的な傾向をもつわけでもなく，それは常に解体され再構成される」という言葉を引用しながら，「意味と価値の体系」「信念と価値と意味の相対的にフォーマルで分節されたシステム」を研究する必要を説く（ibid.: 13）。

　グリック–シラーらの主張は，こうした「ヘゲモニー過程」が「行為主体としての移民（transmigrant as agents）」によって，構造が挑戦されたり作り変えられたりする点に多くの関心を寄せる。グリック–シラーは自らの研究的立場を「弁証法的人類学者（dialectical anthropologist）」と呼び，研究の立場性（positioning）については，見るものと見られるものとの弁証法的な関係性に常に注意することを主張する（ibid.: 16）。

　トランスナショナリズム論が持つ反グローバル化の「言説世界」は，M. P.

スミスの「下からのトランスナショナリズム論」および『トランスナショナル・アーバニズム』においてさらに展開される（Smith and Guarnizo 1998 ; Smith 2001）。

　M. P. スミスらの注目したのは，「世界システム」が形成する，特定の「国家領域」からの「脱中心化」「フローの空間化（space of flow）」の存在という問題である。スミスらは，「トランスナショナル化」ないしは「トランスナショナルな社会関係の形成」は，「一つもしくはそれ以上の国民国家を超えつつ，他方でそこに“つなぎとめられる”関係」の展開を表すと述べる（Smith 2001）。スミスは，トランスナショナリズム論の研究の地平（＝一言で表せば，「普通の人々の越境移動」）を土台にした「移民のネットワーク」が創り出す「越境する社会空間（transnational social space）」の形成という発想とその「磁場」となる地域における具体的な政治的社会的文化的な過程に関心を寄せ，抽象的な経済のグローバリゼーション過程の絶えざる「問い直し」とその「脱構築」，言わば，グローバリゼーション論が捨ててきた問題あるいは当然と考える問題とは何かを問い直し，自らの考えのなかで再び意味づけすることを目指すのである。ここでは，どの国家もあるいはローカルな地域もグローバル資本によって構造化されて初めて発展するという「言説」には距離を置き，階級に還元されない多様な「差異」の構造があることに注目することの重要性が主張される。

　ちなみにスミスが，批判の対象もしくは「脱構築」の対象としてこだわったグローバリゼーションの論者は，D. ハーベイ（D. Harvey）や M. カステル（M. Castell）であり，特に彼らのローカル／ローカリティの認識についてであった。スミスによれば，ハーベイの議論は極めて明確で，資本が社会変動のすべてを生み出す，と考えるところにある。ハーベイによれば，時間と空間を再編する卓越的でグローバルな資本の命令は，家族やコミュニティや場所や地域そして国家の利害を代表する「ローカル」で防衛的な社会運動に対立する。ハーベイにあっては，後者は，常に静態的な社会組織として，“進行形”というよりは“現状の”社会生活を組織する努力として描かれる。

54 第Ⅰ部 地域とコミュニティ

そして後者が勝利することがたまにあるとしてもそれは「ポストモダンな政策」が立てられるときのみで，あとは，常に資本蓄積の諸過程が，ローカルな組織が構成される空間的，時間的な条件を作り出す，ということになる (Smith 2001: 103–104)。

　カステルの場合は，「情報的発展段階 (informational mode of development)」にある資本が，経済と情報のグローバルな結合を促進し，場所を（無機質な）空間に変え，文化的意味のローカルな生産を支配しだす。カステルによれば，アイデンティティ生産のコミューナルな形式としてのローカリティは，情報化時代の「主体」がもはや国民国家における市民社会を代表する権力の基盤とはならないので，逆に，ますます重要になる。しかし国家は既に統合的な役割をなさないので，むしろ，次の二つの形のアイデンティティ形成が重要になる。その二つとは，「企図的アイデンティティ (project identities)」——たとえば宗教的な原理主義運動や民族運動など——，と「抵抗的アイデンティティ (resistance identities)」である (ibid.: 104–105)。

　スミスが批判したのは，こうした，グローバル対ローカルという「二項対立的枠組み (binary framework)」についてであった。スミスによれば，グローバル権力対「表現するコミュニティ」「抵抗のコミュニティ」という二項対立的な問題設定は，移民やディアスポラといった「周辺」からの越境者たち (border crossers) の増大がもたらす社会文化的，政治的意味に気がついていない。彼らが，地球上の遠く離れたところにある社会的ネットワークを結びつけ，同時存在の状況を作り出すことによって彼らの生活を再組織化している，ことに注目すべきであると述べる (ibid.: 111)。スミスは，こうしたローカル／ローカリティに代わって，D. マッシーの議論に基づいて「ローカリティ」を，人々が創造し，その中に入り込み，行為をする，社会的行為のミクロなネットワークとマクロな経済的，政治地理的な場所概念に賛意を示し，そうしたミクロとマクロを結びつける「行為主体志向 (agency oriented)」のパースペクティブを選択する (ibid.: 6)。

　こうした意味でのローカルな現場での人々の在り方を「行為主体 (agency)」としてとらえることについては，1990年代前後に，S. ホールがアイデンティティの「多数性」「複数性」の観点から論じていた（King 1991＝1999）。ホールは，アンティル諸島出身の彼自身の体験——英国に留学して初めて自分が黒人としてカテゴライズされる体験——をとおして，「統一された主体」としてのアイデンティティから，「決して完結せず」「常に進行中」で，「常に二律背反の分裂によって構成されるもの」であり，「他者の眼差しによって刻まれる」ものとしてのアイデンティティについて指摘していた。ホールによれば「アイデンティティは，一つの過程として，一つの語りとして，一つの言説として，常に他者の立場から語られるもの」である（King 1991＝1999: 73–75）。

　グリック－シラーやスミスのこうした考え方の背景には，繰り返すが，次のような「現実」体験がある。フィールド現場における文化的な混淆，周辺として位置づけられたなかでのアイデンティティの複数性，「周縁」からの境界の乗り越え，と彼らが指摘する「複数性」や「多数性」，越境する自営業者や起業家たちによってなされる，資本による上からの支配や統制をかいくぐる普通の人々の実践がある。それは，彼らがしばしば引用する S. ホールが言う，「差異」の感覚，一つの中に多様性を見，二項対立的な分析を回避し，「分節」と「接合」を試みる方法態度，自らの研究の「立場性」を明らかにすること，そして現象の「偶発性」，および，現象は常に解体と再構成の過程にあるという見方，に目を向けるという方法態度であったと筆者は考える。

2.3　日本社会における「トランスナショナル・コミュニティ」の言説世界

　こうした概念や思想は，しかし，アンティル諸島やフィリピンやアメリカやイギリスだけの問題ではない。それは，日本を含めて，世界中に生じた現象であった。実際，筆者らがこうした思想潮流——それは現場からの発想であるが——に親近性を感じるのは，日系ブラジル人のエスニック・ネット

56 第Ⅰ部 地域とコミュニティ

ワーク形成研究に取り組んできた経験からきている（広田 1997；2003b：藤原 2008）。

　すなわち，「日系」という，それ自体アイデンティティの「複数性」のなかに生きる人々の来住は，「周縁」的なエスニック・ネットワークを日本人も含めて作りだし，生活環境の整わない中での彼らの行動はまさに「日常的実践」と言うべき様相を呈して，自らの生活環境を作り出す。彼らに出会う日本人は，彼らの「異質」な存在のなかに，自らの「異質性」を見つけ出し，そうした「異質性認識」をとおして，差異に開かれた共同性を作り出し，「周縁性」から発信する生き方の力強さを描き出す。こうした状況は，筆者らの初期の都市エスニシティ研究のフィールドであった横浜鶴見潮田を起点とするネットワーク研究のなかに描き出された（広田 1997）。

　さらに，都市エスニシティ論からの研究の継続は，クレオール性に関する現実を描き出す。出身地（origin）と目的の定住地を繋いで形成される「越境する空間」の中では，M. ヴィヴィオルカ（M. Wieviorka）が述べるように，送り出しコミュニティでもなければ受け入れコミュニティでもない／送り出しコミュニティでもあれば受け入れコミュニティでもあるような世界が出現する（Wieviorka 2001=2009: 51–52）。それは言葉を換えれば越境移動がもたらす境界性の再定義であり，クレオール性の出現ということでもある。ここでは，国民国家の枠内で当然とされてきたさまざまな制度の定義の見直しが要請されると同時に，生き方そのものも問われる。クレオール化と「周縁的空間の強化」（ホール）は西インド諸島だけの話ではない。

　彼ら自身の生活環境が整っていない時期の生活世界の形成は，既述のように，M. ド・セルトーの言う「日常的実践」という言葉がイメージさせるそれに限りなく近い行動を生み出した。ド・セルトー自身，フランスにおける移民の現実を背景に，彼らの生活世界の作り方を「日常的実践」という言葉で表現した。ド・セルトーの言う「日常的実践」とは，「数々のテクノクラシーの構造の内部に宿って繁殖し，日常性の『細部』にかかわる多数の『戦術』を駆使してその構造の働き方をそらしてしまうような，なかば微生物に

も似たもろもろの操作を明るみにだす」ような「技法」「もののやりかた」である（Certeau 1980=1987: 18）。日系ブラジル人の生活世界の形成は，まさに，こうした既存の制度や施設を読み替え，日常のなかで活用する「もののやりかた」を基礎にしていた。

特に受け入れ社会からの人種的，民族的，エスニシティの「異質性」への同化や「統合」やナショナリズムの圧力に対して彼らは，そうしたもののやりかたで，アイデンティティの多様性をめぐる「交渉」や「承認」や「排除」を生きる。それは，市民的ナショナリズムと人種的ナショナリティとの相克や，「共生」の意味を問い直した（広田 2010d, 2011）。

前述のようにグリック–シラーらの研究は，ハイチやグレナダ等の西インド諸島をフィールドとして，人の移動と越境する社会を跨いで形成される社会空間，人々の両義的アイデンティティ，遠隔地ナショナリズム等に関する研究であった。周知のようにハイチやジャマイカそしてグレナダなどのアンティル諸島は，16〜17世紀以来スペインの植民地となりプランテーション農業が行われた。植民地支配者同士の結婚で生まれた子供たち＝移民二世や三世は，両親と皮膚の色は同じでも実際に育った文化は異なり，両親の母国に愛着や帰属意識を感じれば感じるほど逆にその差異を認識せざるを得ないというアンビバレントな立場に置かれた。

だがそれは，日本社会に帰還した日系ブラジル人に代表される人々も同じように経験するテーマでもあった。彼らのポストコロニアル的状況は，そのアンビバレントな立場という意味では同じ現象であった。それは，国境を越えて移動と定住を行うグラスルーツな人々をとおして日本社会にも出現した。前項2.2で指摘したように，本来，上記の「越境する空間」と「トランスナショナル・コミュニティ」とは同じものを意味しているが（Goldring 1996），本書ではそうした国境を超える越境する空間が，移動の磁場となる特定の地域に——たとえば一般的な意味で「エスニック・コミュニティ」や「多民族コミュニティ」といった形をとって，世界中の移動の拠点にその姿を現したのである。

このような日本社会を含む世界に起きた現実を背景にするとき，筆者は，平準化されテクニカルに洗練された「移民トランスナショナリズム」論よりは，「下からのトランスナショナリズム論」に象徴されるトランスナショナリズム論の思想，「周縁」「差異」「行為者志向」「ローカリティ」「場所」に関する既述の問題意識を導きの糸として研究することの意味を改めて主張したい。

次に，こうしたトランスナショナリズムに底流するプロブレマティックを前提に，「トランスナショナル・コミュニティ」における「場所」をめぐる問題構成について考察しておきたい。

3．「トランスナショナル・コミュニティ」研究の方法論的立場と枠組み ——「場所形成」「コミュニティの存在様式と共同体」「行為主体とアイデンティティ」

既述の「下からのトランスナショナリズム論」が内包したプロブレマティックを前提にしたとき，「トランスナショナル・コミュニティ」における「場所」の問題は，「行為主体」そして「コミュニティ」「都市性」「共生」の問題を伴って現れる。「トランスナショナル・コミュニティ」研究の方法論について考えてみたい。

3.1 「場所形成 (place-making)」と「記憶の想像的利用」研究の重要性

「移動」を引き起こす原因というよりは，むしろ，彼らの存在をめぐる「差異」「周縁性」「複数のアイデンティティをめぐる政治」「ヘゲモニー」過程の展開を背景に，「トランスナショナル・コミュニティ」研究の方法とは，どのような点に注目すべきか。実際，移動する人々が創り出す「差異」「多数性」の問題は，日本社会を含めて移動の拠点をなす地域のいたるところに存在するのが現状であり，それは前節で述べたとおりである。

まず「トランスナショナル・コミュニティ」の「場所」の研究ではどのよ

うな立場に立つことが重要になるか。

「トランスナショナル・コミュニティ」が展開する「場所」が問題になる現在的文脈を理解することについては，スミスの言うように，現代の「コミュニティ」に関する場合，「二項対立的枠組み」にこだわりすぎる問題がある。スミスは，「時間と空間を再編するグローバルな命令」に対置される「家族やコミュニティや場所や地域や国家といった防衛的な場所」としての「ローカル」あるいは「グローバルな支配に対する窮余の抵抗を生み出す場」として「ローカル」という二項対立の図式は廃棄され，D. マッシーの「場所」論──いわゆる「場所のオルタナティブな解釈」──を引用しつつ，「下からのトランスナショナリズム」が展開する「場所」とは，「そこに特有の内在化した歴史や沈殿した性格からだけ生み出されるものではなく，現在の社会関係や社会過程や，経験等が同時存在すること（co-presence），そして，それに関する理解から作り出されるものであり，しかもこれらの関係の大部分は限定された地域にだけ現われるものというよりはより大きなスケールの中で構成されたものとして考えられる関係」として「場所」概念を提示した（Smith 2001: 107）。

　以上のような問題を前提にするなら，グローバル対ローカルという問題設定を背景に現在の「コミュニティ」の「場所」の意味を考えようとするときわれわれは，むしろこうした問題設定から離れて，「場所形成（place-making）」という概念が呈示される。

　なぜなら，「トランスナショナル・コミュニティ」が形成される「場所」においては，特に「民族・エスニシティ」の存在を問題としたとき，「差異」や「周縁性」「複数のアイデンティティをめぐる政治」「ヘゲモニー」「解体と再構成」過程はひっきりなしに生まれ，まさにマッシーが言うように場所は，われわれが共に生きることについての（こうした）問いを，それぞれの「場所形成」の中で呈示するからであり（Massey 2005=2014: 283），それはグローバル化や国家やコミュニティの問題が，「二項対立的」な解釈では解きえない問題を呈示しているからである。そしてこうした問題は，「民族・

エスニシティ」を背景にした「トランスナショナル・コミュニティ」「コミュニティ」の問題を，時には「場所の獲得」「場所のアイデンティティの政治学」の問題として，「場所」に関する本質論を，「解体と再構成」を含めた「場所形成」という概念として注目することが必要になる。

　周知のように「場所形成」という問題設定は，もともと A. グプタ（A. Gupta）と J. ファーガソン（J. Ferguson）らの人類学的問題提起から呈示されたもので，人種的，民族的，ジェンダー的その他の「差異」や「他者性」の問題に直面して，それを「行為志向的」に，そして「構築主義的」に考察するときに有効な問題設定である。

　たとえば，グプタとファーガソンは次のように述べている。「どのようにローカルはグローバルと結びつくのかという問いの代わりに，われわれは，この問題に関するまったく異なったパースペクティブを可能にする別の問いを選びたい。すなわち，ローカリティやコミュニティや地域に関する認識は，どのように形成されるのか……ということである。この問いに答えるためにわれわれは，ローカルやコミュニティが所与のものとか，自然なものであるという常識的な考えから，『場所形成』に関する社会的，政治的な諸過程に向かわなければならない」（Gupta and Ferguson 1997: 6）。

　グプタとファーガソンが以上の問題関心を持ったのには文化人類学（そして筆者に言わせればそれは地理学的かもしれないが）特有の理由もある。グプタとファーガソンによれば，文化人類学が「場所形成」という問題設定に関心を持ったのは，グローバル化にともなう自律的な分析単位としての「文化」――それは具体的な場所と結びつく境界性を持った分析単位として相対的な自律性を持った社会の存在を前提としていた――の消滅のなかで，逆に，「場所」と「文化」と「権力」との関係性に関する新たな問いの出現が待望されたのである（Gupta and Ferguson 1997: 2-3）。

　グプタとファーガソンの「場所形成」の問題設定が「トランスナショナル・コミュニティ」研究にとって重要なもう一つの点は，いわば「場所形成」

をめぐる社会的，政治的な諸過程の研究を，「階級闘争」という一元的な枠組みのなかに放り込むことをせず，「複数の場所形成」の主体や過程が存在すること，そしてそれは，「場所の意味づけ」や「記憶の掘り起し」などの実践も含めて，社会学的エスノグラフィックな方法を示唆している点である。

　グプタとファーガソンは，K. レオナード（K. Leonard）の，明治期の日本移民の「初期トランスナショナリズム」研究に関する論文を取り上げ，日本人の「移民／エスニシティ」が，いかに，自らの「場所」を創り出したかに関する研究を取り上げている。レオナードは，当時の移民コミュニティが，たとえ，母国の出身コミュニティとの物理的な繋がりを断たれた状況にあっても，移民の「記憶の想像的利用（imaginative use of memories）」によって，出身国のコミュニティとの間の繋がりを保つような新たな「トランスナショナル・コミュニティ」を創造する可能性を示唆している（Leonard 1997: 118–136）。そこでは，日本人移民とインド系の農業移民がカリフォルニアに作り出した「アジア的光景（Asian landscape）」について，両移民の出身国の文化への「記憶の想像的利用」が，いかに「独特の形式」な「場所」を形成したかに言及している。

　レオナードは，1900年代初頭の日本人移民に関する定型的な考え方——すなわち彼らが，現在のようなトランスナショナルな時代における移民とは異なりグローバルなネットワークのなかにはいなかったとする想定——とは異なり，彼らもまた，同様に，受け入れ文化に一方的に拘束されるのではなく，双方向的に，2つの社会を繋ぐアイデンティティを創造し，「アジア的光景」の形成（＝「場所形成」）を創り出したことについて論じているのである（ibid.: 120）。レオナードは，日本人が当時，「ブランケット・ボーイ（blanket boy）」と呼ばれ，蔑まれながらも「混成的，汎アジア的なコミュニティとアイデンティティ（hybrid, and pan-Asian communities and identities）」を持った新しいアジア人像を創り出し（Leonard 1997: 121），さらに指導的役割を持った日本人農業者は，それぞれの領域を治める主人（King）とし

62　第Ⅰ部　地域とコミュニティ

て自らの「場所」を作り，移民先の新たな世界への愛着をもとにした集団的アイデンティティにもとづいて，独自の政治的ヴィジョンを持ち，服従することに抵抗したと論じている（Leonard 1997: 124）。

　「トランスナショナル・コミュニティ」がそのなかで展開する「場所」あるいは「トランスナショナル・コミュニティ」における「場所形成」の問題を考えるとき，「想起される場所」という考え方も重要になる。たとえば，建築家田中純は，建築家ロッシの「場所」論を引用しながら，「建物をめぐる観念」「記憶」，とりわけその建物を媒介として形成される「集団の記憶」の植えつけられた空間が，「場所」としてイメージされると述べている（田中純　2007）。

　筆者はこうした個人的な想起が意味づける多様な「場所形成」の問題は，ズーキン（S. Zukin）が言うような「場所形成」に関わる複数の運動の基盤となる「場所のオーセンティシティ」「都市のオーセンティシティ」の問題にも繋がると考えている。ズーキンがその「序章」で指摘したように，「都市のオーセンティシティ」とは，その都市が持っている独特の歴史や特徴，アイデンティティとそれに関する人々の認識や合意を指す――を求める運動や，多様な「都市の権利」を求める運動に繋がっていく可能性を孕んだ概念である（Zukin 2010=2013）。「トランスナショナル・コミュニティ」における「場所形成」においては，まさに「場所は，異種混淆的でときに抗争し合う社会的な諸アイデンティティ／諸関係の産物であり，それらによって内的に脱場所化され」，まさに「場所という出来事の政治学」が発生する場である（Massey 2005=2014: 285–287）。

　「トランスナショナル・コミュニティ」における「場所形成」という問題設定には，その「複数性」「差異」の「現実」を背景に，集団的な想起，記念の「場所」「場所への付与された意味」という問題も含め，自らの「場所」として構築される過程と意味が「交渉」「敵対」される過程を見ていく必要がある。ズーキンの言う「場所のオーセンティシティ」「都市のオーセンティシティ」の主張，あるいはマッシーの言う「公共空間」の形成における「場

所の政治学」——本書での問題関心に照らして言うなら，［それぞれの場所形成］が「必然的に交渉され，時に敵対によって分裂し，不平等な社会的諸関係の展開の間つねに輪郭が描かれているというまさにその事実が，それらを真に公共的なものにする」（Massey 2005=2014: 287）——の問題は，まさに「トランスナショナル・コミュニティ」における「場所形成」という問題設定を通じて，都市社会学の重要なテーマになる。「差異」「アイデンティティの複数性」「場所の政治の複数性」「立場性」「状況性」といった鍵概念を参考に，「トランスナショナル・コミュニティ」が提起する，既成秩序と出来事の偶発性のなかでの「場所形成」研究が提起する視点を都市的世界研究に接合することが，本稿での目的の一つである。

3.2 「トランスナショナル・コミュニティ」の「存在様式」再考

では，「トランスナショナル・コミュニティ」の地平から見た「コミュニティ」としての「存在様式と共同性」をどのように理解すればいいのか。

第一に現在の「コミュニティ」の存在は，「差異に開かれることを要請される人々が凝集し拡散する社会的集合」であると述べておきたい。現代の「トランスナショナル・コミュニティ」の中での「移民」「エスニシティ」「受け入れた定住者」は，「閉じた空間」に生きてはいない。それは「資本，情報，人の動きの磁場」としての，人々の凝集する「場」に形成される「コミュニティ」である（奥田 2004）。そして，「トランスナショナル・コミュニティ」のこの特徴は，個人のレベルでは，レビットが言うように，「存在様式（way of being）」と「所属様式（way of belonging）」の多様な組み合わせが交錯している。「適応すれども同化せず」という表現が表すように，あるいは権香淑が中国朝鮮族に関して指摘するように，「ナショナリティ」と「エスニシティ」が異なる場合も出てくる（権 2011）。

前述のように，「トランスナショナル・コミュニティ」の現象的な特徴は，出身地コミュニティでもあり目的地コミュニティでもある／あるいはその逆でもあることである。ここに，当然のことながら，当該国家は，こうした「多

64 第 I 部　地域とコミュニティ

様性」「曖昧性」をいかに「統合」するかという困難な問題に直面する（久保山 2005: 193）。

　国家的な「移民政策」という制度上のレベルでの「正規化対策」という問題領域に投げ込まれる「統合」の問題も，「トランスナショナル・コミュニティ」においては，「場所をめぐる政治」や「アイデンティティの政治」の展開という「行為主体」をめぐる社会学的な問題として論じられるという点を指摘しておきたい。

　1910年代当時の移民コミュニティについてストー・パーソンズ（S. Parsons）は，シカゴ学派の R. パーク（R. Park）の都市からの同化論の役割として，当時のアメリカ合衆国における「統合」の条件としての英語習得，キリスト教倫理に基づく生活の順守，リベラルな政治体制への賛同，そしてなによりも都市における定住と市民権の獲得の条件によって自然に達成されるという言説を指摘した（Persons 1987: 60-76）。さらにストー・パーソンズは，彼ら「移民」たち（あるいは当時の人種たち）が社会に提起した重要問題――たとえば1920年代のポーランド農民やイタリア移民たちが，「これまでの伝統的な共同体を越えた社会的なものの存在」「あらたな個人の生成」といった問題――を，アメリカに提起していたと述べている（Persons 1987: 60-70）。

　日本のように移民政策がとられていない社会においても，「移民」の受容や排除に関する国家レベルでの「統合」的「言説」は，日常のコミュニティ・レベルでの政治，特に「共生」をめぐる政治や「場所の獲得」の中に，「新たな個人の生成」「社会的なものの存在」を提示して展開する。

　「都市的世界」「都市コミュニティ」における「場所の獲得」「場所の意味づけ」は，こうした衝突，交渉，調和および排除の過程から生じる。

　「トランスナショナル・コミュニティ」の編成原理の重層性という点においては，「初期トランスナショナリズム」に関する研究が指摘するように，基本的には「トランスナショナル・コミュニティ」が越境移動者の往還的な移動――これは必ずしも一人の人間の往還移動を意味するわけではない。成

員が交替的にあるいは入れ代わり立ち代わり移動，定住する状態も含む——を，一つの条件として形成されているという点も挙げられる。往還的な移動は，メンバーの非固定性をもたらす。だが，メンバーの非固定性は，必ずしも，同コミュニティの凝集性の欠如や不安定性を意味するわけではない。メンバーは非固定的でも，コミュニティは厳然と維持されていることもある。

　こうした実践は多様な形を採る。たとえば，はじめは，日常的に，既存の制度を換骨奪胎的に利用し，暗黙の裡に，自らの「場所」を獲得しつつ——前述のM.ド・セルトーの「日常的実践」とは「領域化」を図らない実践である（Certeau 1980＝1987: 26-27）——，その後，「領域化」を図る実践に変化することもある。たとえば，1990年当時，筆者らが，鶴見の日系ブラジル人のネットワークを描いたときは，生活条件が全く整わない状況の中で，自らの繋がりにおいて状況を乗り越える生き方が，まさにこうした意味での「日常的実践」と呼べる種類の「場所の獲得」実践であった。だが，現在の群馬県大泉町の「ブラジル・タウン」の形成や新宿の大久保コリアンタウンや池袋の新東京中華街構想等々は，こうした日常的実践型のコミュニティ形成と領域化型のコミュニティ形成が混在している。

　さらにこうした「場所」の獲得，「領域化」は，「開放的で，領域化と脱領域化の交錯した社会的凝集」の形をとって立ち現れることもある。「開放的で，領域化と脱領域化の交錯した社会的凝集」とはどういうものか。特に大都市の移動の「磁場」においては，「結節点」となる施設や人々，機関，組織等々へのそれぞれの関わりに応じて，必ずしも「居住の近接性に基づかない」集散が繰り返され，そこにある種の「社会的凝集」が成立し，必ずしも定住者がそこにいない場合でも，一種の「社会的世界」がその場にイメージされることがあるということでもある（Maffesoli, M 1988=1997）。もちろんこのことは，外部の人々からはその「社会的凝集」のリーダーがなかなか見えてこないという現実をもたらし，また，それが"組織"なのか"ネットワーク"なのかあるいは単なる集まりなのかについても見えず，混沌の状態をもたらすことがあるかもしれない。

66 第Ⅰ部 地域とコミュニティ

こうした「混沌とし，開放的で，領域化と脱領域化の交錯した社会的凝集」は，ある意味で極めて都市的なコミュニティもしくは都市的世界におけるコミュニティと呼べるかもしれない。都市社会学の研究領域においては，都市的世界におけるコミュニティとして，当該の人々にとっては「結節点」を中心に集散する人々の集合，必ずしも「コミュニティ」とは言えない社会的集合に関する研究の伝統がある。たとえば，初期シカゴ学派の記念すべき第1作目のモノグラフであるN.アンダーソン（N. Anderson）の『ホーボー（*The Hobo*）』の研究のなかに筆者は，そうした社会的集合としてのコミュニティの研究の示唆があると考えている。

だがこうした「場所の獲得」をめぐる混沌性は，「推移空間」性を作り出すという点も指摘しておきたい。この点は，大都市における中心部に隣接する「トランスナショナル・コミュニティ」においても，あるいは群馬県大泉町や鶴見潮田のような空間においてもそうである。

むろんここで言う「推移空間性」とは，周知のように，初期シカゴ学派のE. W. バージェス（E. W. Burgess）の用語を借りている。バージェスによれば，都市の発展の過程において，拡大する中心市街地に隣接する地域は，拡大へと向かう力が働くことによる空間利用の変化に晒され，土地所有者は，近い将来の土地利用を見越して建物の老朽化には目をつぶる。結果としての低家賃に惹かれ，1910年代，20年代の移民たちは，この地域にそれぞれの移民コミュニティを形成した。もちろんバージェスが言う「推移空間」は，老朽化した空間であると同時に，活気に満ちた空間である。バージェスによればそこは「本質的には，堕落し，停滞し，衰退しつつある人々のいる地域であるけれど，伝道団体やセツルメントや芸術家のコロニーや過激派のセンターなど——どれもみな，新しい，より良い世界のヴィジョンにとりつかれている——が証拠立てているように，再生の地域」でもある（Burgess 1925＝松本 2011: 30-32）。

「推移空間」は，もちろん，資本，国家，行政による「領域化」が進行する地域であるが，しかし同時に「推移」という条件は，「日常的実践」にも

とづく「下からの」制度形成，空間形成が展開する条件を備えた地域でもある。われわれは，侵入，継承，遷移の過程のなかに，どのような制度やコミュニティや社会的集合が形成されていくかを見守る必要がある。特に現段階での「トランスナショナル・コミュニティ」においては，必然的に「差異」を前提にした「共生の政治」とでも言うべき問題を提起せざるを得ない。それは遷移空間化する過程での，いわば，（日本人を含めた）それぞれの「場所の獲得」「場所」の意味づけが重要になる。

3.3 「差異に開かれた主体」という問題設定の重要性
——「下からの都市コミュニティ」論再編

前項で述べたように，都市社会学特に都市コミュニティ論，都市エスニシティ論を土台に「下からのトランスナショナリズム」論が提起した論点を，初めは偶発的にそして意識的にも「共有」しながら展開した一連の研究蓄積が日本の都市社会学にもある（広田 2003b；渡戸・広田・田嶋 2003；奥田 2004；藤原 2008；奥田 2009；田嶋 2010）。

ここでの研究の特徴としては，都市エスニシティ論で展開してきた「エスニック・ネットワーク」の経験を土台に，既述のようにトランスナショナリズム論が問題提起した論点の呈示が同時多発的になされたことである。移動の「磁場」（奥田の表現）としての特定の「場所」に研究の視座を置きつつ，ここでは「共生」の問題が一つの焦点をなしたことが日本社会の場合の特徴でもある。

では，日本の都市社会学，都市エスニシティ論における「共生」の問題とは何だったのか。一つにはそれは，同質性が強調されがちな日本の地域社会において，異質性とどのように向かい合うか，の問題として，第二にそれは，日常生活レベルでの，移動者たちに対するコミュニティ・レベルでの「同化」「統合」の問題にどう取り組むか，という問題関心を持って展開した。だがある時期を画期として，特に移民，エスニシティの主体的実践への積極的な評価から「ネガティブな側面」へと周囲の研究動向が展開するにつれ（梶田

2005；広田 2006a），「統合」を主張する波に飲み込まれていく（中筋 2005）。それは，まさに「かなりの防衛的な仕方でナショナリズムや国民の文化的アイデンティティに立ち返る」力が作用する結果でもあった（King 1991＝1999: 58）。

　ちなみにこうした「統合」研究は，その後，「ヘゲモニー」の問題に取り組んだ日本発の移民政策研究として展開していく。すなわち，「国家」の側から「移民／エスニシティ」の差異やアイデンティティの衝突の問題を扱った研究が次々と出現している（久保山 2005；権 2011）。こうした研究の特徴は，移動が国家に及ぼす影響を「国家統合」というテーマに関連させ，その「統合」問題の中心をなす移民政策の変遷に焦点を合わせて，移民が提起する社会的問題と近代国家が抱える矛盾について論じている点である。

　確かに現在の国境を超える人々の移動は，国家レベルでは「多様性と統合」という問題をもたらす。そしてこの「多様性と統合」に関する当該国家の原理は移民政策に象徴的に現れる。たとえばヨーロッパ特にドイツの移民政策に焦点を合わせて研究を展開している久保山亮は，移民の国際移動が当該国家に提起する「多様性と統合」の問題が，ヨーロッパでは1990年代末の移民政策の劇的な変化として展開してきたこと，それがグローバル化へ対応しようとする国内の政治，経済，社会体制の変化と結びつきつつ展開した事情について具体的に論じている。久保山によれば，その変化とは，90年代以前の「一律にイミグレーションを制限しようとする政策」から，90年代末から出現する，国際競争力強化の観点から能力や業績のある移民を受け入れ，リスクの高い移民を抑える「選別的移民政策」への転換として描かれている。久保山は，ドイツとイギリスの場合を事例に取りつつそうした転換が，グローバル化への対応としての「福祉国家」から「競争国家」へのシフトという国家モデルの転位を背景にしていることを指摘している（久保山 2005: 189-221）。実際，こうした分析が興味深いのは，国家モデルの転位が，「イミグレーションの象徴的政治化」の過程の変化をとおして実現される，と分析している点である。すなわち，1990年代以前に行われてきた「機能不全の政治

的責任」を移民の存在に結びつける政治社会的なメカニズムが，グローバル化への対応のなかで，リスクやコストから資源や能力を重視する移民の「統合」政策へと変化する過程として分析されている。この論点は，ヨーロッパの移民・国家・アイデンティティを見る上で極めて重要な視点と分析を呈示している。

　もう一つ注目すべき研究の一つとして権香淑の研究も挙げられる（権2011）。権香淑の研究の特徴は，現在日本にも多数（権によれば約5万人といわれる）来住している中国朝鮮族（吉林省延辺を中心に，遼寧省，黒竜江省出身の朝鮮族を指す）の，韓国，ロシア，日本，中国への移動が引き起こす社会的，政治的な問題と，独自のコミュニティ形成の実態を研究することで，アジアにおけるグローバル化，トランスナショナリズムの展開が提起する課題を明らかにしている点にある。権は，上記のように本来の出自が朝鮮でありながら国籍が中国籍である中国朝鮮族——この意味で彼らはインビジブルな存在でもある——に焦点を合わせた。彼らの中国沿海都市，韓国，ロシア，日本，アメリカ等への移動とそれが引き起こす朝鮮族村の過疎化，人材流出，朝鮮族学校の統廃合，家庭崩壊などの社会問題と，移動先の沿海都市や韓国，ロシア等を跨いで形成する「跨境生活圏」——トランスナショナリズム論で言う「越境の社会空間（トランスナショナル・ソーシャル・スペース）——と，「跨境人」の形成するネットワークを明らかにすることで，朝鮮族に対してなされた国家による「構造的暴力」や，東アジアにおいて国境を越えて「実質的に形成される」社会圏について明らかにしている。

　もちろん，こうした研究は本書での研究にとっても示唆的である。それは，たとえば，移民現象を，国家と個人，社会構造と移動主体および「共振」する人々とを，具体的な「場所」や地域をフィールドとして繋ぎながら理解しようとしている点である。中国朝鮮族の移動の原因について権は，新中国成立後の国家的な政策として朝鮮族への言語教育や民族政策に焦点を合わせ，それを社会構造的な「暴力」としてとらえる一方で，移動主体としての朝鮮族の文化的特性にも注目し，歴史的に，朝鮮半島北部および中国東北部に地

続きの「跨境生活圏」が形成されていたこと，そしてその「跨境生活圏」を
たどるようにして近代国家成立以降も実際の移動が継続し，さらにそうした
条件の上に，韓国社会の相対的な共同体規制の弱さも重なり各地域ごとの伝
統的規範とが相まって「移動の文化」が維持されてきたことを指摘している。
また，久保山の研究は，移民政策を介しながら，国家体制と移民個人の問題
とを，具体的な地域における「象徴政治」の「言説」の展開に焦点を合わせ
ながら理解しようとしている。この2つの研究は，本章の冒頭でも述べたよ
うに，現在の移民研究，あるいはトランスナショナリズム研究が，狭義の移
民研究という限定的な研究領域から社会全体の問題そのものを扱う研究領域
に変化してきたことを示すものでもある。

　以上のような移民政策研究あるいは移民研究の展開に対して，都市社会学
の立場からはどのような研究の展開が見られるか。むろん，都市社会学の立
場からも移民政策研究の重要性を指摘し，その領域に踏み込んだ研究も展開
している（渡戸・井沢 2010；谷 2002）。

　だが，現在のトランスナショナルな移動が当該国家にもたらす「統合」の
問題を，移動の「磁場」に形成されている「トランスナショナル・コミュニ
ティ」における「行為主体」「アイデンティティの複数性」「差異に開かれた
あり方」がはらむ問題との関連で論じるという「下からのトランスナショナ
リズム」論が提起した問題は十分に展開されているとは言えない。

　むしろ筆者は，前述のようにトランスナショナリズム論の思想特に「差異」
と直面し反省的な作用を受ける「行為主体」の問題に関する議論を背景に置
くなら，たとえば，ギルロイ（P. Gilroy）の問題提起にあるように（Gilroy
1996＝1998），①いかに自分自身のなかに他者をみるか，他者のなかに自分
をみるか（差異の認識と反省性），②他者と媒介された関係を通じて自分自
身になるか（＝二項対立ではない「共同性」の探究），という問題としてと
らえるなら，日本の都市エスニシティ論，都市社会学の「共生」研究は，極
めて重要な研究領域を形作っていたのではないか，と考える。

たとえば筆者は，かつて，都市社会学，地域社会学における「共生」研究を，①「共に住みあう実践・作法」としての「共生」論（奥田・田嶋 1991；1993），②異質性認識と「共振」による「共生」論（広田 1997），③コミュニケーション回路と意思決定回路への参加としての「共生」論（都築 1998），④「他者性を内部化するロジック」としての「共生」論（松宮 2008），⑤「システム共生」と「生活共生」の「共生論」（小内・酒井 2001）に分類した（広田 2011）。①においては，地元日本人と外国人がともに各自の立場，利害を一方的に主張するのではなく，微妙な間合いと距離のなかでともに住み合うことの中に（奥田・田嶋 1991；1993），また②では，まさに「日常的実践」にもとづく「越境者―エスニシティ」と共振者の形成する「社会的世界」の形成条件としての「共振」という原理のなかに，③では，「共生とは，一つの社会で，複数の異質な文化集団が，相互の生活習慣や下位文化を理解し，お互いに尊重しつつコミュニケーションをもち，対等な関係を形成している状態」との定義のなかにその条件としてのコミュニケーション回路の形成の内に（都築 1998：91），そして④では，特定の外部を内部化する＝他者性を同質化するロジックの探究のなかに，⑤では，社会システムないし制度の側面に関わる共生と日常生活ないし人間関係の側面に関わる共生の構造論的分析の方法のなかに（小内・酒井 2001：12），行為主体の反省的な性格と自分自身のなかの他者性と「差異」に開かれたあるいは「差異」を前提とする「共同性」の問題が検討されている，と考えるからである。

　だが，「トランスナショナル・コミュニティ」研究においては，それまでの「規範」「様式」といった「コミュニティ」にとどまらず，こうした国境を越えた移動や彼らとともに社会を作り出さざるを得ない人々の，「生き方の知恵」「戦略」「微妙な距離感や境界性を内在させながら住みあう」実態に注目した「都市コミュニティ概念」を提示しなければならない人々も出てきた。

　特に前述の奥田道大は，1970年代から現在のトランスナショナリズムの展開にいたるまで，都市コミュニティの定義を現実に合わせて展開してきた。

奥田の都市コミュニティの古典的な定義，すなわち「さまざまな意味での異質・多様性を認め合って，相互に折り合いながらともに自覚的に，意志的に築く洗練された新しい共同生活の規範，様式」という「都市コミュニティの旧定義」を，奥田は，本章で述べたようなグリック−シラーやスミスらの「下からのトランスナショナリズム」あるいは国際的な「移動」「エスニシティ論」をくぐることで，トランスナショナル・コミュニティの時代において，次のように展開して述べている。すなわち，奥田道大によれば，それは，「都市共在感覚」もしくは，筆者はそれを奥田都市コミュニティ研究の定義と呼びたいが，「むしろ生き方の規範というよりも，生き方の知恵，戦略として，微妙な距離感と境界を内在させながらも住みあう実態そのものに着目して『都市共生の作法』」（奥田 2009）という定義をしている。

　筆者は，奥田道大のいわゆる「都市共生の作法」は，筆者にすれば，まさに，グリック−シラーやスミスや「下からのトランスナショナリズム論」の，一つの定義であると考える。

　さらに，差異の問題を含めた現在の「共生」をめぐる問題構成の一つとして筆者は，ジャック・デリダ（J. Derrida）の「脱構築」および「歓待性」の考え方も「共生」が抱えた永遠のテーマでもある「差異に開かれた行為主体」と「コミュニティ」の現実を分析する際の示唆を与えてくれると考える。J. D. カプート（J. D. Caputo）によれば「脱構築とは他者の入来に対する心構えであり，他者に『開かれ』『多孔質』なもの」であり，それは，「歓待性の形式として理解されるべきもの」である（Derrida and Caputo 1997=2004: 162–164）。「歓待性」とは，見知らぬものを招待し歓迎することを意味するが，しかし同時に「歓待性とは……主人が屋敷の主でいるための力の機能のこと（であり）……（主人とは）見知らぬ者の他性と主人の力とがともに歓待性によって失効しないような仕方で誰かをもてなす力をもったもの」を指す（Derrida and Caputo 1997=2004: 165）。そしてカプートは，歓待性には本質的な自己制限がくみこまれており，これが，自分と他者との間

の距離を保つ，と述べる。歓待および脱構築——自らが自らに対立するものによって侵入されつつ支持される——状態，こうした距離の取り方こそ，「微妙な間合いと距離の取り方の中で共にすむ」「特定の外部を内部化するロジック」「対等の関係とコミュニケーション回路の探究」など，すべてこうした問題をその内部に抱え込んでいたと筆者は考える。

　こうした距離の取り方「敵意と歓待との微妙な組み合わせ」は，現在の，「トランスナショナル・コミュニティ」における「コミュニティ」形成，「共生」の位相を測る重要なポイントであると筆者は考える。

4．結語

　以上，本章では，現在の「トランスナショナル・コミュニティ」の地平から，特に，「場所形成」「行為主体」「周縁」「アイデンティティの複数性」「共同性」といった言葉を手掛かりに，「コミュニティ」が現在抱えた研究の課題について考察してきた。

　本章の最後に，「行為主体」についての引用を載せて，結論として終わりたい。

　「行為主体」の概念については，L. アルチュセール（L. Althusser）の「従属するそれは主体」，すなわち，「呼びかけられる主体」（すなわち社会に呼びかけられることで政治的行為者となる主体概念についてである）（Althusser 1995=2005）を経て，ジェンダー論の分野から J. バトラー（J. Butler）の行為主体論への展開を研究した田中氏によればバトラーは，アルチュセールの呼びかけについて，「主体は従属の過程で語られえないもの（あるいは排除されているもの）を生み出し，これを条件に，語るエイジェントとなると定式化」し，「バトラーにとってそれが主体＝従属を可能とする権力への抵抗の拠点として想定されて」おり，その課題としてバトラーの「エイジェント論に欠如しているのは共同性という視点である」と述べている。（田中雅一 2006：16）。

74 第Ⅰ部 地域とコミュニティ

　こうした「行為主体」をめぐる議論の展開のなかで，トランスナショナリ
ズム論の古典でもある『ブラック・アトランティック（*The Black Atlantic:
Modernity and Double Consciousness*）』の著者であるポール・ギルロイ
（Paul Gilroy）も，「英国のカルチュラル・スタディーズの落とし穴」とい
う論文のなかで，アイデンティティが語られる位相は，「同一性としてのア
イデンティティ」から「主体性としてのアイデンティティ」あるいは「行為
主体の反省的な性質に関する問題」へと移ったことを指摘している（Gilroy
1996=1998: 147）。ギルロイによれば，「人間の行為主体は，何か既に完成し
た形態としてうまれるのではなく，むしろ作り出され，自分自身を作り出す
ものであるということを否応なしにみとめなければならない」（Gilroy
1996=1998: 146）のであり，「主体」をめぐる研究の焦点は，「主体や行為主
体は，どのようにして他者のなかに自分自身を見るようになり，他者と媒介
された関係を通じて自分自身になり，自分自身のなかに他者を見るようにな
るのか，ということである。ある主体の同一性の意識を扱うことは，不可避
的に他者性という事実と差異の現象を問題にすることである……差異は，全
体的な，安定した諸主体の間にわれわれが想像する隙間にのみ限って考える
べきではない……［差異は］諸アイデンティティの間と同様にアイデンティ
ティの内部に──つまり自己の内部に──存在する」（Gilroy 1996=1998:
147）と指摘している。
　こうした問題は，現在，わが国において，1990年代から問題になった「民
族・エスニシティ問題」でも，ますます大きくなっている。それは，日本の
「コミュニティ問題」の大きな課題でもある。

〔参考文献〕
Althusser, L. (1995) *Sur La Reproduction Universitaire de Grance*（西川長夫ほか訳
　　(2005)『再生産について』平凡社）。
Basch, L G. Glick-Schiller, N. and Blanc, C. S. (1994) *Nations Unbound*, Gordon
　　and Breachi Science Publishers.

Burgess, E. (1925) 'The Growth of City', in Robert E., Park and Ernwest, E. eds., *The City,* University of Chicago Press. (松本康訳 (2011)「生活様式としてのアーバニズム」松本康編『都市社会学セレクション I　近代アーバニズム』日本評論社)。

Certeau, M. (1980) *ART DE FAIRE* (山田登世子訳 (1987)『日常的実践のポイエティーク』国文社)。

Derrida, J. and Caputo, J. eds. (1997) *Deconstruction in A Nytushell*, Fordham University (高橋透・黒田晴之・衣笠正晃・胡屋武志訳 (2004)『デリダとの対話』法政大学出版会)。

Forner, N. Rumbaut, R., and Gold, S. eds. (1999) *Immigration Research for A New Century*, Russell Sage Foundation.

藤原法子 (2008)『トランスローカル・コミュニティ─越境する子ども・家族・女性／エスニック・スクール』ハーベスト社。

Gilroy, P. (1996) 'British and the Pitfall of Identity', in Cuman, J. eds. *Cultural Studies and Communications*, London. (毛利嘉孝訳 (1998)「英国のカルチュラル・スタディーズの落とし穴」『現代思想　スチュアート・ホール』1998, Vol. 26-4月号)。

Goldring, L. (1996) 'Blurring Borders: Constructing Transnational Community in The Process of Mexico-U.S. Migration', *Research in Community Sociology*, vol. 6.

Gupta, A. and Ferguson, J. (1997) 'Culture, Power, Place: Ethnography at the End of an Era,' in Gupta, A. and Ferguson, J. eds., *Culture Power Place*, Duke University Press.

広田康生 (1997)『エスニシティと都市』有信堂。

広田康生 (2002)「都市エスニシティ論再考」『日本都市社会学会年報』vol. 20。

広田康生 (2003a)「越境する知と都市エスノグラフィ編集──トランスナショナリズム論の展開と都市的世界」渡戸一郎・広田康生・田嶋淳子編著『都市的世界／コミュニティ／エスニシティ』明石書店。

広田康生 (2003b)『新版 エスニシティと都市』有信堂。

広田康生 (2006a)「政治理念としての共生をめぐる秩序構造研究への序論」奥田道大・松本康監修, 広田康生・町村敬志・田嶋淳子・渡戸一郎編『先端都市社会学の地平』ハーベスト社。

広田康生 (2006b)「テーマ別研究動向（移民研究)」『社会学評論』vol. 57 (3)。

広田康生 (2008)「都市社会学はなぜエスニシティ研究をテーマ化したか─トランスナショナリズム論からの新たな展開─」『日本都市社会学会年報』vol. 26。

広田康生 (2010a)「トランスナショナリズムと場所研究の現在的位相─差異と場所研究の見取図に関する覚書─」『専修社会学』vol. 22。

広田康生 (2010b)「トランスナショナリズムと場所の政治」『専修人文論集』vol. 6。

広田康生 (2010c)『新版 キーワード地域社会学』ハーベスト社。

広田康生 (2010d)「地域社会の多文化・多民族化」渡戸一郎・井沢泰樹編『多民族化社会・

日本』明石書店。

広田康生（2011）「『共生』論と初期シカゴ学派のエスニシティ研究」『専修人間科学論集 社会学篇』vol. 2, No. 2。

広田康生（2012）「日本人のグラスルーツ・トランスナショナリズムと場所への都市社会学的接近」『専修人間科学論集　社会学篇』vol. 2, No. 22。

広田康生（2013a）「トランスナショナル・コミュニティとクレオール化する社会」『人の移動事典・日本とアジア』丸善出版。

広田康生（2013b）「トランスナショナル・コミュニティ・パースペクティブの諸仮説」『専修人間科学論集　社会学篇』vol. 3, No. 2。

King, A. D. (1991) *Culture, Globalization and the World-system*, Department of Art and Art History: Bingham.（山中弘・安藤充・保呂篤彦訳（1999）『文化とグローバル化』玉川大学出版部）。

梶田孝道（2005）『顔の見えない定住化』名古屋大学出版会。

権香淑（2011）『移動する朝鮮族―エスニック・マイノリティの自己統治―』彩流社。

久保山亮（2005）「欧州諸国における移民政策と国内政治―イギリスとドイツの中道左派政権下での移民政策の構造転換―」山口二郎・宮本太郎・小川有美編『市民社会民主主義への挑戦』日本経済評論社。

Leonard, K. (1997) 'Asian Landscapes Re-visioned in Rural California', in Gupta, A and Ferguson, J. eds., *Culture Power Place,* Duke University Press.

Levitt, P. and Khagram, S. (2008) "Constructing Transnational Studies", Khagram, S. and Levitt, P. (eds.) (2008) *The Transnational Studies Reader,* Routledge.

Maffesoli M. (1988) *LE TEMPS DES TRIBUS*（古田幸男訳（1997）『小集団の時代』法政大学出版局）。

Mahler, S. (1998) 'Theoretical and Empirical Contributions Toward a Research Agenda for Transnationalism', in M. P. Smith and L. E. Guarnizo eds., *Transnationalism from Below*, New Brunswick, NJ: Transaction Publishers.

Massey, D. (2005) *For Space*, Sage Publication.（森正人・伊澤高志訳（2014）『空間のために』月曜社）。

松宮朝（2008）「外国人労働者はどのようにして『地域住民』となったのか」鶴本花織・西山哲郎・松宮朝編『トヨティズムを生きる――名古屋発カルチュラル・スタディーズ』せりか書房。

中筋直哉（2005）「分野別研究動向（都市）」『社会学評論』vol. 56, No. 1。

奥田道大（2004）『都市コミュニティの磁場』東大出版会。

奥田道大（2009）『人々にとって「都市的なるもの」とは』ハーベスト社。

奥田道大・田嶋淳子（1991）『池袋のアジア系外国人』めこん。

奥田道大・田嶋淳子（1993）『新宿のアジア系外国人』めこん。

小内透・酒井恵真編著（2001）『日系ブラジル人の定住化と地域社会』お茶の水書房。

Persons, S. (1987) *Ethnic Studies at Chicago 1905–45,* University of Illinois Press.

Portes, A. (1989) "Contemporary Immigration: Theoritical Perspectives on Its determinants and Modes of Incorporation", *I. M. R,* Vol. 23, No. 3.

Smith, M. P. and Guarnizo, L. E. eds. (1998) *Transnationalism from Below*, New Brunswick, NJ: Transaction Publishers.

Smith, M. P. (2001) *Transnational Urbanism*, Malden, MA: Blackwell.

田中雅一（2006）「序論　ミクロ人類学の課題」田中雅一・松田素二編（2006）『ミクロ分類学の実践』世界思想社。

田中純（2007）『都市の詩学—場所の記憶と兆候』東大出版会。

田嶋淳子（2010）『国際移住の社会学』明石書店。

谷富夫（2002）『民族関係における統合と分離』ミネルヴァ書房。

都築くるみ（1998）「エスニックコミュニティの形成と共生——豊田市H団地の近年の展開から」『日本都市社会学会年報』No. 16。

Vertovec, S. ed. (2009) *Transnationalism*, New York: Routlege.（水上徹男・細萱伸子・本田量久訳（2014）『トランスナショナリズム』日本評論社）。

渡戸一郎・広田康生・田嶋淳子編著（2003）『都市的世界／コミュニティ／エスニシティ』明石書店。

渡戸一郎・井沢泰樹編（2010）『多民族化社会・日本』明石書店。

Wieviorka, M. (2001) *La Difference*, Paris: Balland.（宮島喬・森千香子訳（2009）『差異—アイデンティティと文化の政治学—』法政大学出版局）。

Zukin, S. (2010) *Naked City: The Death and Life of Authentic Urban Places*, Oxford University Press.（内田奈芳美・真野洋介訳（2013）『都市はなぜ魂を失ったか』講談社）。

〔本章は，広田康生（2016）「トランスナショナル・コミュニティ研究の認識論」（広田康生・藤原法子編著『トランスナショナル・コミュニティ』（ハーベスト社）の第1章部分）をもとに，本書のために補足や整理を加えたものである。〕

第Ⅱ部

歴史的検討

第3章
イベリア半島のアイルランド人移民
コミュニティ・ネットワークとアイデンティティ

堀江 洋文

1．はじめに

　アイルランド人移民と言えば，1845年のアイルランドにおけるジャガイモ飢饉やチフスの大流行をきっかけに，英国によるカトリック教徒迫害から逃れて北米に渡ったアイルランド人たちを思い浮かべるが，ワイルド・ギースと呼ばれるように，すでに16世紀後半以降フランスやスペインに渡っていたアイルランド人傭兵も一般に知られた存在である。時代によって移住者の数に変動はあるものの，16世紀前半の宗教改革期から1789年に始まるフランス革命に至るまで途切れることなくアイルランド人のヨーロッパ大陸への人的移動は確認できる。この期間のアイルランド人移民研究は，これまでのフランスやスペインでのアイルランド人傭兵の活躍に触れた軍事的側面と，アイルランド人カトリック聖職者およびヨーロッパ大陸各地に設立され神学教育で中心的役割を担ったアイリッシュ・カレッジを論じた宗教的側面の2つが主要な関心領域であった。今日では，それらに加えて交易や商業活動といった経済的側面やアイルランド人移民女性の問題の切り口からの論考も多く見られる。すなわち，アイルランド人移民研究は，貴族，軍人（傭兵），聖職者を中心とした研究から，経済活動，家族，女性・ジェンダーをテーマにした研究へと拡大を続けている。また，1975年のフランシスコ・フランコの死後活発化したスペインにおける学際的ソーシャル・スタディーズの興隆，ス

ペイン各地の文書館が保管する史料への関心，そして一国主義に陥ることなく広くヨーロッパ的視点でスペイン史研究を見直そうとする動き等は，イベリア半島へのアイルランド人移民の研究そのものにも影響を及ぼしている。もちろんアイルランド人のヨーロッパ大陸への移動を，亡命と見るか移住と見るかは，それぞれが置かれた時代的状況によっても違うが，本章ではその問題には深く立ち入らない。本章で吟味する傭兵，聖職者（神学生），交易商の３職種のうち交易商とかなりの数の傭兵は経済的理由から自主的な移動を行ったと判断されるが，全ての事例に亡命と移住の区別をつけることは困難である。

　一方，アイルランド人移民を迎え入れたイベリア半島やフランス，イタリア，チェコをはじめとするヨーロッパのホスト国でのアイルランド人移民研究の拡がりと深化は，跳ね返ってアイルランド史における移民研究にも大きな影響を与えるようになった。すなわち，これまでの移民研究は，宗教改革後のイングランドによるカトリック教徒弾圧と植民地化の結果亡命を余儀なくされて隣国に逃れたアイルランド人に焦点を合わせており，経済活動におけるアイルランド人移民の貢献については関心が今一つ希薄であった。宗教的，軍事的側面に研究の関心が集約されていくと，大陸に渡ったアイルランド人が常に反イングランド，反植民地の精神を維持していたとの前提でのみ当時の現状が分析される傾向に陥る。実際大陸の港湾都市に在住するアイルランド人は，カトリック教徒としての立場を巧妙に利用しながらも，実はイングランドをもその交易圏に引き入れて，アイルランドの反プロテスタント闘争を超越した経済的貢献をブリテン諸島やヨーロッパ大陸，そして新大陸においても果たしていたが，そのような彼等の活躍はあまり知られていない。英愛関係という二国間関係からアイルランド人のヨーロッパ大陸への移住の原因が語られるのではなく，イベリア半島やフランス等大陸の史料館の史料を利用しヨーロッパ各国との接点を意識した移民研究へ移行する試みはすでに始まっている。

　これまで，亡命を果たした傭兵や宗教関係者，あるいは17世紀初頭のゲー

ル人族長たちのアルスターからの逃走，いわゆる「伯爵たちの逃走」(Flight of the Earls) や，ボイン川の戦いで有名な1691年のウィリアマイト戦争後にフランスに渡ったジェームズ2世支持派（ジャコバイト）のカトリック貴族や兵士に関しては，アイルランド史研究でもさまざまな言及がなされてきた。しかし，アイルランド亡命貴族，宗教関係者，兵士，商業従事者の間に強い民族あるいは親族間ネットワークが形成され，このネットワークが移住先でのアイルランド人移民社会の興隆に大きく影響を与えたことはあまり語られてこなかった[1]。本章では，亡命貴族とスペイン王権との関係，亡命カトリック僧侶が中心となって各地に設立された神学教育機関アイリッシュ・カレッジとアイルランド・コミュニティの関係，アイルランド人傭兵のスペインにおける位置づけ，商業従事者の交易ネットワークの成立過程に焦点を絞り，イベリア半島におけるアイルランド人社会の全体像と，半島内の各地域におけるアイルランド人移民のアイデンティティを浮き彫りにしたい。フランスやイベリア半島では，単に迫害を逃れて亡命を果たしたアイルランド人カトリック教徒の悲惨な状況ではなく，人的，経済的ネットワークを積極的に利用した亡命アイルランド人社会のダイナミズムを垣間見ることができるであろう。換言すると，これまでアイルランドからの逃亡貴族，軍人，聖職者中心で描写されてきたアイルランド人移民研究であったが，それらに女性も含めた家族ネットワークや交易商人のコミュニティにも注目して，移民社会の全体像とそのコミュニティの特質を吟味する。家族とは言っても，スペイン語の familia が使用される場合でも，アイルランド人コミュニティにおける家族は，雇人や家臣も含めた世帯全体を指し，さらには血族関係まで拡大して言及する場合が普通であった[2]。また，彼等のヨーロッパ大陸への移住については，アイルランドに強制されたプロテスタンティズム政治支配から逃れる政治宗教的理由のみならず，経済的側面にも目を向ける必要がある。具体的には，アイルランド人移民社会ネットワークを概観し，アイルランド人傭兵の状況を解説した後，聖職者と彼等が関与したアイリッシュ・カレッジを2項に分けて描写し，最後に彼等の交易商人社会の成り立ちとネッ

84　第Ⅱ部　歴史的検討

トワークについて解説したい[3]。

2．アイルランド人移民ネットワークの形成過程の概観

　プロテスタント政治体制による迫害を逃れ，ブリテン諸島からヨーロッパ大陸に移住した事例は，アイルランド人のみならず，同じような境遇下のイングランドやスコットランドに居住するカトリック教徒にも見られた。たとえば，後述するように，イングランドのカトリック教徒もヨーロッパ大陸の各地でイングリッシュ・カレッジを創設し，亡命イングランド人カトリック教徒の保護と彼等の信仰の持続を目的に，さらにはカトリック神学生の教育のために活動を続けていた。16世紀後半から17世紀初めにかけてのアイルランドからイベリア半島への移民は，この時期の３つの反乱・事件をきっかけに起こったものである。アイルランド諸族の権威に代わる可能性を秘めた地方軍事総監職がイングランドによって設置されたことに反発して1569年にデズモンド伯爵家フィッツモリス（James Fitzmaurice Fitzgerald）を中心に勃発した第１次デズモンド反乱，同じくデズモンド伯爵家がカトリック復権を希求して1579年にマンスターで起こした第２次デズモンド反乱，そして1594年に始まった九年戦争後にヒュー・オニール（Hugh O'Neill）等ゲール人族長たちがアルスターからヨーロッパ大陸へ逃れた「伯爵たちの逃走」である。16世紀後半から17世紀全般にかけてのアイルランド人の大陸への移動は，アイルランドにおける政治的，社会的動乱の時期と一致する。特に九年戦争期は，1585年から1604年まで続く英西戦争と時期が重なり，そのことがゲール人族長の反乱に国際的意義を付与することとなったが，最終的にアイルランド・カトリック軍とスペイン軍の合同部隊がアイルランド南部のキンセールでイングランドに敗れ，その結果族長たちのみならず多くのカトリック教徒が大陸に向け亡命したことで知られる。その後も1620年代のアイルランドにおける経済危機と1625年から５年ほど続いた第２次英西戦争は，さらなるアイルランドからの大陸移住を誘発した。そして，スペインへの移

第3章　イベリア半島のアイルランド人移民コミュニティ・ネットワークとアイデンティティ　　85

地図1　イベリア半島のアイリッシュ・カレッジ所在地と主な交易港

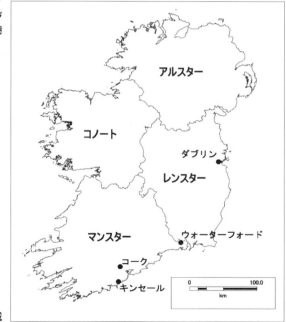

地図2　アイルランド4地域

86 第Ⅱ部 歴史的検討

住の最大の波は，1650年代に見られることとなる。先住民文化を抑圧しなが
らアイルランド支配を堅固なものとしていったイングランドに対し，1641年
にアルスターのアイルランド人による反乱に端を発した戦争は，　オリ
ヴァー・クロムウェルのアイルランド遠征を挟んで10年を超えて継続し，流
血と残虐行為によって特徴づけられる悲惨な出来事となった。この間，アイ
ルランドの人口の少なくとも5分の1が死に至ったと言われている[4]。

　この頃までにイベリア半島への亡命を決意したアイルランド人の多くは，
軍人（傭兵），スペインやポルトガルの大学や当地のアイリッシュ神学校で
学ぶ学生，主に港湾都市に居住して交易を営んだ商人，そして当地のアイ
リッシュ・コミュニティにおいて移住者の精神的支柱となって活躍したアイ
ルランド人カトリック聖職者であった。傭兵や商人と比べ聖職者の数は少な
かったが，彼等はスペインの宮廷に入って活動したアイルランド人貴族同様
アイリッシュ・コミュニティの知識層を形成し，スペイン側から寛容と尊
敬，そして経済的援助を獲得するのに大きく貢献した。アイルランド人移民
のホスト国への同化に多大な支援を行ったのは，このような知識層であっ
た[5]。また，傭兵たちは家臣のほかに妻や娘たちも同伴し，女性の親族を伴っ
た家族あるいは血族単位での移住者が多く見られた。女性，子供，高齢者は，
アイルランド人貴族や兵士に同伴されてきた「非生産的」な人々で「役に立
たない人々（gente inútil）」と呼ばれ，スペインも彼等の処遇には頭を悩ま
すこととなる[6]。このように整然と行われた移住工作の背後には，傭兵や聖職
者によって内密に組織化されたネットワークが存在したことは言うまでもな
い[7]。九年戦争後にイベリア半島に到着したアイルランド人は，その多くが
アイルランドとの交易や漁業で関係の深いスペイン北西部のガリシア地方に
住み着いている。クロムウェル遠征後のイングランド支配体制を逃れた彼等
は，スペイン王国で傭兵となってスペイン軍の貴重な戦力となって戦った。
実は，1580年以降傭兵として雇われたアイルランド人の多くは，フランドル
でスペイン軍に加わりスペイン領フランドル地方ですでに大いに活躍してい
た。彼等の中には，フランス経由でフランドルのスペイン軍に加わる者も多

く存在した。もともとフランスに移り住んだアイルランド人に対するフランス人の態度は差別的で，利用価値のある傭兵以外はフランス社会に同化しない物乞いくらいにしか見なされていなかった[8]。しかし，ネーデルラント連邦共和国とスペインとの間で1609年に結ばれた休戦協定（Twelve Years' Truce）の結果，フランドルに展開していたスペイン軍（Ejército de Flandes）は各国からの傭兵を含め1万5000人ほどまで大幅に削減された。それでも，約6500人のスペイン人兵士に対して，アイルランド人傭兵の数は1500人程度が維持されていた[9]。彼等は1635年からはアイルランドから距離的に近いフランスの傭兵として，1640年以降はカタルーニャやポルトガルの反乱鎮圧のためのスペイン軍の傭兵として入隊するようになる。1640年代，スペイン王室にとって，カタルーニャ，ポルトガルでの反乱に対処するため，外国からの補充兵員を徴募することは喫緊の課題となっていた[10]。

　九年戦争直後のアイルランド移民の特徴の1つとして，貴族を中心に初期移住者がスペインのパトロン制度に入りこむ道が開けていたことを挙げることができる。このことは，ゲール文化に基盤を置くオールド・アイリッシュの貴族たちが，血縁集団を基礎とした母国の地域貴族の概念を捨て去り，スペイン王室への奉職と宮廷社会に価値を見出していたことを意味する。すなわち，彼等はアイルランドの地域貴族（族長）から，スペイン王室の廷臣へと変化していったことになる。その結果，アイルランドでの族長を中心とし血縁を基盤とした伝統的支援ネットワークの弱体化を招き，代わって彼等の支援者であるスペイン国王や国王の廷臣・派閥に繋がるチャンネルに基礎を置いた新しいタイプのネットワークが作り上げられたと言えよう。17世紀の最初の20年間，スペイン政府の周りのアイルランド人支援パトロン・ネットワークの規模は大きくなかったが，彼等はスペイン国内政治の影響を直接受け，フェリペ3世の寵臣レルマ公のグループと反レルマ勢力に分かれて支援ネットワークは展開されていった。このことは，アイルランド人コミュニティを分割する負の要因となり，宮廷の愛顧を得ようとしてアイルランド人同士の軋轢が表面化する結果をもたらす。具体的に両者の間で争われた事例

の1つは，アイリッシュ・カレッジの管轄・支配をめぐっての争いであり，
ステュアート王朝と良好な関係を維持しようとする後述のオールド・イング
リッシュがレルマ公の支援を頼りにしたのに対し，オールド・アイリッシュ
の指導者ドナル・オサリヴァン・ベアーレ（Donal O'Sullivan Beare）等は
反レルマ派の支援を得ていた[11]。

　フランスほど露骨ではないが，スペイン王国にとってもアイルランド・カ
トリック勢力との関係は，その関係がもたらすイングランドに対する牽制と
いう利点の確保の域を超えることはなかった。そこにはスペインが支配する
ネーデルラントへのイングランドの介入を阻止しようとする主たる狙いが
あった。しかし，多くのアイルランド人とスペイン人はともにカトリック信
仰を維持し，しかも彼等の一部では伝説のスペイン王ミレシウスの子孫が
ゲール人であると信じられており，両国民にはある種の同族意識が存在した
ことも事実である[12]。イングランドのアイルランド支配に対抗するアイルラ
ンド人貴族たちは，イベリア半島移住後もスペイン国王の厚遇を受け，同じ
く移住を余儀なくされたアイルランド人聖職者とともに，カトリック復興の
ために母国への帰還と抵抗運動を視野に入れる。しかし，ステュアート朝
ジェームズ1世の治世となりイングランドと講和（ロンドン条約）を結んだ
スペイン国王フェリペ3世には，アイルランド人貴族に一応の支援を行いな
がらも，彼等とともにアイルランドに反攻する計画を維持する気持ちはもは
やなかった。このロンドン条約は，九年戦争以前の状態を回復し，英西両国
間に1625年まで和平をもたらすこととなる。このことは，特にアルスターか
ら逃走したヒュー・オニール等のゲール人族長たちにとっては，彼等に対す
るスペインの好意的態度の急変と映ったはずである。実際，アルスターから
スペインを目指そうとした彼等に，フェリペ3世はスペインへの上陸を許可
せず，結局彼等はフランス，フランドル，スイス，スペイン支配下のミラノ
等を経由してローマに到着することになるが，亡命先で彼等を支えるはずで
あったスペインからの支援金も，到底オニールたちを満足させる金額ではな
かった[13]。1596年のスペイン国家財政破綻や，1607年のジブラルタル海戦で

第3章　イベリア半島のアイルランド人移民コミュニティ・ネットワークとアイデンティティ　　89

スペイン海軍がオランダ海軍によって壊滅させられたことも，スペインによる大胆なアイルランドへの反攻作戦を物理的に不可能にしていた。

　このような状況下でもアイルランド人貴族がスペイン国内で厚遇を受けた背景には，これまで両者がともにイングランドとの戦争を戦ってきたという事実もあるが，さらに言えば，スペイン国王による彼等への支援については，ほぼ支援義務とも言える「法的責任」を伴っていたという側面もある。たとえば，キンセールの西，マンスター地方南西部に位置しゲール人族長たちが守っていた数カ所の城は，スペイン軍のアイルランド遠征軍を率いたドン・ファン・デル・アギラ（Don Juan del Águila）とイングランドの間で1602年に結ばれた協定によってイングランド側に割譲されるが，この割譲によってゲール人族長たちは，スペイン移住後の保護・待遇に関して，スペイン国王には彼等に対する法的責任が発生すると理解していた。そのような族長たちの代表的人物がドナル・オサリヴァン・ベアーレである[14]。キンセールの戦いでイングランドに敗北したことが，スペインとアイルランドをより接近させる契機となったと言えよう。スペイン国王周辺にはアイルランド・ロビーとも称されるコミュニティが存在し，彼等はどのようにスペイン政治が機能するかを熟知していた。彼等は，アイルランドに好意的な国王の取り巻きや国務会議メンバーを通じないかぎり，スペイン外交に影響を及ぼすことができないことも理解していた。しかし，ロンドン条約以後，アイルランドに侵攻してアイルランド・カトリック教徒の対イングランド戦争を支援しようとする介入主義的考えはスペイン宮廷周辺では影をひそめ，支援は秘密裏に行われた資金援助の域を超えることはなかった。ローマに本拠を置きながらも，一時期マドリードでアイルランド・カトリックの主義主張と利益のために働いたルーク・ワディング等は，このようなロビー活動の中心に位置したと考えられる[15]。

　九年戦争後最初にスペインに亡命したのは，ゲール人族長の一人としてオドネル一族を率いて活躍したヒュー・ロー・オドネル（Hugh Roe O'Donnell）であったが，彼はキンセールの戦い後スペインの援助を求める目的で

ガリシア地方の中心地ア・コルーニャに渡り，聖地サンティアゴ・デ・コンポステーラで大司教等の歓待を受けている。ア・コルーニャには16世紀以降カトリック僧侶，軍人，商人および彼等の家族が住み着き，アイルランド人の亡命先（あるいは移住先）として距離的にも近く，イベリア半島の中ではアイルランド人移民の間で最も人気のある町であった。ヒュー・ロー・オドネルのほかにスペインに逃れたアイルランド人貴族としては，上記マンスター地方南西部のゲール人族長たちを挙げることができる。彼等が目指したのは，フェリペ 3 世が1600年から 6 年間首都を置いたバリャドリードであり，また交易・商業活動の中心地ア・コルーニャであった。ア・コルーニャにおいて特記に値する活躍を見せたのは，ウォーターフォードの商人一家出身のロバート・コマーフォード（Robert Comerford）であった。彼は1580年代にはすでにガリシアに移住し，商業活動や金融業で活躍し，娘の結婚を利用してア・コルーニャにおいて確固とした地位を築いている。バリャドリードに関しては，まず族長たちがスペイン宮廷を目指し，そして彼等に従った軍司令官や家臣が続き，後者は女性や子供，老人を同伴していたから，同族関係を基礎としたゲール人社会がマンスターからスペインに移動したことになる。すなわち17世紀初頭の彼等のイベリア半島やフランドルへの移住は，血族関係と主従関係を基礎にした移住であった。このようなアイルランド人移民がスペイン当局に多大な社会経済的負担を強いたことは言うまでもなく，その対処策の 1 つが，これらアイルランド人移民をフランドルに移住させることであった。しかし，突然のアイルランド人の流入は，費用の面でもスペイン側の対応可能な規模を超えており，スペイン政府はガリシアやポルトガルの地方長官およびバスク地方やカンタブリア地方の主要 4 港（クワトロ・ビジャス Cuatro Villas）の地方行政官（corregidor）に対し，アイルランド人移民をこれ以上上陸させないようにとの指令を発している。さらに，アイルランド人移民たちを兵士としてフランドルに送り込む海軍やフランドル連隊の創設には時間がかかるため，とりあえず彼等（そのほとんどはゲール人たるオールド・アイリッシュ）を宮廷のあるバリャドリードからガリシ

第3章 イベリア半島のアイルランド人移民コミュニティ・ネットワークとアイデンティティ　　91

ア地方に送る措置が取られたのである。スペイン北部のガリシアやアストゥ
リアスへアイルランド移民が引き続き上陸する中で，首都バリャドリードへ
の彼等の到着は，族長等高位の者も含めて禁止されることとなる。先述の
スペイン移住を希望しながらローマへ舵を切らざるをえなかったヒュー・オ
ニール一行の悲劇も，このような状況下ではやむをえないことであった[16]。

　1590年代からアイルランドとの交易上の繋がりが強かったガリシア地方で
あったが，住人はアイルランド人には好意的で，当地の地方長官たちもイン
グランド支配下のアイルランドへの軍事侵攻の支持者であった。この時期1
万人を超えたと伝えられるアイルランドからの移民は，ガリシア，特にア・
コルーニャが一手に引き受けたことになる。アイルランド人移民問題への対
応をスペイン王室がガリシア地方へ移管したと言えば聞こえはいいが，実際
はフランドルでのアイルランド連隊創設が実現するまでの間，ガリシアとい
う1つの地方への問題の丸投げであった。特に17世紀の前半は，マドリード
でもブリュッセルにおいても，スペイン王国はアイルランド人傭兵の力を必
要としていたし，同時に彼等がフランス軍の傭兵として雇われることを阻止
する必要もあった[17]。ガリシア地方にアイルランド移民が定着する中，ア・
コルーニャのアイルランド人コミュニティの性格にも徐々に変化が見られ，
男系のオールド・アイリッシュの家族制度は，特に財産権に関してカス
ティーリャ法の影響下で共系的出自を重んじる家族制度へと変遷していっ
た。その結果，遺言において妻や姉妹が法定相続人や遺言執行者に組み入れ
られる事例が多くなり，また女性の家族構成員への寄付や修道院への子女の
入会が増えることとなり，特に都市部ではゲール人の男系血縁制度がやや衰
退する状況を招いている[18]。

　一方，1590年代のヨーロッパ大陸においては，アイルランド人傭兵やア
イリッシュ・カレッジと呼ばれるカトリック神学校が存在していたが，これ
らの存在が拡大強化されるのはキンセールの戦い以降である。1605年にはフ
ランドルにアイルランド人傭兵の中隊が組織されており，その後ヒュー・オ
ニールの息子ヘンリー・オニール（Henry O'Neill）の指揮下で最初のアイ

92 第II部 歴史的検討

ルランド連隊が結成される。アイルランド連隊の形成は，その後イベリア半島からフランドルへのアイルランド人傭兵の流れが軌道に乗ったことを意味する。1605年から1659年の約50年間で，14から15のアイルランド連隊が組織され，そのうち7連隊は有名なオーウェン・ロー・オニール（Owen Roe O'Neill）等の指揮下で4年以上存続している[19]。1605年と言えば，サンティアゴ・デ・コンポステーラにアイリッシュ・カレッジが設立された年であるが，同校はガリシア地方に住むアイルランド人住民の子弟にカトリックに基づいた教育を提供することを設立目的としていた。ヨーロッパ大陸において全部で18のアイリッシュ・カレッジが在俗司祭（secular clergy あるいは seculars と呼ばれ，修道会に属さず教区に属するので教区司祭とも称される）のために，そしてさらに12校が修道会によって自分たちの修道僧を訓練するために創設されている。1590年から17世紀半ばにかけて，イベリア半島ではバリャドリード，サラマンカ，リスボン，サンティアゴ・デ・コンポステーラ，セビリア，マドリード，アルカラ・デ・エナレスに合計7校のアイリッシュ・カレッジが創設されている。これらイベリア半島のアイリッシュ・カレッジのうちアルカラ・デ・エナレス以外のカレッジは，イエズス会の管理下に入り，その中ではサラマンカのカレッジが中心的存在として機能していた。もともとアイリッシュ・カレッジ設立の究極の目的は，イングランド支配下の母国に大陸で神学教育を受けた聖職者を宣教師として送り込み，母国に残るカトリック信徒を援助することであったが，そのような企画の背後にカトリック教会の活動の動機として存在したのが，対抗宗教改革で提唱されていた改革運動の早急な施行の必要性であった。さらにスペインは，政治的亡命を果たしたアイルランド人の移民コミュニティを統合し，将来スペイン王室に奉仕する形で統括するという長期的目標を維持していた[20]。このような目標を具現化する措置として掲げられたのが，聖職者を希望する者に教育と訓練を与えるため神学校を設置すべきとしたトリエント公会議の勧告を，イベリア半島において施行することであった[21]。アイルランド支援の中心にスペイン国王が存在したことから，アイルランド人を巻き込

んだ対抗宗教改革運動は，ローマ教皇庁の改革運動というよりはスペイン王国，特にカスティーリャの類型に属するものであったと言えよう。加えて，アイルランド本国でのカトリック聖職者教育の現状を憂慮した教皇勅書Dum exquisita が1564年に発布されると，大陸のアイリッシュ・カレッジの設立が現実味を帯びることとなった。

　アイルランドから移り住んだ移住者の思惑は，彼等の職業や彼等がたどってきた背景等によってさまざまであった。移住先での現地社会への順応の度合いも違っていたが，傭兵，聖職者，商業従事者間のネットワークは，当初は既存の家族や一族を基礎として成立していた。そこには移住者間の協力関係だけでなくライバル関係も顕著に見られ，特にアイルランドの社会状況を背景としたオールド・アイリッシュとオールド・イングリッシュの軋轢は，移民アイルランド人社会の統合を乱す要素を秘めた大きな問題であった[22]。本国での両者の社会文化的背景の相違は，海を越えて彼等の移住先であるスペイン，フランドル，フランスに持ち込まれたのである。カトリック教会の修道会の中で，オールド・イングリッシュの各種利益を擁護しステュアート朝と軋轢を避けようとする傾向があったのはイエズス会であった。一方，フランシスコ会の立場はゲール人族長のヒュー・オニールやヒュー・オドネル等のオールド・アイリッシュに近く，ステュアート王朝と対決してアイルランドを解放するという強い覚悟を抱いていた。地域的に見ると，大陸へ移住したオールド・アイリッシュにはアイルランド北部地方出身の有力者が多く，またマンスター等アイルランド南部からは多くのオールド・イングリッシュがイベリア半島北部に移住していた。アイルランド人傭兵軍団においても両者のライバル関係がしばしば見られるが，最も顕著に両者のライバル関係が露呈するのは商業従事者の間においてであった。たとえば，スペイン北西部ガリシア地方のア・コルーニャやフェロルは，バスク地方と並んでアイルランド人移住者の多かった地域であるが，ガリシアではオールド・イングリッシュとオールド・アイリッシュの商人間に，資金力においてかなりの格差が存在した。後者はスペイン王からの援助にほぼ依存し，しかも王室財政

94   第II部　歴史的検討

の困窮を理由に数年間支払いを滞納されることもあった。もともと商業活動に長けていた前者の豊富な資金は，ガリシア地方での彼等の地位を著しく向上させ，そのことが商業者としての才覚では比較的劣り，どちらかと言えば傭兵としての資質を武器としていたオールド・アイリッシュとの間に深い溝を作り出した[23]。

　一方，先述のイエズス会とフランシスコ会の間にはライバル関係が存在したが，アイルランド人移住者グループのネットワークの要に位置し，各コミュニティのアイルランドとの結びつきの維持に貢献したのはやはり聖職者たちであった。英西戦争や九年戦争期のアイルランドの反乱軍は，デズモンド反乱の失敗ですでにイベリア半島に渡っていた反乱分子と関係を持ち続け反攻の機会をうかがっていた。リスボン在住の聖職者たちも，フランドルに展開するスペイン軍テルシオを形成するアイルランド連隊がスペイン軍のブリテン諸島攻略に参加すべきであると提案していた。聖職者たちは，設立したアイリッシュ・カレッジを基盤としたコミュニティ・ネットワークの要に位置し，他方で彼等の一部は，オニール家のようなオールド・アイリッシュ貴族と一緒になってアイルランド解放を積極的に推進する指導的役割を果たしていた。実は，ヘンリーと並ぶヒュー・オニールのもう一人の息子ジョンは，短命に終わったアルカラ・デ・エナレスのアイリッシュ神学校を設立している[24]。アイルランドでカトリックの復権を実現させようとする聖職者やアイルランド北部出身のオールド・アイリッシュに対し，より現実的な立場から，母国の解放よりは交易と商業活動によって移住先での地域ネットワークの拡充に努める立場を維持した商業従事者たちは，同じアイルランド人移住者社会の中で，目指すものがやや違っていたと言えよう。これら商業従事者の多くはコークやウォーターフォード等アイルランド南部の町からの移住者が多かった。聖職者，傭兵，商業従事者のそれぞれの分野で，オールド・アイリッシュとオールド・イングリッシュ間の軋轢があり，さらに聖職者の間ではこの両者の対立関係がイエズス会とフランシスコ会という修道会の間のライバル関係と結びついていたことは，イベリア半島におけるアイルラン

ド人のコミュニティ・ネットワーク形成やアイデンティティの醸成にとって
は，大きな負の要素となった。しかしそのような状況下でも，商業従事者お
よび彼等と密接な関係にあるオールド・イングリッシュは，貿易や商業活動
の分野で繁栄を築き，聖職者と同じようにアイルランド人コミュニティの基
盤形成に寄与していった。これから精査するイベリア半島で活躍した傭兵，
聖職者，商業従事者は程度の差こそあれ互いに依存関係にあったが，これら
３つの職種のそれぞれに，アイルランド人コミュニティが所在する都市によ
る違いが散見される。

３．アイルランド人傭兵とアイルランド人コミュニティ

　傭兵，聖職者（神学生を含む），商業従事者の３職種の中で最も数が多かっ
たアイルランド移民は，他をかなりの差で引き離して傭兵とその家族であ
り，彼等は貴族，農民を問わず，またオールド・アイリッシュとオールド・
イングリッシュの区別なくアイルランド社会のあらゆる階層から傭兵の募集
に応じている。彼等に傭兵としてのヨーロッパ大陸移住を決断させた背景に
は，自身や家族の生計を維持するうえでの必要性と，アイルランド社会の英
国化（プロテスタント化）に直面してカトリック信仰を守り通したいとの彼
等の強い意志が存在した[25]。小国アイルランドが16世紀から17世紀にかけ
て，フランス軍やスペイン軍の最も重要な傭兵の供給国であったことは驚き
である。アイルランド人傭兵の大陸移住はこの時期に頂点に達するが，移住
の背景には，経済的必要，野心，母国のプロテスタント支配に対するカトリッ
ク教徒としての情熱等さまざまな動機が見られた。傭兵の中には，アイルラ
ンド侵攻軍に加わりプロテスタント移住者に奪われた土地を奪還する希望を
抱く者もあったが，イングランド政府自体は，本来自国で破壊活動に従事す
る可能性のある輩の外国への移転は願ってもないことであった[26]。一方，16
世紀末からスペインは，アイルランド兵士たちを親英王党派のシベレス
（civiles, civilised の意）と反英反逆者のサルバヘス（salvajes, 未開の意）

96　　第Ⅱ部　歴史的検討

に区別していた。前者はイングランド軍によって訓練されていたこともあり，スペイン軍の規範に適応しやすいとみなされていたし，後者も訓練不足とはいえ，実際の戦闘，特に白兵戦における武勇が評価されていた[27]。

　スペインは，1568年に始まり1648年にウェストファリア条約でネーデルラント連邦共和国の独立が国際的に承認されて終結した八十年戦争を戦う中で，外国人傭兵を含め多くの兵士を必要としていた。先述のようにフランドルにおいて最初にスペイン王室側で戦ったアイルランド連隊は，1605年にヘンリー・オニールによって創設されたが，当時よく訓練されたアイルランド人部隊に対する評価はすこぶる高かった[28]。さらに，スペイン政府が，一時的に増えすぎたアイルランド人移民に対する効果的な対処方法として，アイルランド連隊創設を実現させたとの解釈もある。そしてスペイン軍での軍役の後に，アイルランド人傭兵たちはそのままスペイン領に留まり，平和時には主に交易やその関連事業への就労を求めたと考えられる。さらに注目したいのが，たとえばア・コルーニャへの多数のアイルランド人傭兵の集結が，これまで交易で知られた港町の性格を軍事的色彩を持った町へと一時的にせよ変色させてしまった事実である。ネーデルラントへの歩兵の補充の必要性とフランドル海軍の増強のため，イベリア半島からの兵員輸送で海上ルートが助言され，その過程でア・コルーニャ等ガリシア地方の町々の重要性が高まったからである。しかし，地元に根差したアイルランド人コミュニティ形成とは縁遠い傭兵集団の滞在が，ガリシア地方の諸地域に本来は不要な衝撃を与えた可能性は否定できない[29]。

　スペイン軍におけるアイルランド人傭兵の存在は，すでに15世紀末から確認でき，その頃から彼等はスペイン王室の多国籍軍の一部を形成していたと考えられる。当時のヨーロッパ列強同様，スペイン軍も兵士の充足に当たっては他国出身の傭兵，ときにはカトリック信仰とは違った信仰を持った兵士に依存する場合が多かった。その点カトリック教徒のアイルランド人傭兵は，彼等に支払われる賃金に基づくスペインとの傭兵契約関係に加えて，スペインとは宗教上も相互扶助の精神を共有していた。特にプロテスタント傭

第3章　イベリア半島のアイルランド人移民コミュニティ・ネットワークとアイデンティティ　　97

兵の募兵を回避した方が望ましいイベリア半島での軍事作戦に関しては，ア
イルランド人傭兵の存在は魅力的であり重宝された。キンセールの戦い後，
スペイン王室の傭兵として募兵されるアイルランド人は増加したが，その後
も彼等は1640年代までイベリア半島に活躍と生計の場を見出そうとして到着
し続ける。そうした中で指摘されだしたのが，傭兵の質が徐々に低下しつつ
あった事実であり，一部でアイルランド兵士としての評判を落とす事例も
多々見られるようになる[30]。そして，1650年代初めのオリヴァー・クロム
ウェルのアイルランド征服によって，アイルランド人傭兵の市場にも大きな
変化が訪れる。それまでは，スペイン軍の募兵に応じたアイルランド人傭兵
は，比較的自由な立場で徴募され，目的地に向かって乗船する前に来るべき
軍役の対価としての支払いを受けていたが，クロムウェルとの戦いで敗れ捕
虜となったアイルランド人兵士は，戦後「捕虜の交易」という市場原理の影
響をもろに受け，その人数の多さもあり彼等の市場価値は大きく落ち込むこ
ととなる。17世紀初頭アイルランドにおける募兵は，アイルランド人亡命社
会の政治的・軍事的指導者によって行われ，そこでは傭兵の単なる経済的取
引の側面を超えて，政治および宗教面でのシンボリックな意味合いが強調さ
れた。ところが，クロムウェルとの戦いで敗れ去った後の1650年代には，ア
イルランド人捕虜は他の商品と同じような扱いで取引され，たたき値で売買
されることも多かった。英西戦争当初から1655年までに1万8000名ほどのア
イルランド人傭兵がイベリア半島に移り住んでいる。一方，アイルランド人
傭兵が向かった先はイベリア半島のみならず，スペインと敵対関係にあった
フランス軍に雇われる傭兵も多く，同じカトリック国として，1630年代と40
年代にはアイルランド人傭兵の徴募において両国は競争関係にあった[31]。実
は九年戦争後，アイルランド人移民は距離的に近いブルターニュ半島，ナン
ト，パリ，ボルドー，ルーアン等への移住を果たしており，その中でもサン・
マロはアイルランド人移民社会の中心地であった。
　大陸へのアイルランド人傭兵の移動の山場は，フランスの不十分な支援に
よってウィリアマイト戦争に敗北後，ジェームズ2世支持のジャコバイトが

98 第Ⅱ部 歴史的検討

フランスへ移動した17世紀末，すなわち世に言うワイルド・ギースが海を
渡ったときであった。家族を伴っての移動は苦難が倍加することを意味して
いたし，新天地に到着しても平穏な生活が彼等を待ち受けていたわけではな
い。実際，フランスにおけるアイルランド人移民は，現地住民に歓迎される
存在では決してなかった。イベリア半島に移動したアイルランド人兵士と比
べると地元住民に溶け込むこともなく，孤立の度合いが高かったと言えよ
う[32]。一方，イベリア半島に移動したアイルランド人傭兵の子孫は優秀な軍
人を輩出し，彼等は陸においては，歩兵連隊イベルニア（1709年創設），イ
ルランダ（1698年創設），ウルトニア（1709年創設）等のいわゆるアイルラ
ンド連隊を率いてスペインのために戦い，スペイン軍の中で確固たる地位を
築く軍人もしばしば見られるようになる。ジャコバイトのヨーロッパ大陸移
動に加わったアイルランドのエリートは，滞在した国において高い地位を獲
得することに成功しているが，軍人はそのような事例の代表格であった。高
い地位についた軍人として挙げられるのが，敗戦に終わったトラファルガー
の海戦で活躍し海軍准将として名を上げたエンリケ・レイナルド・マクドネ
ル（Enrique Reynaldo MacDonnell）やアレハンドロ・オレイリー総督
（Alejandro O'Reilly, Conde de O'Reilly）である。両者とも後述するカディ
スの発展にも尽力するが，両者が名を馳せたのは軍人としての活躍であっ
た。18世紀を通じ以前と比べるとアイルランド人聖職者の数が伸び悩む中，
軍人と商業従事者の数は増加の一途をたどる[33]。

　マクドネルが1776年にスペイン海軍の任務に志願した頃，アイルランド連
隊はすでにアイルランド人のみの構成ではなく，士官以外の兵士にはスペイ
ン人や他国出身の傭兵が多く見られるようになっていた。このことは，スペ
イン軍におけるアイリッシュのアイデンティティがやや曖昧になりつつあっ
た証跡の１つであろう。マクドネルは，西インド諸島にイベルニア連隊を輸
送し，ホンジュラスやニカラグアの海岸線や西インド諸島でイギリス軍およ
びイギリスの私掠船と交戦をして戦果を上げている。その後彼は，カディス
の海務監督を務めるが，彼の軍人としての本望は常に海戦で指揮を執ること

にあった。一方オレイリーは，若くしてイタリア，キューバ，プエルトリコ，ルイジアナ等の派遣先でスペインのために武勲に輝き，その結果昇進を繰り返し，また戦地でのスペイン軍の編制作業や統率でもその力量が高く評価される。根からの軍人であったオレイリーは，スペイン王国の平和時には一時オーストリア軍で活躍する時期もあったが，これらの経験はその後の彼のスペイン軍近代化に向けての貢献に大きく役立っている[34]。カディスにおいて町の発展に尽力したマクドネルとオレイリーは，両者の活躍の場に浮き沈みはありつつも，スペイン軍における彼等の業績は高く評価され，彼等自身も軍においても社会的にも高い地位を得ている。

　勇猛なアイルランド軍人は各国の軍隊で傭兵として人気があったが，スペイン軍ではアイルランド連隊という特殊な軍隊組織の中での狭い結びつきであり，スペイン王国の戦略的事情で各地の戦線への移動も頻繁にあったため，いわゆる地域に根差したアイルランド人コミュニティが形成されるような時間的余裕はなかった。1607年にフランドルのルーヴェンに設立されたフランシスコ会系アイリッシュ・カレッジであるセント・アンソニー・カレッジには，当地のスペイン軍に加わったアイルランド連隊兵から，カレッジや周辺のアイルランド人コミュニティに対し資金等の支援があり，連隊兵と周辺のアイルランド人社会との緊密な関係が散見される[35]。しかし，このような事例はイベリア半島においては確認されていない。アイルランド連隊は移動を伴う軍隊としての性格上，特定のコミュニティ・ネットワーク形成に寄与することはかなり難しかったと考えられる。さらに，アイルランド連隊の編制とその性質の変遷も，アイリッシュ・コミュニティの一部として機能しえない状況を作り出した。すなわち，上述したように，アイルランド連隊はアイルランド人のみによって構成される組織ではもはやなくなっていたという状況が，アイリッシュ・コミュニティの形成を妨げていたという事実がある。18世紀初めのスペイン継承戦争以降になると，アイルランドにおける募兵が難しくなったこともあり，スペイン王室に仕える連隊の中でアイルランド兵の数が漸次減少する傾向が見られた。このような傾向はヨーロッパ各国

100 第Ⅱ部 歴史的検討

の外国人部隊に一般的に見られた現象であったが，フランドル，イタリア等広い地域で戦線を抱えるスペイン王国にとっては緊急に解決しなければならない問題となっていた。18世紀のヨーロッパ諸国の軍隊は，徐々に多国籍的性格を失い，国軍として機能するようになる。アイルランド連隊もその例に漏れず，特に連隊長の抱く危機感は尋常ではなかった。連隊内のアイルランド人兵士数の減少に伴う衝撃を和らげようとするあらゆる施策が実を結ばない中，唯一の解決策は，連隊に他国の士官や兵士を招き入れることであった。1740年には，２つの大隊の51名の軍曹のうち，８名のみが生粋のアイルランド人であり，残りはフランス人，ドイツ人，イタリア人が占めていたとの記録もある。18世紀前半には，フランス軍で傭兵となっていたアイルランド人士官たちが，アイルランド連隊での昇格を望んでスペイン王室に仕え始めた[36]。彼等の多くは，若くして軍人としてのキャリアを始め，イングランド軍やフランス軍で数年間の軍事訓練と経歴を重ねていた。スペイン軍に加わる前に，彼等はすでにヨーロッパの多くの地を訪れており，それによって得た一種のコスモポリタン気質は，彼等にとっての価値ある経験となった。一方，士官たちの間でのコスモポリタニズムの醸成は，アイリッシュ・コミュニティというエスニックな小集団の形成には負の要因となったことも容易に想起できる。スペイン軍においてアイルランド人士官たちが重宝されたのは，彼等が軍隊の規律に関する知識と実践に秀でていたからであり，また砲術や軍事技術，衛生といった実務的知識を保持していたことは，彼等がスペイン軍で優れたキャリアを積み上げるうえで大きな助けとなった[37]。アイルランド連隊自体，純粋のアイルランド人部隊でないうえに，アイルランド人士官たちは，アイルランド連隊という狭い同胞・同族意識を超えてスペイン軍の中で貴重な構成要員としての立場を確保していったのである。

　さらに，アイルランド人のスペイン軍での躍進は，彼等のスペイン騎士団への入団に象徴的に表れている。スペインの騎士団の一員であることは，経済的利益の享受のほかに，スペイン社会において貴族として認知されるという特権の保持を意味していた。サンティアゴ，カラトラバ（Calatrava），ア

ルカンタラ（Alcántara）の３つの騎士団がスペイン社会で持つ確固たる地位と評価を考えると，騎士団におけるアイルランド人の存在は，彼等がスペインの軍と社会の中で深い痕跡を印していた証左である。1700年からの150年間で，アイルランド出身者100名ほどがスペインの騎士団に入団しているが，そのうちの３分の２がサンティアゴ騎士団を選んでいる。スペイン王室にとってアイルランド人騎士団員は忠実な家臣であり，軍隊における監査役やカスティーリャ人が歓迎されない辺境地での役職に適任であると評価されていた[38]。スペイン軍内でのアイルランド人の躍進と彼等のスペイン社会への溶け込みは，エリート将校に限られたもので，しかも，そのような統合や文化変容も広範なスペイン一般社会へというよりは，スペイン王室の権力構造への接近という意味で捉えられるべきである。アイルランド人エリートに対しては，スペインの政治や軍事の支配勢力が彼等の貢献を高く評価する一方で，1640年代まではスペイン社会全体から見ると，彼等は歓迎されているというよりはその存在が許容されていたと考えてよい。1640年代以降，両文化間のこのような距離感が縮まったのは，スペインがアイルランド人兵士を強く必要としたからである[39]。

4．アイルランド人聖職者とアイリッシュ・カレッジ（１）——サンティアゴ・デ・コンポステーラ，サラマンカ，リスボン

　ここでは，イベリア半島に設立された７校のアイリッシュ・カレッジにおいて，聖職者および学生，そしてアイリッシュ・カレッジ自体がアイルランド人コミュニティの形成に果たした役割を精査する。大陸にはアイルランド・カトリック教徒の移民のほかに，同じく母国での迫害から逃れたイングランドからのカトリック亡命者コミュニティが形成されていた。彼等の精神的支柱にはカトリック聖職者の存在があったわけであるが，テューダー期の修道院解散によってイングランドのカトリック聖職者教育機関が閉鎖され，16世紀末の反カトリック法制の厳格化に伴い，アイルランドでもカトリック聖職者養成機関の設置は不可能となっていた。1555年のアウグスブルク宗教

第Ⅱ部　歴史的検討

和議から三十年戦争（1618～1648）までの期間のヨーロッパ世界を特徴づける信条主義（Konfessionalisierung）の高まりもあり，宗教上の亡命者の増大が顕著に見られ，信条主義がもたらした教会分裂の恒久化によって大陸の大学や神学校での学びが推奨されたことから，アイリッシュおよびイングリッシュ・カレッジの創設が実現することになる。イングリッシュ・カレッジは，亡命カトリック学生への神学教育機関として創設されたが，その中でも現在のフランス北部に位置するドゥエーのイングリッシュ・カレッジは，最も優れた神学教育機関であったと言われている[40]。ドゥエーはこの時期スペイン支配下の町であり，ウィリアム・アレン枢機卿によって設立されたこのカレッジには，イングランドから逃れヨーロッパ中に散らばったカトリック僧侶や学生を集めてカトリック教徒の学問的水準を維持するという設立目標もあった。ドゥエーで訓練を受けた学生たちは，その後ローマ，バリャドリード，リスボン等の新設のイングリッシュ・カレッジに向かっている。在俗司祭のために創られたリスボンのイングリッシュ・カレッジの主たる創設目的は，アイリッシュ・カレッジと同様に母国での宣教活動であった[41]。イングリッシュ・カレッジの中でも中心的存在であったドゥエーのカレッジの存立には，カレッジの設置前にスペイン王フェリペ2世の後援を得て教皇パウルス4世によって設立されたドゥエー大学の存在が大きかったが，この町にはその頃から迫害を逃れたイングリッシュ・カトリック教徒のコミュニティが形成されていた。アレンは，当地に逃れてきたオックスフォード大学の教授や学生を主体に，この町にオックスフォードと同レベルのカトリック研究センターを創ろうとしたのである[42]。イベリア半島以外でドゥエーのイングリッシュ・カレッジに相応する教育水準を維持し自国民コミュニティへの影響が大きかったアイリッシュ・カレッジとしては，フローレンス・コンリーを中心に設立されたルーヴェンのセント・アンソニー・カレッジがあったが，両者はある種のライバル関係を維持しつつも，お互い亡命カトリック教徒の教育機関として補完関係にもあった。同じような両者の関係は，イベリア半島でも垣間見ることができる。ここでは，イベリア半島でのアイリッ

シュ・カレッジの分布を2つのグループに分けて吟味するが，各カレッジは独立しつつも，グループの間では緩い繋がりを維持していた部分も指摘できる。

　17世紀初めにアイルランド移民が集中したア・コルーニャの町から南に行くと巡礼の聖地サンティアゴ・デ・コンポステーラがある。この町のアイリッシュ・カレッジは，軍人や商人層が多かったア・コルーニャから若干距離があったにもかかわらず，当地のアイルランド人にとっては宗教的，精神的中心となっていた。同時に，交易港ア・コルーニャが抱えるさまざまな「アイルランド問題」も，宗教都市サンティアゴ・デ・コンポステーラは共有していた。フェリペ3世の援助によって1605年に創設されたこのカレッジは，他のイベリア半島のカレッジ同様，スペインによるアイルランドへの軍事遠征が成功しなかった結果に対する答えの1つであったと言えよう。また，スペインによるアイリッシュ・カレッジ創設への支援は，1604年以降のイングランドに対する融和路線への転換を含め，スペイン・ハプスブルク家の国家戦略が新局面に入ったことを示唆している。スペインにとっては，イングランドとの平和を希求する中で，イングランドによって非合法化されたアイルランド・カトリックを裏から援助するという繊細な外交的綱渡りが必要とされた。ところでカレッジの運営は，当初ゲール人族長ドナル・オサリヴァンの従者に任されていたが，1613年にフェリペ3世はカレッジをイエズス会の管理下に移行することを命じる。多くのアイルランド人イエズス会士は，マンスターや12世紀以降イングランドの支配下にあったアイルランド東部のペイル地方出身者で，ゲール人一族は彼等をカトリック信仰は持ちつつもイングランドへの忠誠を維持する修道会士と見下していた。オールド・アイリッシュとオールド・イングリッシュの間の軋轢が，サンティアゴでも影を落としていたのである。大陸のアイルランド移民社会では両者の軋轢のほかに，修道司祭（regulars）と在俗司祭，修道会間（イエズス会，フランシスコ会，ドミニコ会），古くからの移民と最近到着した移民等との間に対立軸やライバル関係が形成されていた。このような状況下，サンティアゴのアイリッシュ・カレッジの管轄権のイエズス会への移管は，オサリヴァンから見れば

スペイン国王の裏切り行為であった。オサリヴァン等ゲール人族長が属した
オールド・アイリッシュは，自分たちと対立するオールド・イングリッシュ
とイエズス会は互いに強く結びついていると見なしていたからである。オサ
リヴァンは1617年にフェリペ3世に対し，このような教育管轄権の移管とイ
エズス会の教育姿勢に対し強く抗議をしている[43]。

　アルカラ・デ・エナレスに設立されたカレッジを除けば，イベリア半島の
すべてのアイリッシュ・カレッジはスペイン王の勅令によってイエズス会の
管轄下に入っていたが，教育に関してイエズス会に対する評価は極めて高
かった。特に学生の不満が大きく学生管理が十分でなかったアイリッシュ・
カレッジは，イベリア半島のみならずたとえばローマのアイリッシュ・カ
レッジのように，イエズス会の管理下に置かれる事例がいくつも見られた。
サンティアゴのアイリッシュ・カレッジで問題となっていたのは，カレッジ
での学業修了後学生たちが母国アイルランドに戻って奉仕するという誓約を
カレッジが学生たちから取っていなかったことであり，この問題が明るみに
出てカレッジの管轄がイエズス会に移されたとも言われる。イエズス会への
管理移管後もこの誓約問題は尾を引き，学生たちは誓約強要の背後にイエズ
ス会の力が働いていると抗議している[44]。サンティアゴでの学びは入門講座
的水準にあり，学生の中には2年間在籍した後に本格的に神学を学ぶため，
イベリア半島のアイリッシュ・カレッジの中では最も優秀とされていたサラ
マンカのアイリッシュ・カレッジに入学し学び続ける者もいた。多くの神学
生が修道会に属さない在俗司祭として母国アイルランドに戻り司牧に従事し
たが，スペイン在住が長くなると徐々にスペイン社会に溶け込み，アイルラ
ンド連隊や貴族のチャプレンとしてスペインに定住を決め込む学生も存在し
た。またサンティアゴのアイリッシュ・カレッジでは，カレッジ財政の助け
になるとして，神学生ではなく単なる寄宿生として良家のスペイン人学生を
受け入れることもあった。イエズス会によるスペインのアイリッシュ・カ
レッジ支配は，同修道会が弾圧され解散の憂き目にあう1767年まで続く。そ
の直後にサンティアゴのアイリッシュ・カレッジはサラマンカのカレッジに

統合され，その後のフランス革命，そしてダブリンの西24キロにあるメイヌースにカトリック教育のためのセント・パトリックス・カレッジ（メイヌース・カレッジ）が1795年に設立されたことが重なって，スペインを含めヨーロッパ大陸のアイリッシュ・カレッジのネットワークは大きく衰退することとなる[45]。フランス革命で，フランスにあったアイリッシュ・カレッジは閉鎖を余儀なくされ，神学生たちはスペインとポルトガルに逃れている[46]。同様にフランスのイングリッシュ・カレッジの学生たちもリスボンとバリャドリードのイングリッシュ・カレッジに転籍している。一方，アイルランドのメイヌースでのカレッジ設立は，大陸のアイリッシュ・カレッジの存在意義を脅かす大きな出来事であった[47]。

　サラマンカのアイリッシュ・カレッジは1592年に設立されたが，イエズス会のジェームズ・アーチャー（James Archer）とトマス・ホワイト（Thomas White）が，このカレッジ設立の中心的人物であった。イエズス会総長クラウディオ・アクアビバ（Claudio Acquaviva）によってアイルランド・ミッション総監（Prefect）に任命されたアーチャーは，サラマンカのみならずイベリア半島のアイリッシュ・カレッジ間の調整をも任されている。アイルランドから到着する学生の受け入れや，逆に訓練を受けた司祭をアイルランドに送り出す作業，各カレッジの校長間あるいは学生間の良好な人間関係の維持，学生の他校への転校，カレッジのための地元への協力要請等，総監アーチャーの業務はきわめて多彩であった。もちろん，彼が総監に任命されたことによって，サラマンカにおける

写真1　サラマンカのかつてのアイリッシュ・カレッジ。現在はサラマンカ大学の一部

アイリッシュ・イエズス会の地位が強化されたことは言うまでもない。ホワイトも，サラマンカのアイリッシュ・カレッジ創設直後から同校の働きに関与し，しかもその後続いて創設された後述のリスボンのアイリッシュ・カレッジの支援にも加わり，アーチャー同様イエズス会管轄下のカレッジ・コミュニティの管理維持のために奔走している[48]。

　イベリア半島のアイリッシュ・カレッジの中でも中心的存在であったがゆえに，サラマンカのカレッジ内で起こった論争は大きな注目を浴びることとなった。まず，17世紀初めに勃発したのが，トゥアム大司教でフランシスコ会指導者であったフローレンス・コンリー（Florence Conry）と上記イエズス会士トマス・ホワイトとの対立である。この対立は直接的にはコンリーとホワイトの間の対立と見られるが，その背後にはコンリーとアーチャーの対立があったと考えてよい。自身イエズス会士であるトマス・モリズィーは，アーチャーを描いた伝記の中で，アーチャーをコンリーとホワイトの対立の調停役として描写しようとするが，実際にはフランシスコ会のコンリーと，イエズス会所属のホワイトおよびアーチャーとの間の対立と解釈するのが自然である。そして，この修道会間の紛争の背後には，コンリーが支持するオールド・アイリッシュとイエズス会が後ろ盾となっていたオールド・イングリッシュ間の対立が存在した[49]。

　同じくイエズス会が支配したローマのアイリッシュ・カレッジでもそうであったが，イエズス会に対する批判はサラマンカでもいくつか持ち上がった。イエズス会がカレッジを同修道会の利益のために利用し，特に優秀な学生を同修道会での働きのために囲っているとの疑惑や，イングランド王に従順なアイルランド南部出身学生を多く入学させていること，カレッジに対するスペイン王室からの支援金をイエズス会のために使用している疑念等のほかに，オールド・イングリッシュ出自の学生は，オールド・アイリッシュが重要視するゲール語での教育を疎かにしているとの批判が相次いでなされた。新興の修道会であり当時最も権勢を誇ったイエズス会に神学生が集まり，それに対して嫉妬からの批判が沸き起こることは自然な成り行きであっ

たが，サラマンカにおけるイエズス会批判の背景にあったのも，オールド・アイリッシュとオールド・イングリッシュ間の確執という根の深い両者の地域間ライバル意識であった。このような確執は，特に上述のガリシア地方とサラマンカで顕著であったが，オールド・アイリッシュの「牙城」たるアイルランド北部のアルスター地方やコノート地方がアイルランドの貧しい田舎を象徴しているとすれば，オールド・イングリッシュ出自の商人や聖職者を多く輩出したマンスター地方やレンスター地方等アイルランド南部の富裕層は，都市を生活と活動の基盤としていたと言える。このような両者の階級意識がアイルランド人コミュニティの中に大きな亀裂を生み出し，アイリッシュ全体としてのアイデンティティの創出に負の要素として作用していたことになる。このような経済格差がオールド・アイリッシュの不満の元凶となっていたわけであるが，経済格差は教育格差でもあり，サラマンカ等のアイリッシュ・カレッジが，能力に長けたアイルランド南部出身の学生により多く入学枠を与えてきた事情も理解できないわけではない。

　コンリーに代表されるオールド・アイリッシュは，スペイン政府に対して，アイリッシュ・カレッジ校長ホワイトの罷免とスペイン人新校長の任命，半数の学生をアイルランド北部地方出身のオールド・アイリッシュから採ることを要求する。1605年に始まったスペイン政府の裁定は，イエズス会を無罪と宣言する一方で，スペイン人校長を任命するという曖昧な対応に終始し，アイリッシュ・カレッジの混乱をさらに助長してしまう。すなわち，スペイン人校長にはアイルランド人学生の管理は難しく，さらに学生全体の半数を採る予定であったオールド・アイリッシュの志願者が思うように集まらず，しかもその欠員をオールド・イングリッシュの志願者で埋めきれなくて，結局カレッジに多大な財政的損失を与えることとなった。1610年末，スペイン人校長は調査結果を発表し，サラマンカにおいて学生の出身地による差別はなかったと結論づけている。一方，サラマンカにおける状況に不満を抱いていたフランシスコ会士コンリーは，許可を得て1607年に先述のフランシスコ会のアイリッシュ・カレッジ「セント・アンソニー・カレッジ」を

108　第II部　歴史的検討

ルーヴェンに設立している。同年，サラマンカのイエズス会が運営するアイリッシュ・カレッジにとってさらなる朗報が届く。前年にフェリペ3世が行ったモリスコ（改宗イスラム教徒）追放令を記念して，スペインはアイルランドのカトリック支援のために「サン・パトリシオ・アイルランド貴族カレッジ」（Colegio de San Patricio de Nobles Irlandeses）と称される神学教育機関の創設を決定する。いわゆるアイリッシュ・カレッジ（Colegio de los Irlandeses）である。設立には教皇勅書による承認が必要であったが，この決定は，サラマンカのアイリッシュ・カレッジが正式にスペイン国王の庇護の下に置かれることを意味していた[50]。カレッジにとっては，試練のときを経て摑んだ幸運でもあったが，論争の残滓はその後も当事者たちを悩ますこととなる。論争を契機にアーチャーの立場にも変化が見られる。複数のアイリッシュ・カレッジの連携や調整の役割を演じてきたアーチャーであったが，スペイン王室との関係維持に労力をかけすぎたことや，自身の周辺に他の地区の優秀なイエズス会士を集めたことで，ポルトガルやベルギーのイエズス会関係者の批判を受け，彼の総監としての権威にも陰りが見え始める。複数のアイリッシュ・カレッジの調整を行い，カレッジの教育や運営を効率的に進めようとする立場と，各カレッジの独自性を維持し，その町のアイリッシュ・コミュニティの中心的機関として存在する立場のいずれを支持するのか，イエズス会という同じ修道会の中でも異なる意見が表出することとなる[51]。

　ア・コルーニャと同じく港町リスボンは，アイルランドから直接船での乗り入れが可能なこともあり，多くの交易および漁業関係者が住み着いていたが，修道会系（ドミニコ会）のアイリッシュ・カレッジも設立され，当地のイングリッシュ・カレッジとともにカトリック聖職者を目指す学生たちが神学校に集まっていた[52]。フランスのアイリッシュ・カレッジのほとんどは，フランス革命の4年後には閉鎖あるいは接収の憂き目に遭っているが，在俗司祭やイエズス会によって運営されたリスボンのサン・パトリシオ・アイリッシュ・カレッジは，1755年のリスボン大地震後に政権を握り町の復興を

担った反教権主義者の宰相マルケス・デ・ポンバル（Marqués de Pombal）によってすでに接収されていた[53]。イベリア半島のアイリッシュ・カレッジは1590年から1649年の間に設立され，そのほとんどは18世紀末までにその機能を終えたのであったが，サラマンカのアイリッシュ・カレッジのみ1951年まで存続し，およそ360年間にわたってアイルランド人神学生を受け入れた。同カレッジに集められたイベリア半島のアイリッシュ・カレッジに関する膨大な史料は，アイルランドのメイヌースにあるラッセル・ライブラリーにサラマンカ文書として現在は保管されている。残念ながらその中にリスボンのアイリッシュ・カレッジに関する史料を見出すことはできないが，その代わりに，ダブリン市内のアイリッシュ・イエズス会文書館（Irish Jesuit Archives）とダブリン郊外にあるアイリッシュ・ドミニコ会文書館（Irish Dominican Archives）に，リスボンのカレッジに関する史料が存在する。

今日リスボン大聖堂をサン・ジョルジェ城に向かって上ると，かつてサ

写真2　かつてサン・パトリシオ・アイリッシュ・カレッジが左側にあったサン・クリスピン階段

写真3　コルポ・サント教会正面

ン・パトリシオ・アイリッシュ・カレッジの建物があったサン・クリスピン階段がある。このカレッジはもともと16世紀末に在俗司祭を目指す神学生の教育のために設立された神学校であり，在俗司祭の数のほうが修道院所属司祭より多かったが，一方でアイルランド人ドミニコ会社会とも深い繋がりを持っていた[54]。ドミニコ会は，かつてリスボンで交易の中心地であったカイス・ド・ソドレやコメルシオ広場の近くにコルポ・サント教会（Igreja do Corpo Santo）を維持し，この地域に在住するアイルランド人の霊的必要に応えたが，アイルランドの言語と文化を重視する修道会らしく，ゲール語しか話さない同胞の移住者への対応に力を発揮した。アイルランド人コミュニティのために，「セント・パトリック協会」と称されるキリスト教任意団体（confraria，スペイン語では cofradía）が組織されたことも特記に値する。コンフラリアはカトリック教会の慈愛と信仰のために平信徒により組織された連帯組織で，リスボンのアイルランド人社会は，コルポ・サント教会とそれに附属するカレッジのみならず，コンフラリアのような教会支援の民間グループによっても支えられていた。さらにドミニコ会は，リスボン市街の西に位置するベレン地区に，母国の植民地化で没落した貴族の子女や，修道女を目指すも母国アイルランドにおいてはその実現が難しくなった婦女たちの収容を目的に設立されたボン・スセッソ女子修道院（Convento de Nossa Senhora do Bom Sucesso）を抱えていた。ポルトガル王室の認可と支援を得てドミニコ会のこの2つの宗教施設を設立したのは，アイルランド西部ケリー州出身のダニエル・オデイリー（Daniel O'Daly）であった。彼はルーヴェンで神

写真4　今日のボン・スセッソ女子修道院

学を教えた後，スペインに赴いてフェリペ4世から両施設の設立許可を得るが，その許可条件としてスペイン軍指揮下でのネーデルラント派遣アイルランド人傭兵の募兵に協力することが求められている。1640年のポルトガルの独立回復後も，オデイリーはブラガンサ朝初代国王ジョアン4世の信頼を獲得し，ポルトガルの外交分野での活躍が顕著であった。スペインからの独立回復に当たって，フランスや教皇庁の承認を取り付けようと奔走したのもオデイリーであった。オデイリーは，アイルランドとヨーロッパの活発な交流関係を象徴する人物であったと同時に，イングランドとポルトガルの同盟関係設立のキーパーソンでもあった。英葡同盟関係の締結に関しては，オリヴァー・クロムウェルの死後ステュアート朝王政復古の象徴たるイングランド王チャールズ2世とブラガンサ王朝初代国王ジョアン4世の娘カタリーナとの婚姻が大きな役割を演じるが，この結婚に際してもオデイリーの働きは特記に値する[55]。スペイン王室に対してと同様に，アイルランド人はポルトガルにおいても王室に巧みに取り入り，自国民の救済とアイリッシュ・カレッジの支援に関して王室の協力を確保していたのである。

　歴史的繋がりのゆえにアイルランド人はまずスペインを移住先と見なしたが，リスボンも人気の移住先であったその理由の1つに，1580年以降60年間ポルトガルがスペインの支配下に入っていた事実がある。スペイン支配下のポルトガル人の間では，イングランドに植民地化されつつありカトリック信仰の維持が困難となっていたアイルランド人移住者に対する親近感が芽生えていた。サン・パトリシオ・カレッジは1593年に創設されて以降アイルランド人イエズス会士ジョン・ハウリング（John Howling）とポルトガル人ペドロ・フォンセカ（Pedro Fonseca）によって初期の運営がなされたが，すでに1590年には，リスボン・イエズス会の本部のあるサン・ロケ教会にアイリッシュ・カレッジが設立されていたとの史料もあり，そうするとリスボンがサラマンカを抜いて，イベリア半島で最も古いアイリッシュ・カレッジの存在地となる。その6年ほど前，天正遣欧少年使節一行は，リスボン上陸時にサン・ロケ教会を宿舎としている。ハウリングは，資産家の貴族アントニ

オ・フェルナンデス・シメネス（Dom António Fernandes Ximenes）等の支援を受けてカレッジ存続に奔走するが，彼自身の最大の関心事は，リスボンの港に到着するプロテスタントの交易商や水夫への宣教，さらには迫害を逃れ難民となってやってきたカトリック信徒たちへの支援であった[56]。その後数カ所を移転したアイリッシュ・カレッジは，最終的にリスボン大聖堂の北のサン・クリスピン階段がある地域に落ち着くこととなる。

このカレッジは貴族（fidalgos）の財政支援で運営されていたが，スペイン国王フェリペ２世や彼の甥でポルトガル副王であったアルブレヒトの保護があっての存続であった。1580年から60年続くスペインによるポルトガル支配中は，スペイン王室によるリスボン・アイリッシュ・カレッジ支援であったが，1640年の独立後はブラガンサ王朝がカレッジの支援を行っている[57]。後援者たちは，有力者や官吏から成る友愛団体イルマンダデ（irmandade）を形成しカレッジの支援にあたったが，この団体にはイエズス会士の指導者も含まれていた。イルマンダデの評議会員の選出は毎年あるいは隔年で行われ，会員にはエスモラ（esmola）と呼ばれるカレッジへの喜捨が求められた。1605年になると，カレッジの管理運営は貴族グループからイエズス会に移管され，校長やカレッジの役職はアイルランド人イエズス会士が担うこととなった。ジョン・ハウリング等のイエズス会士が1624年までカレッジを強力に支配し指導していたことになるが，1624年以降はマドリードからの指令で，外国人がポルトガルにおいて宗教施設の長に就任することができなくなった[58]。その結果，ポルトガル人が校長に任命されることになるが，それによってカレッジには余計な混乱がもたらされることになる。ローマ等他の町のアイリッシュ・カレッジにも等しく見られた現象であるが，アイルランド人指導者によってカレッジが管理運営されている状況が，カレッジおよびその周辺コミュニティに最も安定感を与えたことは事実である。一方，1624年以降若干の混乱はあったが，イエズス会によるカレッジの管理運営は1759年のポルトガルからの同修道会追放まで継続される[59]。

アイリッシュ・カレッジは，先述のアントニオ・フェルナンデス・シメネ

第3章　イベリア半島のアイルランド人移民コミュニティ・ネットワークとアイデンティティ　113

スが買い取ったサン・クリスピン階段の敷地に1611年に移動し，1834年にカレッジが閉鎖されアイルランド人神学生に対して門が閉ざされるまでは，リスボンのこの地区に留まることになる。サン・ジョルジェ城の南直下の辺りは，下町のアルファマ地区やバイシャ地区に位置し，アイルランド人交易商や商人が集まるカイス・ド・ソドレ近辺に位置するドミニコ会のコルポ・サント教会の地域にも隣接する。1583年に終わった第2次デズモンド反乱後，アイルランド人貴族，聖職者，商人等の小集団がアルファマとバイシャ両地区に亡命しコミュニティを形成している。アイリッシュ・カレッジは，1755年のリスボン大地震によって大きな被害を被ったが，同カレッジにとって第2の災難とも言えるイエズス会追放後は，カレッジはしばらくの期間コルポ・サント教会によって選出された校長の管理下に入った。実際アイリッシュ・カレッジに多額の資金援助を行ったシメネスは，遺言の中でカレッジの存続が難しい場合は資産をドミニコ会のコルポ・サント教会が引き継ぐように指示している[60]。この事例は，リスボンのアイリッシュ社会では，イエズス会の影響力のほかにドミニコ会の影響が大きかったことを物語っている。サラマンカやローマ等他の都市では，アイルランド人移民コミュニティの周りでイエズス会とフランシスコ会のライバル関係が注目を浴びる場面が多々あったが，リスボンにおいてはイエズス会とドミニコ会は協力関係にあったと考えてよい。リスボンの後援者たちは，移住してきた神学生を親身に援助し，カレッジ創設のための資金のほかに礼拝堂の修理や装飾，教授陣の報酬等と援助に際限がなかったが，その見返りとして神学生たちは，後援者の死後も長年にわたって後援者のためにミサを捧げる義務を負った。また，サンティアゴほどではないが，オールド・アイリッシュとイエズス会が支持するオールド・イングリッシュ間のライバル関係がリスボンにおいても散見されたが，目立った軋轢とはなっていない[61]。ガリシア地方と違い，オサリヴァン等オールド・アイリッシュの有力貴族がこのリスボンに在住していなかったことが，その理由として挙げられよう。

　1834年のカレッジ閉鎖前の半島戦争（英語圏では The Peninsula War と

呼ばれ，スペインでは独立戦争 La Guerra de la Independencia と称される）
も，衰退を重ねるアイリッシュ・カレッジとアイルランド人コミュニティに
とっては苦難の時期であった。独立回復後のポルトガルはフランスと敵対し
英国との関係が深く，英国支配下のアイルランドも当然フランス軍と対峙す
ることになる。カレッジの聖職者や神学生，さらにはイベリア半島で活躍す
る交易商にとっては，双方の海上封鎖の影響で母国への帰国が容易ではな
く，人的交流，商業ともに停滞する期間となる。半島戦争はリスボンのアイ
リッシュ・カレッジにとっては，戦争中のカレッジの閉鎖に加えて王室から
の資金援助や慈善金の流れが滞ることとなり，カレッジの凋落に拍車をかけ
る結果をもたらした。しかし，このような厳しい現実を突きつけられても，
ヨーロッパ大陸の他のアイリッシュ・カレッジと同様にリスボンのカレッジ
も，大陸に渡ったアイルランド人たちの連絡窓口として政治・社会面で中心
的機能を果たしていた。リスボンを通過するアイルランド人のみならず，当
地に定住を決めたアイルランド人移民にとっても，カレッジはいわば領事館
的役割を担っていたのである[62]。

5．アイリッシュ・カレッジ（2）
──バリャドリード，マドリード，アルカラ・デ・エナレス，セビリア

　バリャドリードには，1600年から6年間スペイン王国の首都が置かれた
が，キンセールの戦いでの敗北後，スペインの支援を求めるアイルランド人
貴族の訪問が繰り返されたこともあり，アイルランド移民には縁の深い町と
の印象がある。そのため，当地のアイリッシュ・カレッジも，イベリア半島
のカレッジの中で別格の存在であったと推察されるが，実際はサラマンカに
比べると教授陣を見ても一段格落ちする教育機関であった。バリャドリード
のアイリッシュ・カレッジが今一つ目立たない存在となった背景には，同じ
町でイングランド出身学生を訓練し，いずれは彼等をプロテスタント宗教改
革が進むイングランドやウェールズに帰国させカトリック教徒の司牧・宣教
に当たらせる目的で設立されたセント・オルバン・イングリッシュ・カレッ

ジ（Royal College of St. Alban）の影響力がきわめて大きかったことが挙げられる。両校の関係はそれほど密でなかったようで，10人の学生を抱えていたトマス・ホワイトは，この学生たちをセント・オルバン・カレッジで受け入れてくれるように求めたが断られ，結局サラマンカでのアイリッシュ・カレッジ設立許可を求めるに至ったという経緯がある。バリャドリードのセント・オルバン・カレッジは，ドウェーやローマのイングリッシュ・カレッジと同等の実力を持っていたこともあり，今日に至るまでその存在は顕著に認められてきている。1589年にロバート・パーソンズによって設立されたこのイングリッシュ・カレッジは，同じくパーソンズによって1592年にセビリアに設立されたセント・グレゴリー・イングリッシュ・カレッジ（English College of St. Gregory）の閉鎖時には，その資産を受け継いでいる。後述するセント・グレゴリー・カレッジは，17世紀半ばからセビリア市等からの支援が急速に細って破綻に向かい，1710年にセビリアのアイリッシュ・カレッジに引き継がれるが，1767年のイエズス会スペイン追放時に閉鎖された[63]。イエズス会の追放時には，セビリアおよびマドリードのイングリッシュ・カレッジは，バリャドリードのセント・オルバン・カレッジに組み入れられている。

一方，アイリッシュ・カレッジとしては，マドリードとその東に位置するアルカラ・デ・エナレスにそれぞれ設立されたカレッジも，歴史上目立った存在とはならなかった。マドリードの王宮を少し南に下るとフローレンス・コンリーが死去したサン・フランシスコ・エル・グランデ聖堂があり，そこから少し

写真5　マドリード市内にある現在のアイリッシュ通り。突き当りの通りがウミジャデロ通り

東に今日アイリッシュ通り（calle de los Irlandeses）と呼ばれる通りが残る。マドリードへの首都移転があった1606年頃から，この周辺にフランシスコ会保護下でアイルランド移民が居住し始めたと伝えられる。コンリーの事例が示すように，アイリッシュ・フランシスコ会士はイングランドとの戦争も辞さないオールド・アイリッシュとの関係が深く，1604年にイングランドとの間に講和が成立したスペインにとっては，王室の近くにこのような分子の居住地が広がることは，やや迷惑なことであったと推察される。1629年には，アイリッシュ・カレッジもアイリッシュ通りと交差するウミジャデロ通り（Calle del Humilladero）に設立された。同カレッジは病院と教会をも兼ね，その主たる創設目的は，学業修了後にアイルランドへの帰国を果たし，母国のカトリック教徒を援助できる在俗司祭を養成することであった。在俗司祭養成目的ではあったが，周りの環境からしてカレッジにはフランシスコ会の影響が強かったと考えられる。他のアイリッシュ・カレッジのようにサラマンカのカレッジに保管史料とともに吸収されなかったので，このカレッジについての詳細はあまり知られていない。一方，セビリアやアルカラのアイリッシュ・カレッジの後援者たちは，より宥和的なイエズス会の管理下でのカレッジ運営を望んだと言われる。カレッジへのスペイン政府の支援は，新大陸のスペイン植民地事項に関する国王諮問機関であるインディアス顧問会議（Consejo de Indias）を通じて行われたがゆえに，マドリードより新大陸との接点があるセビリアにカレッジを創設するほうが，カレッジの財政面では理にかなった選択であったと思われる[64]。

　アルカラ・デ・エナレスは，16世紀初頭に有名なヒメネス・シスネロス枢機卿によって大学町に変革された。アイリッシュ・カレッジも設立されたが，このカレッジはしばしば「忘れ去られたアイリッシュ・カレッジ」とも称され，カレッジの詳細についてはこれまであまり書かれることはなかった[65]。開校年については諸説あるが，1649年にスペイン最後のアイリッシュ・カレッジとして設立され，1785年にサラマンカのカレッジに吸収されるまで136年間この地でアイルランド神学生の教育を担っていたが，スペイ

ン国内で唯一イエズス会の管理下に入らなかったアイリッシュ・カレッジとして知られている[66]。校長の選挙は学生たちが行うべしとの創設者の意向もあり、そのような判断が影響してかカレッジ開校中は内部でかなりの混乱があったようである。創設の経緯もやや異質で、ポルトガル貴族ホルゲ・デ・パス（Baron Jorge de Paz y Silveira）の遺言に基づいてそ

写真6　アルカラ・デ・エナレス市内にあるかつてのアイリッシュ・カレッジ

の夫人がカレッジ設立に関わったと伝えられる。もちろんその設立目的は、アイルランドに帰国してカトリック教徒支援を行う在俗司祭の養成であったが、北アイルランド出身学生の教育に特化したこともあり、アイルランド人コミュニティ全体の視点からすると、やや特異で重要性に欠ける教育機関でもあった。アルカラのカレッジは、規模も小さく他のカレッジからは孤立していたが、それでも開校期間中に300人以上の司祭をアイルランドでの宣教や司牧のために送り出したと言われる。またこのカレッジは、アルカラ・デ・エナレスのラテン名を採ったコンプルテンセ大学のコレヒオ・マヨールの1つでもあった。サラマンカに吸収された他のアイリッシュ・カレッジと比べ、規模が縮小されたとはいえ建物のもともとの形を残すカレッジはアルカラのカレッジのみである[67]。1778年にアルカラのアイリッシュ・カレッジも、サンティアゴや後述のセビリアのカレッジ同様サラマンカのアイリッシュ・カレッジへの統合が国王カルロス3世によって命じられるが、この統合には経済的理由のみならず、1767年のイエズス会追放にも関連する政治的背景があった。すなわち、スペインにおけるアイルランド人の宗教活動に対する管理を強化する狙いがスペイン王室にはあり、統合はカルロス3世期の

国王高権主義（regalismo）による教会支配の一環であった。これによって，カレッジを中心として成立していたアイルランド人コミュニティの崩壊が加速されたことはいうまでもない[68]。16世紀末以降スペイン王室の保護対象にあったスペインのアイルランド人カトリック社会であったが，政府の政策変更によりこれまで築かれてきた同胞コミュニティと周辺地域との関わりが一瞬のうちに瓦解した好例であろう。

　1611年にステイプルトン（Theobald Stapleton）によって設立されたセビリアのアイリッシュ・カレッジ，すなわちセント・パトリックス・カレッジ（Colegio de San Patricio）は，フェリペ3世の時代に同市に設立された多くの教育施設の1つで，パーソンズによって設立されたイングリッシュ・カレッジ（セント・グレゴリー・カレッジ，現在はラテンアメリカ研究センターEscuela de Estudios Hispano-Americanos の建物となっている）の先例に触発された側面があった。セント・パトリックス・カレッジは，フェリペ3世やセビリアのアイルランド人商人たちの支援を受けつつ1619年にイエズス会の管轄下に入り，同修道会追放までアイリッシュ・カレッジの管理運営は同修道会に託されていた。学生数も少なく財政的に苦難の連続であったが，学生たちは神学や哲学等の講義を，同じくイエズス会が管轄し高度でモダンな教育で知られていた聖ヘルメネギルド・カレッジ（Colegio de San Hermenegildo）で受講していた。イングリッシュ・カレッジの学生たちも，講義の多くを歩いて数分の同カレッジで受けている。当時の地

写真7　セビリアのかつてのイングリッシュ・カレッジ（セント・グレゴリー・カレッジ）。**現在はラテンアメリカ研究センター**

第3章　イベリア半島のアイルランド人移民コミュニティ・ネットワークとアイデンティティ　119

図を見ると，アイリッシュ・カレッジからヘルメネギルド・カレッジへも徒歩10分ほどの距離である。セビリアのアイリッシュ・カレッジとイングリッシュ・カレッジを比較すると，後者に対しては，プロテスタント国イングランドからの移住者や交易関係者との接触があることから，市内トリアナ地区にある異端審問所をはじめ当局の目が光っていたが，当局との関係は特に悪くはなかったようである。また，前者の規模は後者より小さく，支援できる学生の数も限られていた。前者においては1687年までアイルランド人が校長に就いていたが，彼等とスペイン人同僚との確執が頻繁に取りざたされ，学生の公然たる反乱が勃発することもあった。しかし，17世紀末には学生数の維持に苦悩するイングリッシュ・カレッジと違い，アイリッシュ・カレッジ

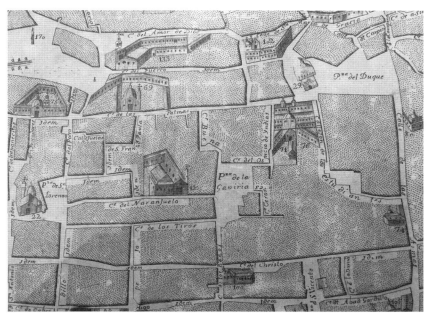

写真8　18世紀半ばの地図（Plano topographico de la Muy Noble y Muy Leal Ciudad de Sevilla, セビリア大学図書館所蔵）に見るセビリアのアイリッシュ・カレッジ（セント・パトリックス・カレッジ，地図左端75），聖ヘルメネギルド・カレッジ（地図中央右71），イングリッシュ・カレッジ（セント・グレゴリー・カレッジ，地図右端74）

には学生補充の問題はなかったようである。そのためイングリッシュ・カレッジがアイリッシュ・カレッジに場所を提供するのは自然の成り行きで，「イングリッシュ」の体裁は残しながらも，1710年から1767年までセント・グレゴリー・カレッジは事実上アイリッシュ・カレッジとなった。1753年には，アンダルシアのアイルランド人商人社会から，アイリッシュ・カレッジをアイルランド・イエズス会の管理下に置くようにとの要望があったが，1767年のイエズス会追放令によって要望は実現不可能となる。イエズス会に対しては，教育に対する支配を回復し，宗教および教育の中央集権化を維持したい国王高権主義的なスペイン政府や，イエズス会の強大な勢力に対峙する在俗司祭や他の修道会からの批判があった。さらに，トマス主義を受け入れるイエズス会に対しては，人間の自由意志の無力および神の絶対的恩寵を唱えカトリシズム改革を主導するジャンセニスムから，その道徳神学の放縦さに強い批判があった。イエズス会の富と「政治的企て」に対する嫉妬や警戒感も追放令の背景にある。この追放令は，宗教的というよりは政治的措置であり，その結果スペインのイングリッシュ・カレッジ3校は，バリャドリードのセント・オルバンに統合されることとなる[69]。追放令の影響は当然セビリアのアイリッシュ・カレッジにも及び，同校は1769年には国王の命によりサラマンカのカレッジに統合されている。17世紀に入りアンダルシアの交易の中心がセビリアからカディスに移転し，アイルランド人交易商たちの関心も，大西洋に面しセビリアの外港となったカディスに移る中で，セビリアのアイルランド人コミュニティにおけるアイリッシュ・カレッジの地位にもすでに変化が現れていたと言えよう。

6. アイルランド人交易商の躍進と交易ネットワーク

アイルランドとイベリア半島の交易は，両地域をめぐる政治経済状況を反映してさまざまな変遷はあったが，イベリア半島側では，当初バスク沿岸部，アストゥリアス，アンダルシア，リスボン，ガリシアを重要拠点として展開

第3章　イベリア半島のアイルランド人移民コミュニティ・ネットワークとアイデンティティ　　121

されてきた。1585年から1604年にかけての20年間においては，イベリア半島でアイルランド人商人や交易商が躍動した最重要地は，まずビルバオやサン・セバスティアンの港を持つバスクとアストゥリアスが最上位に位置し，続いてわずかの差でアンダルシア，リスボン，ガリシアが続くという序列であった[70]。イベリア半島では，アイルランドに近く交流が密であった半島北部のバスク，カンタブリア，アストゥリアス，ガリシアの海岸都市との交易が最初に注目を集め，多くのアイルランド人商人が居住，非居住にかかわらずこれら北部地域で活躍した。しかし，世界の交易の中心が大西洋を挟んで新大陸に移ると，船舶による交易にはより便利な大西洋に面したアンダルシアのセビリアやカディス，ポルトガルのリスボンに注目が集まることとなる。海外交易の中心が，一部を除き半島北部から南部の諸港に移ったことになる。

　当初アイルランドと活発な商業活動を展開したバスクのビスカヤ地方の町ビルバオのアイリッシュ・コミュニティは，ウォーターフォード，コーク，キンセールといったアイルランド南部の商業港出身の富裕商人層が中心となって形成された。商工業地帯としてのビスカヤは，17世紀半ばに頭角を現し，続く18世紀にさらなる発展をとげる。アイルランドからの移民がセニョーリオ・デ・ビスカヤ（Señorío de Vizcaya）と呼ばれたビスカヤ領主の地に引き寄せられたのは，このような経済的発展があったからである。セニョーリオは現在のビスカヤ県よりも広範囲を占めるが，セニョーリオに最も多くのアイルランド人移民が押し寄せたのは1720〜40年と1750〜60年の期間であり，その後その数は減少していき，彼等のコミュニティの弱体化が顕著になる。それでもビスカヤにおける1791年のアイルランド人居住者数は，フランス人に次ぐ数を誇っていた。ビスカヤへの移民については，後述のカディスでも顕著であったアイルランド人各種ネットワークが機能していたことがうかがえる。特にアイルランドとビスカヤ間の親族ネットワークの利用は頻繁に見られ，子息をビスカヤに送る際，アイルランド出発前にビスカヤ，特に最大の町ビルバオ在住の親族によって仕事がすでに決まっていた

122　第Ⅱ部　歴史的検討

という事例は数多く確認できる。新規移住者にとって親族以外で頼りになる
存在は，すでに当地で地位を確立しつつあり移住者の信頼を集めていた修道
会および聖職者であった。イベリア半島南部のアンダルシアと比べると，北
部のビスカヤやガリシアでは，聖職者を中心としたアイルランド人コミュニ
ティ・ネットワークが比較的整備されていたという印象が残る。また，ビス
カヤにおいては，家族・親族ネットワークのみならず，アイルランド人の隣
人や友人関係を含めた同胞ネットが最も充実していたと考えられる。出身地
で同胞を結びつけていた関係は，ビスカヤに到着後も継続し，アイルラン
ド・コミュニティの結合要素として機能している。そのため，彼等の多くが
従事する交易や商工業が立地を重視する傾向があることから，彼等のコミュ
ニティはビスカヤ全体に広がるのではなく，ビジャ（Villa）と呼ばれるビ
ルバオ市内およびリア（Ría）と称されたビルバオ港とネルビオン川河口付
近に集中して形成された。港に近いことに加え，彼等が英語およびゲール語
に堪能であったことから，港内での通訳等海運関係の仕事で活躍する者も多
く見られた。
　こうしたアイルランド人ネットワークの中から生まれたのが商事会社であ
り，このような会社組織によって生み出された利益や失った損失は，商事会
社のメンバーが全員で分かち合うこととなる。さらにネットワークは，17世
紀末にかけて西ヨーロッパの海岸線に沿って広がり，イベリア半島では18世
紀半ばにビルバオやカディスが，アイルランド人コミュニティを持つ町とし
て知られるようになる。またビルバオのアイルランド社会が持つ商業ネット
ワークは，ビスケー湾や大西洋での交易活動を支えると同時に，カスティー
リャ内陸部のマドリードを中心としたメセタとの交易にも繋がっていた。ビ
ルバオの主な輸出品であった鉄のほかに，メセタから送られてきた羊毛の輸
出にもビルバオの果たす役割は大きかった。これら品目の輸出に，主要輸出
先であった英国市場において有利な立ち位置を維持していたアイルランド人
商人が活躍したことは言うまでもない。輸入についても同様に，ビルバオで
荷下ろしされた輸入品は，ビルバオのみならずカスティーリャ内陸部の需要

第3章　イベリア半島のアイルランド人移民コミュニティ・ネットワークとアイデンティティ　　123

にも応えるものであった。アイルランド人商人が特に専門に取り扱った品目は魚類と皮革である。交易で財を成し地域に同胞ネットワークを築き上げたアイルランド人は，交易に続きビスカヤにおける製造業の発展にも尽力している。ビスカヤは皮革製品の製造には適した環境にあり，アイルランド人コミュニティは素早くなめし革業界の有望性に目をつけたことになる。なめし革業者の多くは，ビスカヤ中心部のベゴニャ地区やアバンド地区のほかに，ネルビオン川を下り海に近いバラカルド地区に居住している。生皮はビルバオの港に大量に輸入され，ネルビオン川はなめし革業界にとって必要な水の提供と皮革の輸送に必要な海運を提供していた。なめし革業界を含め製造業においては，徒弟制度などはアイルランド人ネットワークを最大限に利用して成立していたし，商人層は同胞の職人をあらゆる分野で雇用しており，製造と商取引が一体となったアイルランド・コミュニティがビスカヤには形成されていた[71]。製造業の発展に寄与したアイルランド移民職人は，アイルランドにおける社会経済的背景は労働者階級の同質グループと見られ，貴族等他の移住者よりは遅れてビスカヤに到着している。ビスカヤのアイルランド人の商業活動は，アイリッシュという共通のアイデンティティによって巧みに展開されていたことがわかるが，ビスカヤという新しい社会の中で，アイルランド人グループとしての自治の維持かそれとも現地社会への統合かの度合いを推し量る重要なインディケーターは婚姻であった。移住アイルランド人たちは，当初ビスカヤでも不信の目で見られ軽蔑的なチギリス

写真9　アイルランド人移住者の経済・社会的状況の解明に重要な公証人記録を多く保管するビスカヤ地方歴史文書館正面（ビルバオ市）

（chiguiris）と呼ばれて，他の外国人と同様にビスカヤにおいて市民権を得ることは困難であった。そのような状況下，現地人との結婚に二の足を踏むのも理解できるが，彼等の婚姻を見ると，多くの場合アイルランド人同胞間での婚姻が一般的で，ビスカヤという新天地への統合・溶け込みよりは，アイルランド人グループの結束力の強化に向けての思いが優先されていたことが理解できる。彼等の寄進行為を見ても，その多くは，母国はもちろんのこと移住先のアイルランド人関連施設に送られており，そのような施設の代表格にヨーロッパ中に点在するアイリッシュ・カレッジや神学校があった。婚姻等におけるこのような同族意識（endogamia，同族結婚）は，同じイベリア半島北部では後述のガリシア地方でも見られ，また18世紀よりは17世紀に鮮明に見られた現象であった[72]。

　一方，ガリシア地方のア・コルーニャ，バイヨーナ，フェロルも，アイルランドのマンスター地方やコノート地方と密接な商業上の結びつきを維持していた。18世紀のガリシア地方におけるアイルランド人の存在は，地域社会では確かに付随的ではあったが決して重要性のない末梢的存在というわけではなかった。実は，ア・コルーニャはアイルランド人移民受け入れの中心地と言われ，各地への転戦のため一時的に滞在したアイルランド人傭兵は別としても，16世紀末以降の同市在住アイルランド人は，亡命者と商業従事者の２つの性格を保持していた[73]。そして彼等は，定住者，一時居住者を問わず，地域では社会的地位を保持し特別な役割を担っていた。16世紀末から17世紀中頃までの間に多くのアイルランド人がイベリア半島に移住したが，ガリシア地方のアイルランド人人口は，その後外見上減少の道をたどっている。それは，特にサンティアゴ・デ・コンポステーラとア・コルーニャにおいて，アイルランド人移民家族が現地のガリシア社会・文化に溶け込み始め，苗字のスペイン語化が進んでアイルランド人出身者と認識することが難しくなったことに加え，アイルランド本国からの新たな移民がほとんど到着しなくなったことが影響している[74]。ところで，イベリア半島以外ではスペイン領ネーデルラントにおいて，今日アイルランド人傭兵に関する研究が注目され

第3章　イベリア半島のアイルランド人移民コミュニティ・ネットワークとアイデンティティ　125

る中で，実はアイルランド人交易商の活躍も注目に値し，この方面での研究のさらなる深化が求められる。イベリア半島において交易商たちはアイリッシュ・コミュニティの中では一番の古株で，商業活動での収入源があり聖職者や亡命アイルランド貴族のようにスペイン王室の支援に頼る必要もなかったことから，他のグループと比べると規模は小さいながらも経済的にも独立し，ある程度自由に自身の活動域を拡げられる存在であった。さらにこれら交易商たちは，同胞の輸送や保護にもあたり，実際，1650年代に多くのアイルランド兵がアイルランドから大陸に移動したときには，兵の徴募が組織的に実行されたがゆえに，交易商たちは経済的にも社会的にも主たる受益者となった[75]。

　カトリック国ポルトガルにおいては，アイルランド人移民は十分に当地の文化や習慣に適応していた。しかし，ポルトガルに帰化する移民も存在した一方で，特に商人層の多くが英国臣民の地位を維持し続けていた。良好な英葡関係の下，ポルトガルでは交易と納税の両方で英国籍を有していたほうが有利だったからである。多大な影響力を持ったリスボンの英国商館が英国人のプロテスタント教徒により支配されていたにもかかわらず，アイルランド人交易商は英国の影響下での商取引を受け入れていたと考えられる。これは，この後言及するスペインのカディスでの交易が，アイルランド人カトリック教徒の影響下にあった事実とは対照的である[76]。リスボン震災時に被害の大きかったテージョ川近くに居住していたアイルランド人の被災状況も深刻であったが，彼等は震災後苦しい生活を強いられるも多くがリスボンに継続して留まっている。震災からの復興を目指したポンバルの改革は，アイルランド人にも少なからず影響を及ぼしたが，ポンバルが主に敵視したのは英国商館であり，英国臣民であったが商館に属さなかったアイルランド人に対しては比較的寛容な態度が示されている。震災後のリスボン復興には，アイルランド人教師や職工の力が必要であり，たとえば医師であったウォルター・ウェイドや在俗司祭であったマイケル・デイリーは，ポンバルの改革を積極的に支援している。1770年にはコルポ・サント教会とドミニコ会アイ

写真10　カイス・ド・ソドレ近くのアイリッシュ・パブ「オギリンス」

写真11　リスボンのフロレス通り。かつて多くのアイルランド人商人がこの周辺に居住した。坂を下り切った所がカイス・ド・ソドレ

リッシュ・カレッジがテージョ川近くの震災前の元の場所近くに再建されると，その近くに位置し今日ではテージョ川対岸へのフェリー発着港ともなっているカイス・ド・ソドレがリスボンの玄関口として整備され，そこへは多くの商船が入港していた。コルポ・サント教会がリスボン在住アイルランド人の心の拠り所であれば，カイス・ド・ソドレは彼等のリスボンにおける交易の中心地であった。今日この地で営業するアイリッシュ・パブ「オギリンス」は，コーク出身の商人で船用品やロープを扱っていたジョン・ホートンが，かつて18世紀末に店舗を構えていた場所にある。そして，カイス・ド・ソドレとそこから丘を上った今日のカモンエス広場とを結ぶフロレス通りやアレクリム通りには，多くのアイルランド人商人が居住していた。アレクリム通りには，1786年に英国商館集会所が建てられている。こうして1770年からの30年間に，リスボンのアイルランド人コミュニティは最盛期を迎える。

第 3 章　イベリア半島のアイルランド人移民コミュニティ・ネットワークとアイデンティティ　　127

このコミュニティには富裕層のみならず貧困層も住み着いていたが，住人の多くはコーク，ゴーウェイ，ウォーターフォード，リメリック，ダブリンの出身者で，北部アイルランドからの移住者はまれであった。リスボン在住アイルランド人の多くはポルトガル語を自由に操り，ポルトガル人やリスボンの外国人カトリック教徒と結婚する者も存在したが，リスボンのアイルランド人コミュニティでは，アイルランドの同輩間で婚姻話に至り，婚姻を通じた親族関係が次世代にまで商業活動等で威力を発揮する事例が多く見られた。基本的に彼等は，リスボンのポルトガル人社会への同化よりも，同族間での利益誘導を優先していたと考えられる。その一方で，ポルトガル文化に溶け込み，ポルトガル人との婚姻に至る商人たちの事例も散見することができる。父がアイルランド人，母がポルトガル人であった有名な商人カルロス・オニール（Carlos O'Neill）は，アイルランド人コミュニティのポルトガル社会への同化の代表例であろう。リスボンの南に位置するセトゥーバルの塩の輸出で財をなしたオニールは，フロレス通りや隣のエメンダ通りに居を構えていた[77]。

　一方，人口約30万のリスボンで，アイルランド出身者は数百人と少数であったが，彼等のコミュニティは周囲の注目を浴びる目立った存在であった。宗教関係者，亡命貴族，兵士等がコミュニティを構成していたが，最も数が多かったのは海上交易に携わる商人たちであった。現在もバター取引所跡やバター博物館があるコーク市は，アイルランドでバターの集積地として知られていたが，アイルランドからはバターや亜麻布，ポルトガルからは塩，ワイン，オレンジがそれぞれ輸出され，コークはリスボン・アイリッシュにとってアイルランドにおける最大の交易港となっていた。1760年代にはポルトガルと英国の貿易は落ち込み，代わってリスボン・アイリッシュの商人たちは，北アメリカやブラジル，さらにはワインやスピリッツの生産で知られたアゾレス諸島との取引に精力を傾けるようになる。英国のプロテスタント教徒によって支配されたリスボンの英国商館に属してはいなかったが，英国の臣民としてリスボンのアイルランド人カトリック教徒たちは，交易と税に

おいて英国商人と同等の特権を享受しており，また彼等は，ガラス，繊維，皮革産業等の分野でポルトガルの工業化に貢献している。反英感情を抱き続けたオールド・アイリッシュや，カトリック信仰の維持と宣教のためアイルランドへの帰国を考える聖職者や神学生と比べると，リスボンに限らずイベリア半島の他の港でも活躍するアイルランド人交易商たちは，英国との関係や付き合いの距離において前者ほどのこだわりはなかったようである。彼等は名目上イングランドの臣民であり，宗教改革後ポルトガル商人等カトリック教国の船舶には自国港への入港・交易を認めなかったイングランドやプロテスタント諸国も，アイルランド人交易商の船舶の出入りと商取引は認める傾向にあった。彼等は，イングランドの交易ネットワークを巧みに利用しながら，アイルランド人のアイデンティティも主張していったことになる。1780年代になるとアイリッシュ・カトリックの商人たちの中には英国商館の会員になる者も現れたが，それでも彼等にとっては，プロテスタント教徒の英国商館員よりは，ポルトガル商人のほうが緊密な関係を維持しやすかったことは言うまでもない。しかし，18世紀後半の啓蒙思想の興隆，イエズス会に対する弾圧，ジャコバイトによってジェームズ3世とされた老僭王（Old Pretender）ジェームズ・フランシス・エドワードの死去等の事件以降，アイルランドのカトリック教徒に対する厳しい規制がやや緩むようになり，それに伴ってアイルランドからポルトガルへの移住者数の低迷が始まる。同じ頃独立したアメリカ合衆国へのアイルランドからの移民が増加したことも，ポルトガルへの移民の減少に繋がった。その後，フランス革命，ナポレオン軍によるリスボン占領，絶対主義者と自由主義者の間で戦われ1834年まで続いた王位継承をめぐるポルトガル内戦は，リスボンのアイリッシュ・コミュニティにも少なからず影響を及ぼし，リスボンは徐々にアイルランド人の交易商からも敬遠される都市となっていった。1839年にはカイス・ド・ソドレにあったアイルランド人所有の最後の船荷倉庫も閉鎖されている[78]。

　一方，新大陸との交易が活況を呈すると，アンダルシアではセビリアが頭角を現し，その後同市の産業の衰退や同市を流れるグアダルキビル川の水位

第3章　イベリア半島のアイルランド人移民コミュニティ・ネットワークとアイデンティティ　129

の低下が見られると，大西洋に直接面したセビリアの外港サンルカール・デ・バラメーダやカディスの重要性が際立つこととなる。大西洋に直接出ることができた両外港は競い合ったが，新大陸との交易網（Carrera de Indias）のヨーロッパ側の中核都市の地位はカディスが勝ち取り，やがてセビリアの交易商の荷物でもセビリアの荷役を通さず直接カディスで船積みされるようになる[79]。1620年以降セビリアが取り扱う貨物量は，極端な下降線を示しており，100年の間にその量は5分の1まで減少している。そして1717年には，1503年にイサベル1世によって設立されさまざまな許認可権を保持して関税や出入国管理といった外国交易に関する権限を牛耳ってきた通商院（Casa de la Contratación de las Indias）が，セビリアからカディスに移転されると，国際貿易におけるセビリアの地位は大きく落ち込むことになる。1680年代にカディスはすでに新大陸交易の事実上のハブ港となっていたが，通商院のカディスへの移転という政治的措置によって，セビリアが独占してきた新大陸との交易独占権をカディスは獲得することになる[80]。セビリアが衰退する18世紀は，カディスにとって黄金の時代であり，アイルランド人交易商にとっても良き時代の到来であった。カルロス2世は，政府や軍隊への就職に関し，功績のみに基づいてスペイン人と同等の権利をアイルランド人移民に認め，1701年のスペイン国王勅書では，カトリック教徒のアイルランド人交易商に対して，王国内で自由な居住と就労をする権利が付与されている。さらに1718年および1759年の国王勅令によって，スペインに10年以上在住履歴があったり，スペイン人と結婚したりしたアイルランド人に対しては，自由な交易の権利と資産保有が認められる。これらの措置によって，彼等にとって魅力的な新大陸市場へのアクセスが可能となった[81]。カディスの興隆の中で，イエズス会追放後セビリアのアイリッシュ・カレッジがサラマンカに吸収されたことは，同市のアイルランド人社会にとってはさらなる打撃であった。

　新大陸とも商機を求めて活発に交流するアイルランド人商人社会にとっては，今やカディスの重要性は増すばかりであった。しかし，カディスのアイ

写真12　カディスのコンデ・デ・オレイリー通り

ルランド人社会に関しては，今日同市には断片的痕跡しか残されていない。アンダルシア総督としてカディス湾の防御の再編に挑み，1780年から86年までカディスにおいて政治および軍事面での総督を務めた先述のアレハンドロ・オレイリーに因んで名づけられたコンデ・デ・オレイリー通り，アングロ・アイリッシュであるアーサー・ウェルズリー（後の初代ウェリントン公爵）が1812年12月に滞在した市内の家が残り，カディス憲法発布に繋がる1812年のカディス議会でのアイルランド人の活躍等が記憶されるのみである。アイルランド生まれでスペイン軍に加わり国王カルロス3世の寵愛を受けたオレイリーは，長年軍人として新大陸で活躍し，プエルトリコ，キューバ，ルイジアナを連戦し，ルイジアナ総督も務め，スペイン帰国後は，アンダルシア方面司令官（capitán general de Andalucía）としてカディス湾の防衛システムを構築している。軍人としてのオレイリーは，スペインのみならずフランスでもその評価は高い[82]。さらに彼は，カディスにおいて，市を取り囲む城壁の構築のほかに市内サン・カルロス地区にローマ時代の送水路を再利用して市への飲料水の確保に貢献している[83]。カディスの交易はカディス湾側で行われたが，17世紀中期の地図を見ると，海岸沿いの城壁にはいくつか門が築かれ，そこで商品の取引がなされている。コンデ・デ・オレイリー通りは港に近く，アイルランド人商人もこの近辺に居を構え地域商業社会に溶け込んでいったと思われる。新大陸との交易の独占で街は栄え，カディスはヨーロッパでも最もコスモポリタンな港町として知られ，アイルランド人交易商たちもそのような雰囲気に溶け込ん

でいったと考えられる。カディスは，いわゆる人種のるつぼとしてさまざまな言語が話され，各国の書籍や雑誌が流通していた。多様性の町カディスには寛容の精神が根づき，ヘニサロス（jenízaros，混血の意）と呼ばれたスペイン生まれの外国人子弟に対しても，そのような精神に基づき裁判等で寛容な判決が下されている[84]。

　一方，新大陸からの代表も招き入れた1812年のカディス議会において，アイルランド人社会は違った挑戦に直面する。1700年にフェリペ5世の即位によって始まるスペイン・ブルボン朝において，アイルランド人社会はフェリペ5世を支援し巧みに政治の変化に対応していった。スペイン移住を果たしたアイルランド貴族にとっては，スペイン王室への忠誠が優先され，王室との接触の有無が情報の獲得，ひいては勢力維持にとって最重要事項となった[85]。しかし，19世紀初めに勃発した半島戦争は，スペイン社会におけるアイルランド・コミュニティのアイデンティティについて再考を強いることとなる。すなわち，彼等の忠誠心はスペイン国家と人民に対してのものなのか，それとも旧体制のスペイン王室と支援者のみに対してなのか問題提起されることとなる。この議論が表面化するのは，1812年のカディス議会においてであり，この議会でアイルランド人議員たちは自由主義政治思想を支持し，さらに彼等の中には，スペインへの忠誠よりは南米の独立運動に傾斜し，反乱者との連携を模索する者も現れた[86]。カディス議会は，これまでの経済交易分野のみならず，政治の領域においてもアイルランド人コミュニティの視野がイベリア半島を超えて遠く新世界に拡大する機会を与えることとなった。

　カディスでは，イタリア人（特にジェノア出身者），フランス人，スペイン人の交易商には取引量において後塵を拝したが，スペインとアイルランドの二重国籍を持つアイルランド人商人たちはかなりの数に上り，自分たちの取引に加え，取引が制限されていたロンドン商会の代理人として取引量をさらに積み上げていった。アイルランド人は自身のカトリック信仰と亡命者の立場を最大限に利用し，一方で「迫害者」のイギリスとは臨機応変に協力体制を築き，イベリア半島では仲介業者として機能していた[87]。税や軍役の状

132　第II部　歴史的検討

況把握や移民管理のために18世紀に行われた各種住民調査簿（padrones）
を見ると，明らかにアイルランド人と思われる名前を持った家族は，1709年
に21であったのが，1773年には125まで増加している。カディスにはアイル
ランドのジャコバイトが多数住み着き，またオレイリーに加え，カディスの
海務監督からスペイン海軍准将まで登りつめたエンリケ・マクドネル等の活
躍もあり，カディスにおけるアイルランド人の評価は上がり，カディスの上
流階層に受け入れられる一助となった。総数としてはカディスのアイルラン
ド人の人口はジェノアやフランスからの移住者を下回ったが，それでも18世
紀半ばには外国人居住者の18％を占めるにいたる[88]。さらに商人階層だけを
見ると，アイルランド人が占める割合は非常に高いレベルを維持していた。
カディス在住アイルランド人の62％が商業関係者であったとの数値もある。
彼等は，輸出入のほかに船舶の売買，リスク融資，海上保険，金融取引に関
与し，仲介業者としてカディスの商取引のあらゆる分野で活躍していた。一
方，スペインに帰化することによって，スペインの植民地交易に自由かつ合
法的に参入できるという特権が付与されたにもかかわらず，実際18世紀を通
じてカディスで発行された帰化証明書（carta de naturaleza）の数は少な
かった。18世紀末にはカディスの人口の10％が，さらに商人の2人に1人が
外国人であったことを考えると，この事実は驚きである[89]。

　アイルランド人移住者の婚姻においても，特に第1世代においては商取引
の拡大に寄与することを念頭に縁組がまとめられ，アイルランド人同士の結
婚が多かった。技術革新が始まる以前は，信頼のおける人的ネットワークの
存在が商業活動にとって最も重要であったが，その中でも家族や同族ネット
ワークの重要性は，アイルランド人コミュニティの間で特に認識されてい
た。すなわち，家族やすでにカディスに定着した同郷職業人の間の絆に基礎
を置く統合モデルが，彼等の間で顕著に見られた[90]。アイルランド人商人に
とって家族は商活動に安定をもたらす資本であり，資金調達や信頼のおける
出資者および従業員の獲得には威力を発揮した。アイルランド人移民社会の
信頼関係は，家族と民族意識の2つに根ざしていたと言える[91]。一方，地元

スペイン人コミュニティへの溶け込みは，アイルランド人とスペイン人交易商間の軋轢に阻まれ進展することはなかった。後者が前者のスペイン市場への，特に新大陸市場への参入に反発したからである。そのような状況下アイルランド人交易商たちは，カディスの商工会議所に加わったり小貴族の称号を買い取ったりして，スペイン社会に何とか溶け込もうと努力するが，両者の摩擦が解消されることはなかった。これらの努力によって，アイルランド人交易商や彼等のコミュニティのカディスにおける地位が強化されたことは容易に想像できる。カディスにおける彼等の交易上の成功は，たとえばフランスへ移住し同じように地元商業従事者たちとの軋轢に悩まされ放浪者呼ばわりされたフランス在住アイルランド人交易商たちとは対照的である。しかし，このようなカディスの発展も，終わりのない貿易紛争，イギリス私掠船の執拗なまでのスペイン船攻撃，そしてとどめとしてのトラファルガー沖海戦によって終焉を迎える。商人階級がカディスから大挙して離れたことは，カディスのアイルランド人コミュニティに大きな影響を与えることとなった[92]。

7．おわりに

　本章の総括として，まずスペイン，特にカスティーリャにおける先住民と外国人の関係について触れたい。アイルランド人の現地への同化か彼等独自のコミュニティ形成かの議論に関係するからである。17世紀頃からスペイン王室や地元コミュニティでは，外国人を定住（avecindado）外国人と短期滞在（transeúnte）外国人に区別するようになる。さらに，スペインにおいてネイティヴ（nativo）の意味は，今日の自国民（nacional）と同義ではない。最も重要な区別は自国民と外国人の間の違いではなく，ネイティヴとノン・ネイティヴとの間の相違である。それにより，外国人でも定住であるか，それとも短期滞在かによって法的区別がつけられる。前者は，永住を望み母国よりもスペインの地元社会に積極的に関与しようとすれば，ネイティヴと

見なされスペイン王の臣民となる。それゆえ，スペイン，特にカスティーリャにおけるネイティヴのコミュニティとは，当地で生まれ育った者のほかに，現地の文化に適応し定住を決めた外国人や帰化外国人も含まれる[93]。このことは，スペイン社会への同化に対する障壁が，法的にも実質的にもアイルランド人移民にとっては低く設定されていたことを意味する。さらに，先述の定住アイルランド人に対する各種優遇措置が，現地社会への同化の促進に寄与したことは十分考えられる。しかし，スペイン文化への適応は果たしても，スペイン人との婚姻を通じてのスペイン文化への同化には，一部を除いてアイルランド人の間でそれほどの積極性は見られなかった。貴族はさておき特に商人層にとっては，同族間での婚姻のほうが交易における利益誘導に有利であった事実が垣間見える。キンセールでの敗戦後イベリア半島に渡ったアイルランド人に対するスペインの対応は，イングランドと戦う同じカトリック教徒の同志として同情はしても，亡命者の人数とその要求に懸念を覚え冷ややかな対応に終始する場面もあった。それが，フランス革命の影響がイベリア半島にも及ぶ18世紀末には，アイルランド人定住者に対するスペイン人の反応は彼等を同国民と呼ぶほどの関係に改善されている。17世紀初頭の段階では商業従事者を除くアイルランド人移民の多くには，将来的に本国に帰還してカトリック信仰とかつての生活を取り戻そうとする強い意志が確認でき，現地社会に溶け込むことは二義的な課題でしかなかった。同化・定住に積極的でないそのような移民に対するスペイン人の冷ややかな態度が，フランス革命から半島戦争に至る混乱の中で，同じカトリック教徒としての親近感も手伝って改善されたわけである。

　さらに，アイルランドにおけるカトリック教徒解放の動き，具体的にはアイルランドの政治家ダニエル・オコンネルの運動やアングロ・アイリッシュのウェリントン公等の働きによって1829年にカトリック解放法（Catholic Emancipation Act）が制定され，本国アイルランドでのカトリック教徒迫害の厳しさが緩和されたことで，イベリア半島のアイルランド人の間でも英国に対するこれまでの強硬な対決路線が幾分影を潜めていった。また，18世

第3章　イベリア半島のアイルランド人移民コミュニティ・ネットワークとアイデンティティ　　135

紀末にメイヌースにおいてカトリックの神学教育機関セント・パトリック
ス・カレッジが設立されたことは，イベリア半島を含む大陸におけるアイ
リッシュ・カレッジ維持の必要性が減少したことを意味し，そのことは同時
に，アイルランド人コミュニティの核となるカレッジの存在意義が希薄化す
る結果を招いている。半島戦争以降アイルランド人交易商たちも，イベリア
半島の諸港にアイリッシュ・コミュニティを形成しようとする動機が減退す
るなかで，18世紀半ばのアイルランドでのジャガイモ飢饉が原因で始まった
大規模な海外移住は，アイルランド人の関心が，徐々にヨーロッパ大陸から
北米やオーストラリアに移っていく契機となった。

〔注〕
1) 拙稿「宗教改革後のアイルランドとヨーロッパ」『思想』2012年11月号，No. 1063（岩
　波書店）169, 211-2 頁。
2) Ciaran O'Scea (2015) *Surviving Kinsale: Irish emigration and identity formation
　in early modern Spain, 1601–40* (Manchester, Manchester University Press), p. 58.
3) スペインの文献では，交易商や商人を意味する語として comerciante と mercader が
　使用されるが，17世紀文献では両語はほぼ同義でともに「卸売業者」(mayorista) を意
　味した。18世紀半ばになると，前者は卸業者，後者が小売商 (minorista) を意味するよ
　うになる。M. Carmen Lario de Oñate (2015) 'Casas de Comercio Irlandesas en el
　Cádiz Dieciochesco' in Enrique García Hernán & Ryszard Skowron, eds., *From
　Ireland to Poland: Northern Europe, Spain and the Early Modern World* (Valencia,
　Albatros), p. 197. 本稿では両語の区別はつけず，交易商や商人と言った場合も，商業
　従事者全般に言及するものとする。
4) 詳細は，ミホル・オショクル「17世紀中期アイルランドにおける戦争と和平」『思想』
　2012年11月号，No. 1063（岩波書店）116-39頁を，クロムウェル遠征については，Mi-
　cheál Ó Siochrú (2009) *God's Executioner: Oliver Cromwell and the Conquest of
　Ireland* (London, Faber and Faber, paperback) を参照。
5) Igor Pérez Tostado (2008) *Irish Influence at the Court of Spain in the Seven-
　teenth Century* (Dublin, Four Courts Press), p. 31.
6) Gráinne Henry (1995) 'Women "Wild Geese", 1585–1625: Irish Women and Mi-
　gration to European Armies in the Late Sixteenth and Early Seventeenth Centu-
　ries', in Patrick O'Sullivan, ed., *Irish Women and Irish Migration* (London, Leister
　University Press), pp. 23-9 ; O'Scea, *Surviving Kinsale*, pp. 46-7.

7) Patrick J. Duffy, ed. (2004) *To and from Ireland: Planned Migration Schemes c. 1600–2000* (Dublin, Geography Publications), p. 5.

8) Mary Ann Lyons (2003) *Franco-Irish Relations, 1500–1610 Politics, Migration and Trade* (Woodbridge Suffolk, Royal Historical Society), pp. 171–3.

9) Karin Schüller (1999) *Die Beziehungen zwischen Spanien und Irland im 16. und 17. Jahrhundert: Diplomatie, Handel und die Soziale Integration Katholischer Exulanten* (Münster, Aschendorff), pp. 112–3.

10) Cristina Borreguero Beltrán (2000) 'Soldados Irlandeses en el Ejército Español del Siglo XVIII' in Maria Begoña Villar García, coord. *La emigración irlandesa en el siglo XVIII* (Málaga, Universidad de Málaga), p. 104.

11) O'Scea, *Surviving Kinsale*, pp. 156, 137, 181.

12) Samuel Fannin (2003) 'The Irish community in eighteenth-century Cádiz' in Thomas O'Connor & Mary Ann Lyons, eds., *Irish Migrants in Europe after Kinsale, 1602–1820* (Dublin, Four Courts Press), p. 137.

13) ヒュー・オニールやローリー・オドネル等のゲール人族長たちのローマへの困難を極めた逃避行については，Liam Swords (2007) *The Flight of the Earls: A Popular History* (Dublin, Columba Press)，および拙稿「『ゲール人族長達の逃走』とルーヴェン，ローマのアイリッシュ・カレッジ」『専修大学人文科学研究所月報』第288号（2017年7月）に詳細がある。

14) Ciaran O'Scea, 'The significance and legacy of Spanish intervention in west Munster during the battle of Kinsale' in O'Connor & Lyons, *Irish Migrants in Europe after Kinsale*, pp. 32–63.

15) Tostado, *Irish Influence at the Court of Spain*, pp. 118–9. ルーク・ワディングについては，拙稿「『ゲール人族長達の逃走』とルーヴェン，ローマのアイリッシュ・カレッジ」を参照されたい。

16) Ciaran O'Scea, 'Irish emigration to Castille in the opening years of the seventeenth century', in Duffy, ed., *To and from Ireland*, pp. 17–37; O'Scea, *Surviving Kinsale,* pp. 39–42.

17) Jane H. Ohlmeyer, ed. (2002) *Ireland from Independence to Occupation 1641–1660* (Cambridge, Cambridge University Press, paperback), pp. 98–99.

18) O'Scea, *Surviving Kinsale*, pp. 78–82.

19) Schüller, *Die Beziehungen*, p. 115.

20) Tostado, *Irish Influence at the Court of Spain*, p. 28.

21) Patricia O'Connell (2001) 'The early-modern Irish college network in Iberia, 1590–1800' in Thomas O'Connor, ed., *The Irish in Europe, 1580–1815* (Dublin, Four Courts Press), pp. 52–53; Patricia O'Connell (1997) *The Irish College at Alcalá de Henares 1649–1785* (Dublin, Four Courts Press), pp. 11–15.

第3章　イベリア半島のアイルランド人移民コミュニティ・ネットワークとアイデンティティ　　137

22）オールド・アイリッシュはアイルランド土着のゲール人であり，一方，オールド・イ
　　ングリッシュは，1169年に始まるノルマン人のアイルランド侵攻以後アイルランドに住
　　み着くようになったノルマンディー，ウェールズ，イングランドからの移住者の子孫の
　　ことである。16世紀から17世紀のテューダー朝およびステュアート朝期にイングランド
　　からアイルランドに移り住み，アイルランド支配の手段として本国のプロテスタンティ
　　ズムを導入しようとしたニュー・イングリッシュに対しては，カトリックを信奉する
　　オールド・アイリッシュ，オールド・イングリッシュ双方とも強く反発したが，彼等の
　　移住先であるヨーロッパ大陸では，両者の間に熾烈なライバル関係が存在した。ステュ
　　アート王朝をアイルランド侵略者として反抗を試みたオールド・アイリッシュに対し，
　　オールド・イングリッシュは，ステュアート王朝と良好な関係を維持しようとしたこと
　　もあり，イングランドとの和平を推し進める時期におけるスペイン政府にとって後者は
　　都合のよい存在であった。O'Connell, 'The early-modern Irish college network in
　　Iberia, 1590–1800', p. 50.
23）Ciaran O'Scea, 'The devotional world of the Irish Catholic exile in early-modern
　　Galicia, 1598–1666' in O'Connor, ed., *The Irish in Europe,* pp. 27–30, 41.
24）Karin Schüller, 'Irish migrant networks and rivalries in Spain, 1575–1659', in O'
　　Connor & Lyons, eds., *Irish Migrants in Europe after Kinsale*, pp. 88–91.
25）Karin Schüller, 'Inmigrantes Irlandeses en España en la Primera Mitad del Siglo
　　XVII: Condiciones Básicas para una Integración' in García, coord. *La emigración
　　irlandesa en el siglo XVIII*, p. 210.
26）Schüller, *Die Beziehungen*, p. 208.
27）Enrique García Hernán (2009) *Ireland and Spain in the Reign of Philip II* (Dub-
　　lin, Four Courts Press), p. 231.
28）George B. Clark (2010) *Irish Soldiers in Europe 17th-19th Century* (Cork, Mercier
　　Press), pp. 32–34.
29）María del Carmen Saavedra Vázquez (1996) *Galicia en el Camino de Flandes* (A
　　Coruña, Edicios do Castro), pp. 157–158; Maria Begoña Villar García (2006) 'Irish
　　migration and exiles in Spain: refugees, soldiers, traders and statesmen' in Thom-
　　as O'Connor & Mary Ann Lyons, ed., *Irish Communities in Early-Modern Europe*
　　(Dublin, Four Courts Press), pp. 173, 189.
30）Ibid., pp. 189–191.
31）Tostado, *Irish Influence at the Court of Spain*, pp. 34–36.
32）Stephen McGarry (2013) *Irish Brigades Abroad: From the Wild Geese to the Na-
　　poleonic Wars* (Dublin, History Press Ireland), pp. 64–68.
33）Maria Begoña Villar García, 'Los Irlandeses en la Andalucía del Siglo XVIII' in
　　García, coord. *La emigración irlandesa en el siglo XVIII*, p. 249.
34）Clark, *Irish Soldiers in Europe*, pp. 71–82.

138   第Ⅱ部　歴史的検討

35) John McCafferty (2014) 'Leuven as a centre for Irish religious, academic and po-
litical thought' in Éamonn MacAodha & Aileen Murray, eds., *Ireland and Belgium:*
Past Connections and Continuing Ties (Department of Foreign Affairs and Trade,
Embassy of Ireland to the Kingdom of Belgium). スペイン領フランドルに駐留する
アイルランド連隊から現地アイルランド人コミュニティへの援助と両者の相互関係につ
いては，Mary Ann Lyons (2009) 'The role of St Anthony's College, Louvain in es-
tablishing the Irish Franciscan college network, 1607–60' in Edel Bhreathnach et
al., *The Irish Franciscans 1534–1990* (Dublin, Four Courts Press), pp. 30–31を参照。

36) もちろんその後もフランス軍に雇われる傭兵も多く，1798年にカトリック教徒解放と
議会改革を求めて蜂起し鎮圧されたユナイテッド・アイリッシュメンの残党等を集めた
アイルランド人部隊も組織されている。途中名称変更はあったが，1803年から1815年ま
ではナポレオンのアイルランド侵攻を目的にアイルランド軍団（La Légion irlandaise）
が存在し，同軍団はその後半島戦争等でナポレオン軍の一翼を担うこともあった。
Nicholas Dunne-Lynch (2009) 'The Irish Legion of Napoleon, 1803–15' in Nathalie
Genet-Rouffiac & David Murphy, eds., *Franco-Irish Military Connections, 1590–*
1945 (Dublin, Four Courts Press), pp. 189–218.

37) Beltrán, 'Soldados Irlandeses en el Ejército Español del Siglo XVIII', pp. 108–25.

38) Miguel Luis López-Guadalupe Muñoz, 'Irlandeses al Servicio del Rey de España
en el S. VIII. Caballeros de Hábito' in García, coord. *La emigración irlandesa en*
el siglo XVIII, pp. 166–168, 177, 179–181.

39) O'Scea, *Surviving Kinsale*, pp. 196, 207.

40) John J. Silke (1973) 'Irish Scholarship and the Renaissance, 1580–1673', *Studies*
in the Renaissance, vol. 20, pp. 187–188.

41) William Croft (2013) *Historical Account of Lisbon College* (Miami, Hard Press,
reprint), p. 2.

42) Peter Guilday (1914) *The English Catholic Refugees on the Continent 1558–1795*
(London, Forgotten Books), vol. 1, pp. 64–65.

43) Patricia O'Connell (2007) *The Irish College at Santiago de Compostela 1605–1769*
(Dublin, Four Courts Press), pp. 129–131; Ofelia Rey Castelao, 'Inmigrantes Irland-
eses en la Galicia del Periodo Moderno' in García, coord. *La emigración irlandesa*
en el siglo XVIII, pp. 196–197; eadem, (2002) 'Exiliados Irlandeses en Santiago de
Compostela desde Fines del XVI a Mediados del XVII' in Enrique García Hernán
et al., *Irlanda y la Monarquía Hispánica: Kinsale 1601–2001. Guerra, Política, Exilio*
y Religión (Madrid, Consejo Superior de Investigaciones Científicas), p. 97.

44) その他にイエズス会に対しては，この修道会が優秀な学生を修道司祭に勧誘し，アイ
ルランドでの宣教・司牧ではなく，イエズス会のために働く道に誘導しているとの批判
が起こっている。Tadhg Ó hAnnracháin (2002) *Catholic Reformation in Ireland:*

The Mission of Rinuccini 1645–1649 (Oxford, Oxford University Press), p. 55.

45) O'Connell, *The Irish College at Santiago de Compostela*, pp. 134–155, 145–147, 150–152.

46) パリのアイリッシュ・カレッジの歴史については，現在パリのパンテオン近くに所在するアイルランド文化センター（Centre Culturel Irlandais, Paris）のサイト（https://www.centreculturelirlandais.com/）でLE CCI→Histoireと検索すると，リアム・チェムバースによる短い論文 Liam Chambers, 'The Irish Colleges in Paris, 1578–2002: History' を英仏両語で購読することができる。

47) Patricia O'Connell (2001) *The Irish College at Lisbon, 1590–1834* (Dublin, Four Courts Press), p. 131.

48) Minica Henchy (1981) 'The Irish College at Salamanca', *Studies: An Irish Quarterly Review*, vol. 70, no. 278/279, p. 220.

49) Thomas J. Morrissey (1979) *James Archer of Kilkenny* (Dublin, Studies Special Publications), pp. 36–37; St Patrick's College (Maynooth, Ireland), Salamanca Archive, SP/S/93/ 8 （52/ 9/ 1 ）Account of dissensions in the College between the Old Irish and the Anglo Norman Irish, Franciscans v. Jesuits および SP/S/93/ 9 （52/10/ 1 ）Account of Dissensions in the College, Early Years, Leinster + Munster v. Ulster + Connaught. コンリーの活躍については，拙稿「『ゲール人族長達の逃走』とルーヴェン，ローマのアイリッシュ・カレッジ」を参照されたい。

50) 現在サラマンカのアイリッシュ・カレッジ跡は，ガリシア出身学生のためにこの場所にカレッジを創設したサンティアゴ・デ・コンポステーラ大司教アロンソ・デ・フォンセカ（Alonso de Fonseca）に因んで「フォンセカ大司教カレッジ（Colegio Mayor del Arzobispo Fonseca）」と称され，サラマンカ大学の 4 つのコレヒオ・マヨールの 1 つを形成する。宿泊および食堂施設があり，各種文化事業も行われているが，現在同カレッジとアイルランドとの直接的関係はない。

51) Morrissey, *James Archer of Kilkenny,* p. 37.

52) リスボンのイングリッシュ・カレッジは，著名なロバート・パーソンズ（Robert Persons）によって当初は移住者や商人たちへの司牧のためのレジデンスとして1594年に設立され，1622年にカレッジとなっている。パーソンズはその他にバリャドリード，セビリア，マドリードでイングリッシュ・カレッジを創設している。Simon Johnson (2014) *The English College at Lisbon* (Bath, Downside Abbey), p. 12. 彼はエドマンド・キャンピオン（Edmund Campion）とともにプロテスタント・イングランドが最も恐れたイエズス会司祭であった。

53) リスボンの英国人移民コミュニティでは，イエズス会と在俗司祭の間には親和的関係が維持され，同じような状況はアイリッシュ・カレッジにも見られた。しかし，イングリッシュ・カレッジを含めリスボンの英国人カトリック機関は，ポルトガル・イエズス会への依存関係から抜け出し，この修道会の介入に反発する方向に舵を切っている。レ

140   第Ⅱ部　歴史的検討

ジデンスおよびイングリッシュ・カレッジは，リスボンの聖俗のエリートからカレッジ存続のための支援を受けていたが，もう一つの彼等の資金源としては，プロテスタント交易商や水夫の摘発等によって異端審問所に協力することから得られる当局からの支援があった。Ibid., pp. 11, 13, 33-35. 同じようなイングリッシュ・カレッジと異端審問所との協力関係は，後述のセビリアでも見られる。

54) Irish Jesuit Archives, ICOL/LIS/3, p. 26. このイエズス会文書館所蔵のリスボン関連史料については，同文書館のアーキビストであるダミエン・バーク氏（Damien Burke）の教示を得た。

55) オデイリーに関しては，Charles Herbermann, ed. (1917) *Catholic Encyclopedia* (New York, The Encyclopedia Press) 中の 'Daniel O'Daly' の項目，Margaret Mac-Curtain (2017) *Ambassador Extraordinaire: Life of Daniel O'Daly 1595-1662* (Dublin, Arlen House)，および Honor McCabe (2007) *A Light Undimmed: The Story of the Convent of Our Lady of Bom Successo Lisbon 1639-2006* (Dublin, Dominican Publications) を参照。リスボンのドミニコ会については，ダブリン近郊にあるアイリッシュ・ドミニコ会文書館のアーキビストであるマシュー・ブルトン氏（Matthew Bruton）の教示を受けた。

56) Francis Finegan, ed., 'The Biographical Dictionary of Irish Jesuits in the Time of the Society's Third Irish Mission 1598-1773', Irish Jesuits Archives, Dublin 所蔵。

57) ブラガンサ王朝期にアイルランド人のポルトガル王室への接近はかなり頻繁に見られたが，初代国王ジョアン4世から1706年に死去するペドロ2世までの状況は，Joana Pinheiro de Almeida Troni (2010) 'Irish at the Portuguese Court in the Seventeenth Century' in Igor Pérez Tostado & Enrique García Hernán, eds., *Irlanda y el Atlántico Ibérico: Movilidad, participación e intercambio cultural (1580-1823)* (Valencia, Albatros Ediciones), pp. 155-163に詳細がある。

58) しかし，リスボンのイングリッシュ・カレッジにおいては，現在のフランス北部に位置するドゥエーやサントメール（Saint-Omer）のイングリッシュ・カレッジで活躍したイエズス会士トマス・ホワイトが1630年にリスボンに着任し，イングリッシュ・カレッジの校長を務めている。ホワイトの指導体制は，スペイン領フランドルのイングリッシュ・カレッジとの強い結びつきを物語るとともに，リスボンの異端審問所との微妙な関係でも知られる。Johnson, *The English College at Lisbon*, pp. 80-81.

59) スペインからのイエズス会追放は1767年に実施される。

60) Declan M. Downey & Pedro O'Neill Teixeira (2008) *A Lisbon Tour of Irish Interest* (Lisbon, The Irish Embassy in Portugal and the Turismo de Lisboa), pp. 25-27; O'Connell, *The Irish College at Lisbon*, pp. 22-9.

61) Ibid., pp. 29, 34.

62) Ibid., pp. 116-117, 136.

63) Martin Murphy (1992) *St. Gregory's College, Seville 1592-1767* (London, Catholic

第3章　イベリア半島のアイルランド人移民コミュニティ・ネットワークとアイデンティティ　　141

Record Society), pp. 22–30.

64) マドリードのアイリッシュ・コミュニティについては，エンリケ・ガルシア・エルナ
ン教授 (Enrique García Hernán) の 2 論文 'El Colegio de San Patricio de los Irlan-
deses de Madrid', *Revista de arte, geografía e historia*, no. 8, pp. 219–246および
'Clérigos irlandeses en la corte de Madrid' in Declan M. Downey & Julio Crespo
MacLennan, eds. (2008) *Spanish-Irish Relations through the Ages* (Dublin, Four
Courts Press), pp. 49–71が参考になる。

65) 1766年から12年間のこのカレッジの巡察記録 (Auto de Visita) を見ても，巡察日と
巡察使の名前のほかには目立った情報の収録はない。St Patrick's College, Salamanca
Archive, SP/S/40/ 4 1766–1778 Visitors' book from Alcala.

66) 開校をバリャドリードのアイリッシュ・カレッジと同じ1590年とする説もある。
García, 'Los Irlandeses en la Andalucía del Siglo XVIII', p. 247.

67) O'Connell, *The Irish College at Alcalá de Henares*, pp. 16–20.

68) アルカラのアイルランド人コミュニティについては，Óscar Recio Morales (2004)
*Irlanda en Alcalá: La comunidad irlandesa en la Universidad de Alcalá y su proye-
cción europea, 1579–1785* (Alcalá de Henares, Fundación Colegio del Rey) に詳細
がある。

69) John J. Silke (1961) 'The Irish College, Seville', *Archivium Hibernicum*, vol. 24,
pp. 103–47; Murphy, *St. Gregory's College, Seville*, pp. 1 –30. セビリアのかつてのイ
ングリッシュ・カレッジおよびアイリッシュ・カレッジの立地場所の確認については，
現地でパブロ・デ・オラビデ大学のイゴル・トスタード (Igor Tostado) 教授の協力を
得た。

70) Schüller, *Die Beziehungen*, pp. 82–83.

71) Amaia Bilbao Acedos (2003) *The Irish Community in the Basque Country c.
1700–1800* (Dublin, Geography Publications), pp. 12–16, 21–29, 35–37, 43, 50. アイル
ランド人移民とビスカヤのなめし革業界との関係については，Amaia Bilbao Acedos
(1999) 'Los irlandeses y el sector del curtido en Bizkaia en el siglo XVIII', *Bidebar-
rieta*, número 4, pp. 295–309を参照。

72) Acedos, *The Irish Community*, pp. 50–51; O'Scea, *Surviving Kinsale*, p. 194.

73) María del Carmen Saavedra Vázquez, 'La Participación de Galicia en el Socorro
de Irlanda y la Comunidad Irlandesa de la Coruña' in García Hernán et al., *Irlan-
da y la Monarquía Hispánica*, pp. 123–129.

74) Castelao, 'Inmigrantes Irlandeses en la Galicia del Periodo Moderno', pp. 185–
186.

75) Tostado, *Irish Influence at the Court of Spain*, pp. 31–33; Schüller, 'Inmigrantes
Irlandeses en España en la Primera Mitad del Siglo XVII', p. 211.

76) Pedro O'Neill Teixeira, 'The Lisbon Irish in the 18th Century' in Tostado &

García Hernán, eds., *Irlanda y el Atlántico Ibérico*, pp. 253–254. イングランド人カトリック交易商も，リスボンではプロテスタント商人に押され気味であったが，カディスに近く支倉常長の上陸地でもあったサンルカール・デ・バラメーダにおいては，彼等は交易における大きな勢力を維持していた。Johnson, *The English College at Lisbon*, pp. 28–29. 一方，カディス湾周辺のサンルカール，カディス，プエルト・デ・サンタ・マリアの3港を管轄する領事職については，イエズス会の支持を得たイングランド人領事トマス・ジェームズが就任していたことに対し，先述のフローレンス・コンリーによる批判がなされる。コンリーはスペイン王に嘆願し，カトリック教徒とは言え敵国イングランドを代表するジェームズではなく，アイルランド人領事の任命を求めている。コンリーのこのような動きは，この地域におけるアイルランド人のアイデンティティ確立のためと考えられるが，イエズス会に対する不信がその背景にあったかもしれない。G. Martín Murphy, 'Irish Merchants and Clerics at Seville, 1592–1614' in García Hernán et al., *Irlanda y la Monarquía Hispánica*, pp. 488–489.

77) Downey & Teixeira, *Lisbon Tour of Irish Interest*, pp. 34–49.

78) Teixeira, 'The Lisbon Irish in the 18th Century', pp. 256–266.

79) 外港カディスの勝利については，Albert Girard（2006）*La Rivalidad Comercial y Marítima entre Sevilla y Cádiz hasta Finales del Siglo XVIII*（Sevilla, Centro de Estudios Andaluces）に詳細がある。この書は仏語の原著から翻訳されたものである。

80) Patrick O'Flanagan（2008）*Port Cities of Atlantic Iberia, c. 1500–1900*（Aldershot, Ashgate Publishing），pp. 73–77.

81) Óscar Recio Morales, '«De Nación Irlandés»: Percepciones Socio-Culturales y Respuestas Políticas sobre Irlanda y la Comunidad Irlandesa en la España del XVII' in García Hernán et al., *Irlanda y la Monarquía Hispánica*, p. 316; Samuel Fannin, 'The Irish community in eighteenth-century Cádiz' in O'Connor & Lyons, *Irish Migrants in Europe after Kinsale*, p. 137.

82) Andrew O'Reilly（1856）*The Irish Abroad and at Home; at the Court and in the Camp*（New York, D. Appleton），pp. 133–136.

83) Óscar Recio Morales（2017）'O'Reilly, Alejandro（Conde de O'Reilly）', *Historia Militar de España*, vol. vi, pp. 577–580.

84) Julián B. Ruiz Rivera（1988）*El Consulado de Cadiz: Matricula de Comerciantes, 1730–1823*（Cadiz, Diputación Provincial de Cádiz），p. 36.

85) Óscar Recio Morales（2010）*Ireland and the Spanish Empire 1600–1825*（Dublin, Four Courts Press）. pp. 179–183.

86) カディス議会におけるアイルランド人の活躍については，Enrique García Hernán & M. Carmen Lario de Oñate, eds.（2013）*La presencia irlandesa durante las Cortes de Cádiz en España y América, 1812*（Valencia, Albatros Ediciones）を参照。一方，新大陸を代表してカディス議会に参加した代議員たちは，議会内の立憲自由主義勢力が

第3章　イベリア半島のアイルランド人移民コミュニティ・ネットワークとアイデンティティ　143

新大陸の苦悩に対する解決策を提供すると考え，彼等に同調する傾向があった。新大陸の代議員の詳細は，Marie Laure Rieu-Millan（1990）*Los Diputados Americanos en las Cortes de Cádiz*（Madrid, Consejo Superior de Investigaciones Científicas）を参照。

87) M. Carmen Lario de Oñate（2000）*La colonia mercantile británica e irlandesa en Cádiz a finales del siglo xviii*（Cadiz, Universidad de Cádiz）. カディス市におけるアイルランド人の痕跡については，現地においてこの書の著者であるカディス大学のラリオ・デ・オニャテ教授の教示を受けた。

88) García, 'Los Irlandeses en la Andalucía del Siglo XVIII', p. 252.

89) Óscar Recio Morales & Thomas Glesener, coords.（2011）*Los Extranjeros y la Nación en España y la América Española*（Madrid, Universidad Complutence）, pp. 123–144.

90) Paloma Fernández Pérez, 'Comercio y Familia en la España Pre-industrial: Redes y estrategias de immigrantes irlandeses en el Cádiz del siglo XVIII' in García, co-ord. *La emigración irlandesa en el siglo XVIII*, p. 134.

91) Lario de Oñate, 'Casas de Comercio Irlandesas en el Cádiz Dieciochesco', p. 202.

92) Fannin, 'The Irish community in eighteenth-century Cádiz', pp. 138–141; Andrea Knox（2007）'Women of the Wild Geese: Irish Women, Exile and Identity in Spain, 1750–1775' in Enda Delaney & Donald M. MacRaild, eds., *Irish Migration, Networks and Ethnic Identities since 1750*（London, Routledge）, p. 5.

93) Ciaran O'Scea（2010）'Special Privileges for the Irish in the Kingdom of Castile（1601–1680）: Modern Myth or Contemporary Reality?' in David Worthington, ed., *British and Irish Emigrants and Exiles in Europe, 1603–1688*（Leiden & Boston, Brill）, pp. 110–113.

［本稿は平成29年度専修大学国内研究員の研究成果の一部である］。

第4章
前近代北陸の海村・港町が織りなす地域
―研究史の整理による予察的検討―

松尾　容孝

1．はじめに

1.1　関心の所在

　本章の目的は，中近世期から近代期の北陸日本海を対象に，海運・漁業活動を営む海村・港町の発達・変化および地域形成や地域間関係に関して研究史を整理することによって，北陸日本海の海村・港町の特色と研究課題を明らかにし，課題の分析にむけた方法を予察的に検討することである。

　北陸日本海は，海運や漁業・海産物販売が早くから発達し，重要な津湊が多かった。それゆえ，古代以来，山門・日吉社，賀茂・鴨社，北条氏の一族らの有力者が広域的に津湊を支配し，それが困難になった室町時代にも畠山氏や守護が要湊の支配を追求した。中世日本の需要な津湊として三津七湊が挙げられたが，七湊はすべて日本海に所在する港町である[1]。漁業・海産物についても，豊富な魚類と早くから盛んな網漁そして近世期に定置網の開発がなされたことや，潤間（湾内の船が停泊できる深い水深の箇所）・漁獲・塩への賦課が加賀藩や福井藩で広く行われていたことから，重要な生業であったことが確認できる。

　海運と漁業・海産物販売が生活・生産に大きな比重を占める集落を合わせて海村と称する。海村の一部は，国府・府中や城下町の津（外港）の機能を

146　第Ⅱ部　歴史的検討

有した。流通拠点として都市的機能を高めた集落を港町と称する。北陸日本
海沿岸域は，中世以降近代期にかけて海運・漁業活動が活発な地域として多
くの研究蓄積がある。日本海海運とくに西廻り海運，港町の形成と展開に関
する既存研究の検討を中心に，各時代における海運・漁業活動，それを支え
る地域基盤条件，地域変化や地域に付与された新たな特色，階層的地域構造
と地域間関係などを確認する。また，港町の発達に関しても，海運の展開に
即した空間構造の変容とともに，中近世期の都市の発達史に沿った研究が蓄
積されている。これらの多岐にわたる既存研究を踏まえて，さらに追求すべ
き研究課題を提示する。それらの課題には，海洋活動を要因にした地域の形
成・変化や地域間関係，空間構造を追求することによって解明を目指すべき
ものが多い。本章では，歴史地理学や集落地理学に基づいて，分析方法を予
察的に提示することに努めたい。

1.2　全般的な研究史の整理

海運と漁業は海村の相互補完的な経済活動である。従来，漁業を第一義的
な経済活動とする村を念頭において「漁村」の語が多く用いられてきた。明
治後期以降，鉄道の整備に伴い，海運が衰退して陸上交通が交通の主流とな
り，かつ海運が企業事業体によって営まれる状況が，漁村の用法の受容を促
した。しかし，前近代および近代以後も明治中期以前には，海運が交通に占
める比重ははるかに大きい。また，歴史的に，海運に関わった塩飽や村上の
水軍の船の建造や航海の技術は，船の高速化や遠洋航海の発達と関連をも
ち，海運と漁業は相互に適用しうる技術や労働編成など共通の体系を多くも
つと考える。これらを踏まえて，海運と漁業をはじめ，海を生活・生産の重
要な場とする村に対して，「海村」の語を用いる（山口徹 1995）。

研究史上，漁法や漁業の営みを指標にして海村や海村社会を分類し，海村
間の比較をする研究は多く見られた。一方，海運の展開はダイナミックかつ
広域的な地域変化を生じ，かつ地域間を結びつけるので，海運による地域区
分や地域分類の研究は多くないが，海運に注目して地域史，地域間関係（地

域間ネットワーク）を追求する研究は多く取り組まれてきた。しかし，海運を漁業と同じように海村のあたりまえの経済活動と見なせば，漁業と海運をともに視野に入れて村落研究・地域史・地域間関係の視点にたって海村を研究できるはずである。

海運に焦点を当てた研究は多方面から行われてきた。海運を営む集落・港町に注目する研究では，港町の都市史上の重要性に注目する研究，港町の変容系列を踏まえて各地の港町の比較と発達史を編む研究がある。経済史を軸に据えた研究では，海運活動の隆盛に伴う住民の就業の変化と商人や地域経済の展開に注目する研究，海運史ないし藩の海運（政策）史としての研究がある。さらに，海運が地域社会を規定する重要な生業・経済活動である点に注目して地域変遷史の視角から関心を寄せる研究がある。

まず，港町を中近世都市成立の重要な経路として捉える視角は，1990年台後半以降着実に成果を蓄積した。中世の港町が府中の近接地・外港として成長し，その港町に後発的に守護所や城館が接近し，最終的に一体化して近世城下町などの地域中心に成長した事例が指摘されている。中世後期以来の各時代の港町に所在した施設や寺社の立地・配置の復元，中世都市〔城主の館＋市場（市町）＋外港（港町）の多元的構造〕から一元的な近世都市（近世城下町）への空間の管理・利用の歴史的変化，空間構造と社会構造との相互関係が提示されている（宮本雅明 2005a）[2]。この視角では，古代以来港町は大神社の支配のもとで開発されていた点，市町や港町と離れた位置関係にある国府・府中，国人館・守護所，城館などの政治・軍事核，その後の戦国大名による支配の深化や淘汰を経て行政都市と港町とが空間的に一体化して城下町に変容した点が重視されている。仁木宏・綿貫友子編（2015）は，日本海とりわけ北陸では港津を舞台にこの現象が典型的に展開したと指摘し，北陸を中心とする日本海を対象地にして，中世港町の近世城下町への変化過程を具体的に再構成した[3]。

港町の変容系列を踏まえた港町の比較と発達史の研究は，考古・土木・建築等の遺跡や遺構を具体的に把握・分析して，通時的な港町の変化を検討し

148　第II部　歴史的検討

ている（市村高男ほか編 2016，陣内秀信・岡本哲志編 2002，岡本 2010）。
港町の変容系列を，港町の形にこだわって追求する。また，形にこだわることにより，形を指標とする地域間比較が分析方法としての精度を増す。形にこだわることによって形だけでは把握しにくいことへのアプローチ，その分析方法の検討の必要性も明確になる。近世期には海運の拡大・隆盛により，近江商人や船主の下で従事していた水主（＝船員）が独立して，各地に多数の船主が集住する港町が成立した（柚木学 1979）。町立てされていない在郷町として存立する場合も多く，海産物交易を営む集落には，多様な規模がある。守護所から成長した近世城下町の一部を構成する大規模な港町から，船主・船頭・水主が集住する大小の海村までである。両者を海運集落として一元的ないし連続的に捉える姿勢は，これまで意外に弱かった[4]。

　海運と漁業が重要な経済をなす地域社会は，農業・石高制に基づく地域理解に再考をせまる重要な素材である。網野善彦らは，海運・漁業（漁撈）活動の関係史料を発掘・分析して，農業中心史観と異なる地域像を提示した。北陸を対象に網野や泉雅博らは，海運や漁業を営む人々や家の活動に関心を寄せた。一方で，それらの活動を長く包摂して存続してきた村落の働き・意味に対しては，必ずしも十分な関心が払われてこなかった。

　商業の発展によって，近世期さらに近代期に海運機構の整備，制度・組織の充実が進行した。日本全体の海運の整備と展開を追求する研究が1970年前後から現れ，日本各地の地域海運別の詳細な実態研究がそれに続いた。北陸諸藩の海運・流通政策の展開も具体的に解明された。海運を担った船主をはじめとする事業者・従事者の動向，活動主体の地域間関係，経営・就業実態，各地での交易・取引実態など，海運の経済・経営に関しても，各地の海村・港町の旧船主家や船宿家に残る史資料を活用して多くの研究蓄積が生み出された。とりわけ北陸においては，近世後期に各地の船主の船籍の増加や経営規模の拡大が生じ，近代期まで活発な海運活動を展開したことが明らかになっている。客船帳についても，海運による広域ネットワークの形成の観点からの関心とは別に，客船帳が所在する地域と時代に偏在性があり，むしろ

日本海海運エリア内での近世後期以後の地域間交易＝地域間物流取引の実態把握に有用な資料である可能性が指摘されている[5]。

　地域史・郷土史の観点から，それぞれの地域における展開を詳細に復元・再構成する研究も越前河野浦（現南越前町河野），加賀橋立（現加賀市橋立）など，各地の海村を対象にして行われている。この解明は時として現在の地域振興活動に結びついている。この分析を通じて，地域差と共通性，地域性が徐々に明確になる。それらを相互に比較する視点をもてば，東アジア・日本全域・地方・各地点の関係，海洋交易と河川水運との関係など，数次元の地域間関係の把握につながるはずである。

　上に述べたように，相互に関連しつつも相異なる数個の視角にこれまでの研究を分類することができる。次に，それぞれの研究史に即して，成果・知見，分析素材，課題などを整理しよう。

2．海運研究が示す北陸日本海の地域史

2.1　海運史の研究成果と論点

　まず，日本中世の海運・水運史では，新城常三（1994）が荘園年貢を軸に長年の研究を包括的にまとめた。国衙が海上交通・船籍の把握を任務としたことを紙背文書により証明した戸田芳実は，現地を踏査し，交通・輸送の「場」とそこでの生態を活写した（戸田 1989, 1992所収）。海洋文化と海民の生活様式や広域活動に注目した網野善彦（1979, 1994所収, 1992）とともに，交通・海運研究に息吹を与え，研究者の関心をひろげた。本章が対象とする日本海海運と港町については，市村高男（2016）が先行研究を整理して，都市京都の成長に対応して中世海運が発達し，港町が簇生したことを示した（図1）。とくに，研究が進展している城下町論を比較の準拠枠にして港町論を前進させる必要を強調し，港湾施設の実態と特質の解明が不可欠であること，港町が地域の中で果たしている役割を踏まえた総合的視点・評価の重要

第Ⅱ部　歴史的検討

図1　古代・中世の日本海沿岸の主要港湾（市村高男 2016による）
出典：中世都市研究会編（2016），p.14。

性を指摘した。

　網野は，海と日本列島の文化に関する歴史学・民俗学・民族学・考古学の学際的シリーズ『海と列島文化』第1巻〜第10巻＋別巻の刊行に尽力した。日本海に関しては第1巻『日本海と北国文化』，第2巻『日本海と出雲世界』が扱っている。また，1985年度から1994年度まで神奈川大学日本常民文化研究所奥能登調査研究会を組織して，町野町時国家の調査を継続し，史料の整

第4章　前近代北陸の海村・港町が織りなす地域　151

理と刊行，および多くの調査成果を公表した。10年間の調査の概要は神奈川
大学日本常民文化研究所奥能登調査研究会編（1996）に所収された網野の
200頁にわたる記録に詳しい。この調査での成果の多くは，『歴史と民俗』誌
上に公表されている（泉 1993, 1994, 1996）。さらに，同じく網野が初期に
代表の一人を務めた中世都市研究会が，日本海海運と港町（港湾都市，津・
泊・宿）に関する歴史学・考古学・建築学（技術史）などの学際的交流によ
り，1990年台以降現在にいたるまで多くの研究成果を生みだした。文献史学
と歴史考古学の共同作業による2005～06年刊行の小林昌二監修『日本海域歴
史大系』第1巻～第5巻もこの流れに属する。

　近世では，渡辺信夫（1993）が近世の交通体系の宿駅伝馬と廻船の賃積み
船の体制の成立過程を解説する中で，それに包摂されない地廻り海運と買積
み船に言及している。渡辺は，近世中後期の北前船や知多半島の内海船を領
主的流通機構の弛緩とともに台頭した地域的な廻船集団と位置づけ，地域的
な流通機構の未整備を買積船形態の要因と見なしているが，流通実態の分析
は行っていない。日本海海運のうち近世前期の北国海運については，印牧信
明（2005）が，陸奥・出羽から越前までを対象に廻米と材木流通を検討して
いる。これに対して，研究史上，江戸後期の北前船を菱垣廻船，樽廻船に準
じる重要な海運流通として位置づけたのは柚木学であろう。柚木（1979）は，
幕藩体制の確立に対応した商品流通の体系化を体現するものとして，菱垣廻
船，樽廻船，北前船の3航路を高く評価して，研究の進展と海運史上の重要
性を指摘した。上方から江戸への商品流通が菱垣廻船と樽廻船として成立し
成長した後，日本海諸藩から上方への廻米，さらに多様な商品を流通する西
廻り航路が整備されたこと，蝦夷の海産物が商品価値を高め，各地で買積み
を行い日本海と上方を結ぶ北前船が拡大したことを明らかにした。柚木
（1979）は，近世初期の豪商による海運の時代と対比して，近世の商品流通
の体系化の重要性を指摘し，3廻船をその代表例として位置づけている。そ
して，幕藩体制と流通構造との照応関係の解明の必要を強調する。しかし，
一方で，柚木の所論は，西廻り航路（＝西廻り海運，北前船）を，菱垣廻船，

樽廻船等と対比していかに位置づけるべきかに十分言及しておらず，日本海航路や北前船に対する評価が不明瞭である。この点について，斎藤善之（1994）が，柚木は，菱垣廻船を領主的流通手段（既成の流通手段），樽廻船を新興の流通手段と対立的に捉える古島敏雄の通説（古島 1951）を払拭できず，西廻り海運について明確な議論を展開できなかったと指摘している。

　3航路以外では，東北諸藩と江戸を結ぶ東廻り航路，伊勢湾と尾張三河の海運（村瀬正章 1980），また西廻り航路の一部を構成する瀬戸内海における古代以来の活発な海運を挙げることができる。このうち尾州廻船内海船に関して斎藤（1994）や青木美智男（1997）が分析した。江戸後期，内海船が幕藩制流通機構，幕藩制市場の解体を促し，中央市場の衰退と地域市場の勃興をもたらしたこと，内海船の仲間組織である戎講が，北前船の船道定法や北陸親議会と同じく仲間組織の規律統制のために設立され機能したこと，有力船主の廻船経営（売買活動の場所と時期，船の建造，商品・市場情報の収集・伝達，労働力編成，船頭の機能など）の歴史的展開，これらの総括として内海船の歴史的位置が示された。

　さらに従来のエアポケットであった北海道と東北太平洋岸の間の交通・海運の研究も近年，進展している（斎藤 2007，斎藤善之・高橋美貴編 2010，斎藤編 2012）。こうして，日本各地の海運航路について，1990年台以降，近世日本の海運全体の中での意義を論じる研究成果が刊行されている。西廻り海運＝北前船についても，地方廻船の実態解明にとどまらず，日本海運全体の中に位置づけた議論が深まっている。中西聡（1998，2001）を，この視角に沿った研究成果と位置づけることができよう。こうして，近世的流通機構の特質・展開と近代的流通機構への移行が分析されるにいたった。それと同時に，海をめぐる廻船と湊を介して結びつく内陸水運を，両者の関係に注目していま一度一体的に考察する必要が高まっているといえよう。

2.2　北陸日本海海運の展開と地域間関係

　中近世の日本海海運と北前船に関しては，福井県立図書館・福井県郷土誌

第4章　前近代北陸の海村・港町が織りなす地域　　153

懇談会共編（1967），北見俊夫（1973），柚木（1979），牧野隆信（1972,
1979, 1985, 1989），中西聡（1998, 2001）など，多くの研究がある。福井県
立図書館等（1967）は30余の論文を収載して中世・近世・近代の北陸，東
北・北海道，西国の日本海海運を広く扱っている。北見（1973）は，日本の
海上文化研究の視点を重視し，日本海の海上航行の自然・人文条件，海上の
信仰，海上交通による移住，北前船の海運活動および日本海の北前船諸港の
機能と盛衰など広汎なテーマを検討している。柚木（1979）は近世，中西
（1998）は近世・近代の西廻り航路の全域を対象に，主に経済史・経営史の
観点から研究している。牧野は，橋立・塩屋・瀬越について多様な分析を
行っているので，後述する。

　まず，中世の交通・海運事業者の活動と地域について検討しよう。

　図1に□で示された18の港町は，国衙・官衙の外港に起源を有する港町で
ある。このうち8つが新潟県から福井県までの北陸日本海に所在することが
示すように，北陸日本海には古代・中世からの長い歴史の中を生きてきた港
湾が多い（出越茂和 2005）。国府の外港に起源をもち，交通に関する中世史
料を残す越前河野と敦賀津を例に，中世の海運について，その特色と論点を
検討しよう。河野は図1には掲載がないが，敦賀と三国の間に所在し，越前
府中（武生）から最短の馬借街道を経て海に面した海馬借（船で荷物を運搬
する業務を認可されていること）の浦である（福井県教育委員会編 2006）。

　中世の敦賀湾における廻船について，脇田晴子（1967）は，府中と結ぶ交
通路沿いの山内馬借，今泉・河野の浦馬借，敦賀の船道三座（河野屋座・川
舟座・諸浦座）の3者が一定の地域における権利を与えられて活動していた
実態を史料に基づいて解説した。刀禰勇太郎（1967）もこれらの中世の姿と
近代にいたるまでの変化を論じた。

　永原慶二（1997）は，日本海の中世の海運に，櫂で漕ぐ中型の羽賀瀬船（羽
風船）によって沿岸の主要港津を結ぶ海運，小型のまはり船・伝渡船（天渡
船）によって主要港津と周辺の浦・津を結ぶ近距離の海運，外国や遠隔地の
大船で遠隔地取引をする海運の3系統（形態）があり，それらが有機的に組

154　第Ⅱ部　歴史的検討

み合わされていたこと，海運に連結する川船・馬借による内陸交通があり，一般に河川流域に地域市場が成り立っていたこと，戦国時代になると比較的規模の大きな領国経済圏が形成され，それ以前の中小規模の海運業者の集合体では対応できなくなり，有力な商人に特権を与えて権力による統制のきいた流通輸送システムが形成されるように変化していったこと，そのため，中世海運の特徴であった，市場・取引のあり方の非固定性，人力により櫂を漕ぐ中型船を主力船とすることの輸送力上の限界，着岸場所や馬借営業範囲等の細かな権利関係，年貢米や領主型商品に依存した流通関係は，17世紀半ばから終わりにかけて大きく転換したことを推定し，これらの具体的研究が意外に少ないので，積極的な研究が必要なことを指摘した。

　脇田，刀禰，永原らの成果以後，河野浦の中世海運や地域社会に関する研究は停滞したが，久留島典子（2004）が，河野浦や敦賀の中世文書を検討して，中世の刀禰（沿岸域で公事に関与した役職者），馬借組織の頭領，村の関係などを検討し，中世河野浦の地域社会構造とその変動，それと内陸交通を支える仕組みの変化との相互関係などについて，理解を深めた。青木（2004）は，永原が提起した河野浦の中近世地域史および中世や北前船以前の地域流通・地域市場の分析とそれをその後の展開と結びつける必要性を再確認している。後述のように近世後期の右近家をはじめとする河野浦の隆盛，河野浦と敦賀湊との結びつきが徐々に解明されるにつれ，ひとしお，地域海運・地域水運を土台とした海運の発達の研究が必要であるとの永原の指摘が重要性を増している。

　永原が指摘した他の諸点，中世における限界をなし，その克服が近世への旋回を促した諸点についても，次のようにさまざまな限界を克服して近世さらに近代にむけて日本海海運，西廻り海運が進展した。以下の近世期の日本海海運の研究成果の整理と重複するが，ここでその研究成果について略述しておく。

　・中世の市場の非固定性・不安定性
　・主力船羽賀瀬船の輸送力の限界（積載量の限界が大きい，櫂で漕ぐ人力

が主で帆は下までなく帆走技術が低い)

・着岸地点の制約，道路の支配・商品別の取り扱い権などの権利関係が複
　雑で錯綜

・商品の種類の乏しさ等

　市場の非固定性・不安定性[6)]については，北前船海運における各地の相場
をはじめとする情報伝達，問屋商人と船主との関係，船宿と船主との関係，
船主と水主との関係などの研究が，安定的な買積み輸送での海運を可能にす
る条件として整備が進んだことを証明している（高部淑子 1997，曲田浩
和 1997，1999，斎藤 1997）。輸送力の限界の克服については，各地に残る船
舶数の記録や入船・建造に関する史資料によって，北陸の主力船であった羽
賀船が帆走主体の北前船にとってかわられ，一方で近世期にも伝渡船が周辺
の浦・津を結ぶ海運に登場することが示された（平野俊幸 2001，篠宮雄
二 1999，長山直治 2001）。近世前期から中後期にかけて特定の商人に与え
られていた権利は同業者組織や町の商人一般に開放された（中西 2001）。近
世・近代期の港町と港湾が機能的整備により中世港湾から一新されたこと
が，各地の港町・港湾の復元研究によって明らかにされた（宮本 2005）。藩
米廻送から各種商品販売へと経済社会化が進展し，日本海各地での地域差・
相違を残しつつ，大坂市場あるいは全国市場において西日本海運＝北前船が
重要な比重を占めるように成長したことが解明されるにいたっている（水澤
幸一 2005，斎藤 2001）。

　次に，近世の日本海海運について，北国海運および西廻り海運と北前船に
ついて，検討しよう。北国海運は西廻り航路成立前の，敦賀や小浜を集散地
とし，川船や陸路で琵琶湖北部に運搬し，琵琶湖舟運を用いて大津経由で京
都，大坂に運搬した段階の北陸海運を，これに対して，西廻り海運は下関経
由で瀬戸内海を廻って大坂と結ぶ海運を，それぞれ指す。北前船は西廻り海
運において大坂や瀬戸内海の諸港と日本海諸港や蝦夷とを行きかう外洋船を
指す。

　西廻り海運は，17世紀前半の鳥取藩や金沢藩を嚆矢とする諸藩の下関経由

での上方市場への蔵米の廻送の開始，および江戸中期以後の蝦夷（北海道）
海産物の下関経由での流通の拡大を2大契機として栄えた。後者は，次のよ
うな経過と特色をもって成立した。14世紀にはすでに蝦夷（北海道）の昆布
や鮭などの交易が小浜や敦賀の間で行われていたが，その交易の拡大は，松
前氏が，アイヌとの交易場所を藩士に俸禄として与えたことによる。すなわ
ち，産物の交易を求めて16世紀末に蝦夷地に到着していた近江商人が，藩士
に代わってアイヌとの交易を請け負い，交易で得た海産物や皮革を「荷所
船」で内地に廻送して販売したことによる。この「場所請負」は近江商人が
独占し，「荷所船」の輸送は，越前，加賀，能登の船乗り（水主）が従事した。
彼らは17〜18世紀半ば過ぎまで水主として乗船したが，明和・安永・天明期
には所有船により江差や瀬戸内海の港に入港しており，買積み海運を営む形
態に変化していたと推測される。

　まず，20世紀前半から1960年台に特定の北前船商人＝海商に焦点を当てた
著作がある[7]。次いで，高瀬保（1979, 1990, 1997）が，加賀藩領，とくに
富山藩領と富山県における海運史，流通史について詳細な検討を加えた。す
なわち，高瀬（1979）は，在郷町の新規商人の直売買の増加と藩公認による
化政天保期の伏木船問屋株（八軒問屋）の崩壊，明治後期の富山県の北前船
の凋落過程と北前船船主8軒（水橋，東岩瀬，放生津）の資本蓄積と転用を，
高瀬（1990）は，越中（富山）の海商の活動と切出規定（切出：船員に買積
み荷物の一部を給与として与えること）を，高瀬（1997）は両書の海運史の
箇所をまとめたうえで研究を補充している。小村弌（1992）は，近世の越後
国や新潟町・沼垂町の海運史と港町を，正和勝之助（1995）は，近世・近代
の越中国の海運史と伏木湊町の問屋・小宿，隻数，地船の動態を扱っている。

　牧野隆信（1972, 1979, 1985, 1989）は，「日本一の富豪村」[8]と称された加
賀国大聖寺藩橋立と瀬越，塩屋を主対象に，豊富な史資料を用いた北前船の
経営史，藩海運史，代表的北前船商人たちの活動史・生活史を扱っている。
また，福井県河野村（1997, 1999, 2001, 2004）は，日本福祉大学知多半島
総合研究所が協力したシンポジウムの成果刊行物であるので，越前の府中

（武生）の最寄りの外港河野・今泉の海運史や，河野・今泉と敦賀湊の関係の考察などとともに，北前船をめぐる多面的・総合的研究成果が多く収載されている。各地の市町村史類も，日本海海運に関する一次資料の掲載やそれぞれの地域の海運史をまとめている。

　1960年台から数十年にわたって日本海海運史の研究が蓄積され，その間に商品の生産から消費にいたるさまざまな商人・問屋等の経営史資料が各地において翻刻された。中西聡（1992, 1998, 2001）は，既存研究が各地の北前船の実態に焦点を当てて北前船全体を語っている限界を克服し，日本海海運の全体像の中で各地の流通や経営形態を相対化して捉えることを重視している。そのうえで，中西（1992）では蝦夷地における場所請負および場所請負商人の内容と，松前藩領時代と幕府直轄時代および場所請負の制限がなくなった明治時代に生じた北前船による流通構造の転換を検討した。ついで，中西（1998）は，自らの各地での史資料整理と刊行史資料を活用して，生産者，生産地商人，廻船業者，集散地問屋，消費地商人，消費者の別と蝦夷（北海道）漁場の歴史的制約条件に留意して，鯡魚肥を題材にして，市場構造とその時空間的動態を体系的に示した。さらに中西（2001）は各地の北前船商人の経営戦略を規定する，日本海海運をめぐる地域間関係を検討している。日本海海運の全体像の中で捉える必要は確かに中西の指摘のとおりである。しかし，中西の主たる関心が近代にむけての流通の近代化にあり，氏の準拠枠自体が経営主体と経営方式を中心とした没歴史的な概念によるため，牧野らの個別北前船研究の成果を活用して近世の日本海海運や西廻り海運の特色を広く把握するのには向いていない（中西 2006）。

　近世の日本海海運の研究成果として，まず，北国海運から西廻り海運への転換による流通・集散地の変化についての成果を挙げよう。北国海運から西廻り海運への展開に関する従来の通説は次のとおりである。大津や上方の商人が船主として差配し，北陸の荷所問屋を通じてそれぞれの地域の船と契約した運賃荷積み運送が主であった。江戸中期（18世紀前・中期）以降，蝦夷（北海道）海産物を買積み方式で大坂へ運搬する北前船が誕生し，まず北陸

各地の船主が大津商人等と契約して荷所船として，さらに江戸後期には自ら和船を所有して船主として運送することが一般化した（柚木 1979）。柚木は，客船帳の分析により，近世後期における北陸や山陰の北前船商人を主導とする広域的な西廻り航路の海運活動を確認した。西廻り海運の発達を踏まえて，柚木は，集散地敦賀の相対的な重要性の低下などを指摘した。

したがって，敦賀衰退説は，実証的に導かれたというよりは，航路変更から類推して組み立てられた部分があった。曲田浩和（1997, 1999）は，江戸前期～江戸後期において河野村右近家と取引のあった敦賀の問屋商人の検討，敦賀における廻米を納める蔵地（倉庫）の計画的都市整備以後の拡大，敦賀の問屋商人の江戸時代を通じての売問屋・買問屋への分化を確認し，少なくとも近世後期に敦賀は衰退しておらず，新たなニーズの発生により商品集散地として成長していたことを明らかにした。

客船帳の分析についても，山陰と北陸の商人が北前船の隆盛を主導したとする柚木の解釈に平野俊幸（2001）が疑問を提起し，客船帳を再検討して山陰の商人がそれほど輩出していないことを明らかにした。平野は，客船帳や，荷所船の史料等が当時の流通実態の解明にもっと有効に活用できることを例証した。同様の検討が，原直史（2001）によって，越後廻船を対象にして行われた。

江戸時代における西廻り海運に用いられた船の地域差や淘汰，造船の動向についても研究が進展した。すなわち，船の建造・調達の展開については篠宮雄二（1999），積み船（大船，上方船，伝渡船や間瀬船等の地船や北国の羽賀瀬船・北国船と上方の弁才船など廻船）の種類と用途については長山直治（2001）らの研究がある。こうして，各地に残された史資料の研究可能性，つまり史資料の個別の検討だけでなく比較検討の必要性が共有された。各地で展開した海運を関連づけて日本海海運のより複雑な実態を明らかにし，蝦夷（北海道）と大坂をつなぐルートにおける各地の共通性と地域性，海運ネットワークの解明が進められるにいたった。

具体的には，蝦夷（北海道）の物資だけでなく，廻米（蔵米と商人米）も

含め，多様な日本海諸地域の物資が買積み方式で各生産地から消費地の上方
市場に向けてあるいは逆方向に運搬され，途中，各地の集散地の問屋や船宿
などにおいて，船主や船頭の判断で売買がなされた。つまり，西廻り海運，
北前船が整備され，生産地と消費地（上方市場）間の運賃輸送から多くの中
継拠点を含む買積み輸送に変化し，あわせて多様な形態の商人が各地に出
現・活動し，その結果，取扱量も拡大した。その際，斎藤（2001）が提起し，
青木（2001）が指摘するように，北陸の船主が買積船で操業する北前船は，
従来から通説的に言われてきた蝦夷海産物の大坂への運送がその誕生時から
の主たる海運内容であったのか，それとも北陸の地域市場の成長や日本各地
での消費経済の成長により各地での海産物市場の需要が高まり，その経済
ネットワークに大坂市場を組み入れた海運活動が重要な契機をなしたのかに
ついては，検討を要する重要な課題である。

　買積み輸送が商業活動として成り立つのは，北前船ルートに所在する港町
（集荷・取引地）の間で価格に大きな差があることによる。定期航路として
流通路整備が進むと，商品の価格差は縮小し，買積み輸送方式の収益性が低
下するので，運賃輸送方式が一般化する。西廻り海運では，明治中期が買積
み輸送から運賃輸送への転換期になった。したがって，江戸中期から明治20
年台が北前船の活躍した期間であった。

　以上の研究史が示すように，日本海海運とりわけ西廻り海運と北前船の研
究蓄積は豊富である。多くの成果を受けて，海運史および日本海海運史の次
元において重視すべき点として，次の点がある。

　近代期において北陸親議会を組織し，三井・三菱等の資本家による近代海
運の編成に対抗して展開した活動をいかに位置づけるべきか。それに関して
は近世期の北前船に対する位置づけほど明確な見方が示されていないのでは
ないか。

　海産物流通の歴史的展開を分析・整理することによって，近世・近代期の
日本海海運の展開とそれに伴う地域間関係の動態の大要を把握することがで
きる。中西（1998, 2001）が行ったこの研究成果に基づいて，江戸中期以降

160　　第Ⅱ部　歴史的検討

表1　近世期からの蝦夷・北海道海産物の海運商人の経営活動と商人類型

北海道交易の展開	商人の所在地	代表例の商家名	交易の当初	海運活動：海運主体
				事業内容の展開 船の所有状況
Ⅰ　消費地商人場所請負型（前期松前藩治世）	近江国八幡	住吉屋西河家 恵比須屋岡田家	17世紀後半 蝦夷松前（北海道）の福山湊に開店 両浜組を組織して流通を独占	18世紀中葉 廻船業者を雇い商品を搬送 19世紀前半 和船を所有し商品を搬送
Ⅱ　御用商人場所請負型（幕府直轄時）	幕府御用商人	栖原屋栖原家（紀伊） 高田屋高田家（淡路）	18世紀後半 蝦夷松前（北海道）の福山湊に開店 流通特権	18世紀後半・末 和船を所有して商品を搬送
Ⅲ　生産地・消費地商人場所請負型（後期松前藩治世）	近江国日枝 渡島国福山	柏屋藤野家 岩田屋岩田家	18世紀後半・末 蝦夷松前（北海道）の福山湊に開店	海産物・酒造業店を福山で開業し海運を開始
Ⅳ　荷所船契約→自営買積（北前船商人）→非海運事業型	加賀国橋立	小餅屋久保家 酒屋酒谷家	18世紀中葉 蝦夷松前（北海道）の両浜組に雇われた荷所船経営	18世紀末 買積経営に転換 幕末期 所有船数増大，侍格を取得
Ⅴ　荷所船契約→自営買積（北前船商人）→汽船運賃積型	越前国河野 越中国東岩瀬	右近権左衛門家 道正屋馬場家	18世紀中葉 蝦夷（北海道）の両浜組に雇われた荷所船経営	18世紀末 買積経営に転換 幕末～明治前期 所有船数増大，集散地・消費地に店舗開設
Ⅵ　地元船主による藩米輸送，土地集積・金融→非海運事業型	加賀国粟ヶ崎 加賀国宮腰 越中国放生津 若狭国小浜	木屋木谷家 銭屋清水家 綿屋宮林家 古河屋古河家	18世紀前半 材木問屋→藩米の大坂廻米 江戸中後期→幕末期 藩米の廻米→和船で買積経営	18世紀後半・19世紀前半 侍格。 所有和船数を増大し，廻米
Ⅶ　荷所船契約→自営買積（北前船商人）→海運事業＋非海運事業型	加賀国橋立→明治中期　北海道に移転 加賀国瀬越	西出家 浜中屋広海家	18世紀初 和船所有 19世紀初 和船所有	幕末期　所有船数増大，侍格を取得 明治前・中期　汽船（運賃積）と帆船・和船（買積）を両方とも経営
Ⅷ　幕末期以後の新興商人参入型	日本各地		幕末・明治前期 和船所有	

注）場所請負＝漁場の漁業経営を請負うこと。いわば網元。漁場請負により海産物を独占的に自前で確保し，流

資料）中西聡（2001）「北前船商人の経営戦略」（福井県河野村編2001所収）掲載の近世中後期から海運商人の

第4章　前近代北陸の海村・港町が織りなす地域　　161

の経営・事業内容と活動の場等を指標とした整理		事業の協業組織	海運から撤退や他事業に転換あるいはそれらの導入
漁場の拝借・開設 商品の輸送	商品販売（店舗経営）		
明治10年台 西洋型帆船を所有し商品を搬送 明治20年台後半 既存漁場縮小，新漁場開設し漁業展開	19世紀前半 大坂に支店出店 明治12年 高島，小樽分店の開店	明治20年〜 北陸親議会に加盟	明治21年 缶詰事業開始 明治30年前後 海運業から撤退
18世紀末 漁場を開設し漁業を展開	19世紀 大坂店，江戸店，箱館店の開店	北陸親議会に加盟せず	文政4年松前氏再領地 天保4年 高田家取り潰し 明治30年前後 栖原家撤退
19世紀初（文化年間） 場所請負による海産物漁業・搬出の開始 1870年前後から新漁場開設	19世紀前・中期 和船を所有し箱館と大坂に開店 明治前・中期 和船・西洋型帆船・汽船所有	北陸親議会に加盟せず 北陸親議会加盟後，明治30年に脱退	明治前・中期 定期航路開設（汽船経営） 明治後期 海産物海運を縮小し，農牧業・汽船・銀行業に転換
明治30年台 北洋に漁場を開設し漁業に進出	近代期 函館に店舗開設	明治20年 北陸親議会加盟	明治20年台 西洋型帆船を購入 海運業を縮小し，北洋漁業や銀行・会社事業に転換
明治21年 北海道に漁場を所有	明治17〜20年 生産地（小樽）・中継地（播磨）・消費地（大阪）に店舗を開設	明治20年 北陸親議会加盟	明治前・中期 西洋型帆船を購入 明治中・後期 汽船運賃積経営，会社・銀行・炭鉱等の事業
漁場・海産物を志向せず 幕末期 綿屋，北海道交易を展開	18世紀後半 木屋，大坂店開設 19世紀前半 銭屋，各地に支店開設 藩融資が主で商店開設を志向せず	北陸親議会に加盟せず	19世紀前・中期 土地集積，諸藩に融資 明治前・中期 海運業から撤退 会社・銀行・鉱山等の事業
明治中期〜 西出家　北海道漁民と契約 さらに北洋漁業に進出	明治中期 西出家　函館店を開店，小樽に倉庫業 明治10年台 広海家　大阪店・小樽店を開店（明治後期，大阪店の販売を廃業）	明治20年 北陸親議会に加盟	明治前・中期 銀行経営や会社設立等の事業を海運活動（買積・運賃積とも。和船・西洋型帆船・汽船とも）とともに行う
			明治中・後期 海運業から撤退

通を独占的に支配することが行われた。
経営史資料（とくに表1〜表8）を用いて本表を作成。

162 第Ⅱ部 歴史的検討

の多様な種類の北前船商人の経営戦略に基づく海運活動の動態を取りまとめると，表１のようになる。海運活動の主体として，生産地では在地船主・商店と進出船主・商店，集散・中継地では廻船問屋（積出側，買付側），消費地では消費地商人（流通の確保）がいる。また，海運輸送タイプとしては，荷所船・運賃積み輸送，買積み輸送があり，船を手配する問屋の有無がある。表１では，これらの商人主体や輸送タイプの違いに留意して，幕末期より以前から日本海海運を担っていた商人とその活動の展開を７類型に整理した。表１の整理を，江戸時代の各地の実態に投げ返すことによって，そのときどきの時代の日本海海運を営む各地の生きた地域（l'espace vecu）を把握・理解することが，なすべき研究としてある。

　表１の７タイプを説明すれば次のとおりである。Ⅰ，Ⅱ，Ⅲは，蝦夷（北海道）海産物の海運流通の権利を得るには松前の福山湊に出店して漁場請負を行うことが必要であった江戸時代の仕組みに則って，上方市場の担い手であった近江や畿内近国の商人が実権をもっていた18世紀後半までの段階の類型である。これに対して，18世紀後半から末期には，自営買積みの北前船による海産物流通を，加賀・越前・若狭・越中の船主たちが主導した。船主の多くは，藩御用金を拠出して侍格を得た。北前船商人として主に海産物を流通したのは多くの場合明治20年ころまでで，それ以後，非海運事業を行うとともに和船・帆船により海運事業を継続した事業者（Ⅶ），汽船運賃積み事業に切り替えた事業者（Ⅴ），土地集積のほか，銀行・炭鉱・会社経営等の非海運事業を展開した事業者（Ⅳ，Ⅵ）がある。非海運事業として，商人の所在地が都市なら，会社や銀行などの事業，商人の所在地が都市的集落を欠く村なら，農林業や北洋漁業への進出，あるいは他地域において銀行や会社経営などの事業を展開した。多くの商人が幕末期から土地集積に向かったが，北洋漁業に進出するなど，海運・海洋活動を積極的に継続した商人もいる。幕末期以降，北前船商人として自由に参入できる状況となり，日本各地から，多くの商人が和船を所有して北前船に参入した。しかしそれらの事業者は，明治中期以降，買積み経営の収益性が下がったため，海運業から撤退した。

第 4 章　前近代北陸の海村・港町が織りなす地域　　163

　表 1 により，江戸時代の西廻り海運の主導権は，18世紀後半・末期から明治20年台までの間，北陸（加賀・越前・若狭・越中）の海運商人が掌握していたことがわかる。

　上記の価格差の問題とは別に，各地の経済的成長に伴う需要拡大が，交易における中継地点の成長や各地点での売買品目・取扱量とどのように関わるのかについての検討が，地域市場と全国海運の一体的把握にとっても重要である（原 2006, 木部和昭 2006, 曲田 2006）。

2.3　日本海海運と 3 次元の空間関係：全国市場・域内市場・内陸水運圏

　近世後期から近代期にかけて日本海海運が進展した一つの要因として，地域社会において成長した商品経済を支える仕組みとして，北前船の買積み輸送が各地の港における売買を通じて全国的商品流通と域内商品流通との交流・結節の機会を提供したことが挙げられる。それによって，全国市場とともに域内市場が活性化し，北前船による交易活動自体が多次元の地域間関係からなる活発な海運に成長した。これは，海村・港町における商人の活動と，域内外の生産者の活動が，渡(外)海船による広域的な海運とそれよりも小規模な船や伝(天)渡船による藩領や地域経済圏での海運，小規模な船や川船その他の交通手段による狭域での内陸水運との連携によって結ばれることを意味する。このような 3 次元の空間関係からなる商品流通の進展を北前船海運が牽引し，それが近代期に引き続いて継承されたといえよう。

　これまでの北前船海運の研究は，前項でみたように，敦賀・小浜を結節点とした北国海運と陸路＋琵琶湖舟運による上方市場との結合を西廻り航路により一元的に海運ルートで結ぶ効率的輸送と，その歴史的展開における各地の商人の役割・相互関係の変化に主たる関心を寄せてきた。江戸前・中期における西廻り航路の整備に関してはこの指摘が妥当と考えられる。しかし，江戸後期の18世紀後半以降に北陸諸国の商人たちが主たる北前船船主として和船を建造・所有して買積み海運を推し進めて急成長した点については，これらの地域の船主が中心になって主導した広域的活動とともに，彼らの活動

164 第Ⅱ部 歴史的検討

を促す域内要因が存在したと考えるべきであろう。

　従来，江戸後期における，船頭から船主への成長つまり北前船商人の誕生と和船所有の規模拡大の点，および問屋による移入物・移出物の売買の仕組みについて検討が行われてきたが，在地において活発になった生産活動と消費活動，在地の経済社会の拡大がこの海運形態の成長といかに関わっていたのかについて，北陸日本海における状況は必ずしも明らかでない。直接的に北前船海運に関わる船主と問屋およびこれに就業の機会を求めた船頭・水主らにのみ関心を限定せず，経済の展開と相互作用する地域社会の展開状況について北前船隆盛の要因と見なしうるのかを検討することが必要ではないか。この点に関して，北陸諸国における地域を基盤とする経済圏等の歴史的地域群の経済実態，海村・港町と内陸水運圏との関係などを検討し，歴史的事実を明らかにすることが必要であると考える。この具体的な分析のための，地域経済圏等が重合する歴史的地域，内陸水運圏の2次元の地域の措定とその構成要素をなす海村・港町群の規模や機能等の比較の方法については，第3節で検討する。

2.4　北前船の海村・港町とその生業・生活と地域社会の諸相 ——橋立，河野浦・敦賀湊，黒島・門前，福浦を例に

　北陸日本海における日本海海運，西廻り海運と北前船に関して，豊富な研究蓄積を有して注目されてきた海村・港町がある。これらの港町・海村に関する既存研究の知見によって，北前船をめぐる生業・生活が各地の状況に応じて地域差のあることがわかる。大聖寺藩の加賀橋立の北前船船主と海運経営を研究した牧野隆信の一連の成果（牧野 1972, 1979, 1985, 1989）や加賀市教育委員会編（2004），越前河野浦・敦賀湊（福井県河野村 1997, 1999, 2001, 2004, 福井県教育委員会 2006），能登黒島・門前（中谷藤作 1938, 土屋敦夫監修・輪島市教育委員会文化課編 2008, 松尾 2015），福浦（北陸総合学術調査団編 1963）の成果を参考にして，以下にそれぞれの海村・港町における生業・生活と地域社会の概要を述べよう。

ⅰ）加賀橋立

　橋立集落は，船頭・船乗りなど北前船に関わる人々が17世紀末から18世紀初頭に他地域から移り住んで居住地として成立したといわれている。橋立集落の成立が新しいことは，船主や船乗・水主として北前船に従事しているにもかかわらず，港が集落になく，漁港の整備がようやく大正時代に行われたことからもうかがえる。橋立の船主の北前船は大坂に預けて停泊している。それゆえ，船乗りは，春3月に橋立を出発して京都経由で大坂に向かい，積荷を買い集めて3月下旬から4月初旬の間に出発し，瀬戸内海の諸港に寄港したあと下関経由で日本海を東に進む。塩屋あるいは橋立沖で伝馬船で上陸して休息したあと，再び東に向かい，東北，蝦夷で米・酒，鯡などを買い，7・8月に蝦夷を発って西日本航路を西行し，秋に大坂に到着する行程である（牧野 1972, 1985）。賃積船としての荷所船での従事，買積船での従事と船頭以下水主までの各種の職種や船頭の帆待（積荷権）や船員の切出などの仕組みは，船員の船頭・船主志向のモチベーションを高める仕組みといえよう。18世紀末には同業者組合である「船道会」を結成して買積船の経営秩序を重視した。

　「船道会」の結成には橋立集落の34名の船主と8名の船頭が連名しているので，40数軒以上からなる橋立集落がそれまでに成立していたことがわかる。北前船主は主に因隋寺（橋立支院）北東部に居住していた。船主の屋敷の間取りは互いに類似し，玄関とニワ（土間）は狭く，ニワの左右いずれかに茶の間，その奥に広いオエ（オイ＝広間）がある。オエの奥が奥座敷で4部屋か6部屋から成る（デイとナンドそれぞれ1～3室）。オクノデイが仏間になる（加賀市教育委員会編 2004）。また，玄関の石段や家の石垣には笏谷石を用いている（三井紀生 2002）。

ⅱ）越前河野浦・敦賀湊

　越前府中（武生）と馬借街道（府中西街道）で結ばれていた今泉浦・河野浦は，中世に浦馬借の特権を有し，かつ敦賀湊と交易上の関係を有していた。

166   第Ⅱ部　歴史的検討

近世初頭にもこの権限は継承されており，その海運・流通に関する権能が，近世後期以降における北前船船主としての活動につながった。近世における河野浦右近家の船主としての活動は，敦賀湊の問屋との長期的な取引・協調体制の下で行われていた。北前船船主とともに，船頭・水主や地廻り海運事業者も含め，河野浦・敦賀湊の生業・生活は，３次元の地域間関係を念頭において地域社会を理解するのに有用であると思われる。橋立や黒島と異なり，長い流通の歴史を有する河野浦・敦賀湊に対して，さらに既存研究を渉猟して，この地域の理解に必要な実態の把握に努める必要がある。

ⅲ）能登黒島・門前

　黒島は曹洞宗の本山が所在する総持寺と門前町の外港機能を有し，17世紀後半に土方藩改易により天領となった。広い漁場をもち，家々の密集度が高い漁業が盛んな海村であった。しかし，享保6（1721）年幕府評定所において隣村との漁場争論に敗訴し漁場が縮小した。他方，西廻り航路の開発により航路が整備されて，北前船寄港地として成長した。18世紀以降，廻船業者や水主が増加し，戸数・人口が著しく増加し，江戸後期から明治前期に最も多かった。黒島村における廻船業の略史を表２に示した。黒島の廻船業は羽咋郡末森村字米出から入村した番匠屋善右衛門によって始められた。村社若宮神社の大祭は番匠屋を実質的な氏子総代として営まれ，番匠屋が若宮神社創建とかかわる可能性がある。若宮神社鳥居前の箇所はかつて番匠屋の，その後は森岡屋又四郎の造船場所であった。黒島村の北前船海運は番匠屋を嚆矢とし，廻船業者の交代・盛衰を経つつ明治年間まで続いた。当初は200石船が主流をなし，文化年間頃から船の大型化が進行した。18世紀から19世紀にかけて北前船船主として森岡又四郎家は寶珠丸以下延べ10艘を操業し，100年余りの稼業期間に５艘新造，つまり北前船を20年平均で更新した。秋に蝦夷・東北から北陸・山陰・瀬戸内海を経由して大坂に帰ってきてその年の航海を終え，大坂の掘割や河口に船を係留して大坂の船問屋に船を預け，船頭と乗組員は歩いて黒島に帰った。翌年春に大坂まで歩いていき，船の準

第4章　前近代北陸の海村・港町が織りなす地域　　167

表2　黒島村における廻船業の略史

廻船業者	廻船業の開始時期	主な稼業期	西暦での主な稼業期	持船の名前と艘数	船の積載規模	船頭	備考 明治期の氏名等
番匠屋善右衛門	元亀・天正の頃？	元禄～元文年間	17世紀末～1730年代	長栄丸など計7艘	200石台		不詳の持船あり。羽咋郡末森村米出から入村
森岡屋又四郎	享保8(1723)年	天明～寛政年間	1780年代～1800年頃	寶珠丸など計10艘	180～730石		「総持寺御用」の旗号
濱岡屋弥三兵衛	天明の頃	文化～文政年間	1804年～1830年	政徳丸,八幡丸など計14艘	800石,950石,1200石など		三カ国長者番付第9位加賀藩御用標識旗
中屋藤五郎	寛政6年	文政～天保年間	1818年～1844年	奉賀丸など計13艘	400～1100石	角屋孫左衛門中屋藤三郎樽屋惣四郎	黒島で最初の樺太航路敢行加賀藩御用標識旗中谷藤五郎
角屋孫左衛門		～明治中期頃	1840年代～1880年代	威力丸など計7艘			角海孫左衛門，一久
中屋藤吉		～明治中期頃	1840年代～1880年代	永徳丸など計6艘	700～900石		中谷藤吉
樽屋惣四郎		～明治中期頃	1840年代～1880年代	嘉徳丸など計3艘			吉田惣四郎
中屋藤右衛門				神寶丸など計3艘			
玉屋太助				永久丸など計3艘			

注）中谷藤作（1938）『黒島村小史』北国出版社　第四章廻船業と漁業を用いて作成した。
　　船が200～300石のときは黒島で造船した。船が大型化した文化・文政以後は黒島でも造船したが，主に
　　新潟または大坂で造船した。
　　若宮八幡神社の大祭は，大獅子小獅子が番匠屋の主人を迎えに行き，主人が社殿に参拝するまで祭典を
　　執行しなかった。番匠屋は黒島廻船業の祖。

備と積荷の買い付けをして，出港した（中谷藤作 1938，松尾 2015）。

　黒島集落は南北に走る街道が約1kmある。また山側に並行して細道が一部欠けるが1本通っている。街道沿いの家々では，多くの建物が道路に面した表側を下見板張りや破風板あるいははめ込み格子戸を用いて閉じている。明治期以前の建物は，切妻平入の主屋が一般的で，古くは平屋であったが，明治期以後は2階建てが増えた。目の高さに見える建物の外観は共通点が多く，大祭日には，家々が，普段閉じている表通りの部屋を開放して廻船業で

入手した装飾品などを展示する。建物内部の間取りは主屋は表側にザシキや
ミセノマなどの公的な部屋あるいはザシキとチャノマを配し，奥側にカッ
テ，ナンドなどの私的な部屋を配置する空間構成をとる点で共通している。
間取りに余裕がある場合は，4部屋の間取りから6部屋ないし9部屋の間取
りに変化し，ザシキの背後に庭を設けてザシキの質を高めたり，公的な空間
と私的な空間の間にチャノマなどの空間を配する。集落は海に向かって勾配
が下がるので，山側の1階が海側では2階，山側の地下が海側では1階にな
り，視界を遮られずに海を眺望する間取りも可能になる。角海家は立地条件
を活用して食材蔵や海が眺望できるハナレを配置している（土屋敦夫監修，
輪島市教育委員会文化課編 2008）。

iv）福　浦

　福浦は二又の大きな潤（水深の深い湾）をもち，外海の日本海に面してい
るにもかかわらず風待ち港として優れている。それゆえ，古代に渤海使の入
港があり，日本海航路においても各地の北前船（弁才船）が停泊して風待ち
する重要な港であった。湾内には小舟が控え，帆をたたんだ北前船を船宿の
近くまで曳き，停泊する船は水面近くの岩場（グリ）にあけてある穴に紐を
通して係留した。船宿は問屋でもあり，客船帳に停泊を記録した。福浦には，
他地域の交易船が停泊して，商売し，休息をとり，航海に必要な物資をそろ
えた。福浦には，船着き場をなす潤，船宿，方位盤を備えた日和山，番所，
灯台などが備わっており，遊郭があった。したがって，漁業や海運業を営む
住民で構成されている海村とはかなり性格を異にした。

　ここに挙げた4種類の海村は相互に集落の成り立ちや展開が異なる。近世
の日本海海運は，歩んできた歴史の異なるこれらの集落群を編成して，流通
体系のなかに組み込んだ。それぞれの集落は，みずからの自然・歴史・社会
条件に適した機能地域の存在形態を追求した。また，日本海海運・西廻り海
運の展開にともなう流通関係の変化は，地域間ネットワークの変化として発
現し，集落群の創出・機能変化・盛衰などをダイナミックに規定した。それ

とともに，交易を通じて各地の文化を摂取し，特色ある集落が各地に生まれた。

福井県から富山県西部のエリアにおいて日本海海運・西廻り海運による地域編成が進行した江戸後期から明治期において，広域的海運交易に深くかかわった関係集落群は，おおむね図2(1)，図2(2)のように示せる（渡辺一郎監修 2013）。これらの集落群には橋立以下の例示により少なくとも4タイプの海村・港町がある。各集落の発達史の再構成（復元）と比較考察，および日本海海運・西廻り海運が必要とする機能群とそれぞれの機能を果たす集落属性の異同を検討することが，これらの集落群に対してなすべき課題と考える。

3．歴史的地域の地域構造と集落地理的アプローチの模索

3.1　分析の素材と方法

前節の2.3で指摘した地域経済圏等が重合する歴史的地域，内陸水運圏の2次元の地域の実態解明のための分析方法の提示とその予察的検討を本章では扱う。

地域経済圏と内陸水運圏の検討のため，対象地域においてこれら2つの経済圏域に迫れる史資料として，『加越能三箇国高物成帳』を用いる。金沢藩は「村御印」と称する独自の収税システムを領主と村が合意して江戸前期から幕末期まで実施した。「村御印」等の史料を整理して，玉川図書館近世史料館が金沢藩領の全村の高の推移，小物成を書き上げて，資料集として刊行した。この資料集によって，漁業・海運業・海産物に関わる小物成を計上し，当地の海村が行っていた海運・漁業等を把握する。小物成の種類によって，水域での主たる生産活動が異なるので，それらの分布図によって，生業の内容が類似する地域が確認できるはずである。生産活動を具体的に再構成できれば，類似した生活様式の地域を設定できる。また，生産物の集荷・販売を扱う集落と生産を主とする集落群とを弁別できれば，集落間でむすばれてい

170　第Ⅱ部　歴史的検討

(1) 福井県と石川県南部のエリア

図2　海村と港・宿駅

第4章　前近代北陸の海村・港町が織りなす地域　　171

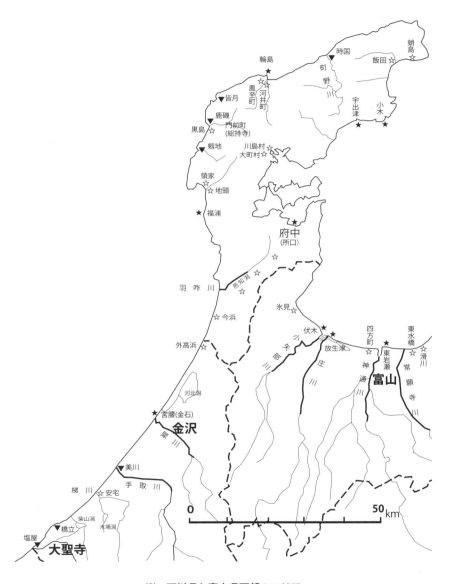

(2)　石川県と富山県西部のエリア

172 第Ⅱ部 歴史的検討

る地域間関係がわかるとともに，その圏域を内陸水運圏あるいは地域経済圏
として提示できる。本資料は寛文10（1670）年値がベースで，日本海海運・
西廻り航路の隆盛による海村への影響がまだ広く及んでいない段階の状況を
知る手がかりとなる。

　一方，日本海海運・西廻り航路の隆盛は，海村の生業や集落に変化をもた
らした。前節の4地域の例においても，海運事業の実施に伴い，移動・移民
の増加，集落の創出，集落形態の改変が生じている。集落の変化のなかで，
特に港町については，既存研究が，港町の構造や施設・要素群の歴史的変化
を検討し，時代による港町の比較の枠組みを提示している。この成果を参考
にして，その視点を，より広範に海村・港町について検討することによって，
海村・港町の比較考察を行う分析方法が考えられる。この景観構成要素群の
比較考察は，集落地理学の分野において世界の農村集落や都市形態を対象に
して重要な成果を得てきた分析手法である[9]。海村・港（町）の成長・拡大，
海村・港（町）の構造や構成要素群の歴史的変化，港町の規模・中心性など
に関する歴史的な変化の軌跡とその成立条件に迫る示準化石と示相化石を追
求したい。

3.2 『小物成帳』にみる海村の生業・経済と内陸水運圏

　加賀藩の高物成帳を編集した『加越能三箇国高物成帳』には，寛文10
（1670）年当時の村々の高と小物成の賦課およびその後の検地による高の変
化などが収載されている[10]。これを用いて，河海での経済活動に対する小物
成を賦課されている海村を抽出して検討しよう。具体的には，櫂役，間役，
網役，船役，塩（竈）役，魚役のうち，1つ以上について200匁以上賦課さ
れている村々を抽出して，表3を作成した。表注に示したように，櫂役とは
船の漕ぎ手の人数つまり船規模により海運船や漁船に課す税のことで，外海
船櫂役と猟船櫂役があり，前者は外海海運用の船，後者は漁船を指すと見な
す。両方の小物成の額を比較して，一方が他方の3倍以上の値を示すか否か
を基準に，海運が主，漁業が主，中間の3種類に分類し，かつ賦課額の大小

第4章　前近代北陸の海村・港町が織りなす地域　173

により，その経営規模を大中小に3区分した。2貫以上の小物成の場合を大，500匁〜2貫の間の場合を中，200匁〜500匁を小とした。海運と漁業は相補的な生業で，中長期的に村の生業が一方から他方に推移することもあると考えてこれらを表示した。間役は潤役ともいい，湾内に多くの船が停泊する深さと湾域をもつ海村に対して課せられた。網役は漁撈活動に対する賦課である。釣役もあるが，加賀藩内では釣役を付加された浦は少なく，ほとんどが網役を賦課されている。船役は，湖通船・小船・旅船の旅客運搬役と，板船・川舟櫂役つまり内陸水運役が主で，内舟の運搬活動に対する賦課と見なせる。塩（竈）役は製塩に対する役，魚役は，集散を含む漁獲に対する賦課と見なせる。原史料中の小物成の表記から，寛文10年時に元の賦課に対して主に外海船櫂役について小物成の増減が記載されているので，この賦課額の変化の有無によって以前と比べて海運活動が縮小したか否かが探れる。

　表3を地図化したのが図3である。図3により，各種小物成賦課の地域的特色に関して次の諸点がいえる。200匁以上の小物成を賦課されている海村は102ある。まず，外海海運が盛んな海村は22ある。梯川河口の安宅，河北潟西部，志賀・富来の外浜海村群，輪島，穴水湾東部，越中放生津町，六渡寺の村で，このうち安宅，本根布，白尾，放生津町が大規模，大根布，内日角，富来（領家町・地頭町），輪島，穴水湾（中居，比良），六渡寺が中規模である。一方，漁業が盛んな海村は26あり，河北潟中南部の内水面域，邑知潟の内水面域，富来・輪島間の外浜海村群，能登町の小木・宇出津周辺域，氷見北部の阿尾である。このうち鹿磯，皆月，小木が比較的規模が大きい漁村である[11]。外海海運と漁業がほぼ同等の比重の海村は21ある。

　次に，潤（間）役を200匁以上賦課されている海村は15あり，福浦，輪島崎が広い港湾，風戸，五十洲，皆月，折戸，小木がそれに次ぐ規模の湾をもち，外洋船等が停泊した。一方，船役には湖船・通船・小舟役＝旅船役＝渡しがあった村と「自国幷他国入猟役」＝漁船が入港する村があり，河北潟沿いの内日角と富来の能登金剛一帯の笹波浦などは前者，門前から珠洲にかけては後者が占める比重が高い。また，川船・板船による内陸水運に200匁以

表3　金沢藩領において200匁以上の海上交易や海産物生産関係の小物成運上を課せられていた海村

国	郡	村	2001年当時の市町村行政	タイプ	規　模	高(寛文10)	外海船櫂役	猟船櫂役
加賀	加賀(河北)	才田	金沢市	▲	小	1319		275.5
		太田	津幡町	▲	小	1113		40+190
		白尾	七塚町	□	大	無高	2404.5+1767.5	120
		木津	七塚町	□	小	無高	378	85
		向粟ヶ崎	内灘町	◎	中	無高	283.5+45.5	260.5
		本根布	内灘町	□	大→中	無高	1302.5+1035.5	196
		大根布	内灘町	□網	中, 小	無高	434.5+933.5	195
		荒屋	内灘町	□網	小, 小	無高	322	100.5
		秋濱	七塚町	□	小	無高	455	15
		外日角	七塚町	□塩	小, 小	無高	231+171	30
		外高松	高松町	◎	小	363	59.5+206.5	187.5
		内日角	宇ノ気町	□旅舟	中, 小	4	493.5+584.5	5
		大崎	宇ノ気町	□網	大→中, 小	無高	1277.5+734.5	55+25
		東蚊ヶ爪	金沢市	▲	小	1131		280+77
		大場	金沢市	▲	小	1558		245
		八田	金沢市	▲	中	1613		540
	能美	今江	小松市	内舟	中	1050		
		木場		内舟	中	945		
		向本折		内舟魚介	小, 小	1033		
		安宅		□	大	240	2646	60+690
		濱	根上町	塩	中	116		57.5
	石川	橋粟ヶ崎	金沢市	◎	中	186	546.5	332.5
		石立	松任市	網	小	455		45+20
能登	羽咋	大嶋	志賀町	□	小	255	157.5	40+190
		川尻	志賀町	□	小	85	180	55
		赤住	志賀町	間	小	371	56+7	35+10
		松戸	志賀町	□	小	新立	84	110+25
		安部屋	志賀町	□	小	172.096	238	30
		大念寺新	志賀町	◎	中	新立	846.5	
		一宮	羽咋市	◎	小	377	140	65
		塵濱	羽咋市	◎網間	小, 小, 小	新立	287	135+42
		千路	羽咋市	▲	小	89.895		385
		前濱	富来町	▲	小	15		225
		笹波	富来町	旅舟	小	684		10
		赤崎	富来町	▲	小	148		410
		千浦	富来町		小	240		527.5
		風戸	富来町	◎間	中, 中	47	290.5	422.5
		風無	富来町	◎網	中, 小	170	213.5+237.5	1265
		領家町	富来町	□	中	55	371+49	15+15
		地頭町	富来町	□	中	330	371+294	25
		福浦	富来町	◎間	小, 大	287	168+42	120
	能登	鹿嶋路	羽咋市	▲	小	400		265
		鵜浦	七尾市	□	小	1047	231	50
		熊木中嶋	中島町	□	小	892	364	20+47
	珠洲	羽根	能都町	▲網	小, 中	103		330
		小木	内浦町	▲網間	中, 小, 中	142	66.5	990
		立壁	内浦町	間	小	135		10+35
		宗玄	珠洲市	▲	小	198	35	180
		松波	内浦町	▲	小	901		257.5
		飯田町	珠洲市	◎	中	383	441	305
		鹿野	珠洲市	網	小	854		35

第4章　前近代北陸の海村・港町が織りなす地域

網役・釣役	潤（間）役	（湖通・小・旅）船役	板船・川舟 櫂役	塩竈役・塩役	魚介類の役	浦役
	88					
270				43.4＋129.2		
60＋30				26		
120						
196						
437.1						
244.5						
60				32.4＋104		
60				113.8＋155.2		
23		108＋107				
219＋35						
27						
			480＋45			
			190＋25			
			310＋ 5		201 （鮭役）	
142.5＋47.5	74.4＋47.6		12.5＋7.5		94.7 （魚油等）	
166				431＋788		
78						
177＋26						
23	17					
24						
	360.4					
3	2.4					
71＋57						
260	222					
154						
65		3 ＋85				
		72＋276				
65		12＋65				
92		6				
70	845.4					
209	88.2＋21.8					
70.4＋71.6						
	4349.8					
84						
868.5					21	
365.7	677.6＋59.4					
	81.2＋161.8				7	
52＋12						
24						
59	4.8＋116.2					
301.6						

国	郡	村	2001年当時の市町村行政	タイプ	規模	高(寛文10)	外海船櫂役	猟船櫂役
		正院	珠洲市	網	小	757	63+14	80
		蛸嶋	珠洲市	▲網間	中, 小, 小	661	157.5	600
		馬緤	珠洲市	間	小	405		72.5
		折戸	珠洲市	間	中	239	28	75
		狼煙	珠洲市	間	小	432	28	20
		寺家	珠洲市	間	小	619	35	102.5
	鳳至	比良	穴水町	□	中	404	329+343	30
		中居南町	穴水町	◎	中	255	63+175	290
		中居町	穴水町	□	中	342	400+155	
		鵜川	能都町	◎網	中, 小	404	168+98	237.5
		波並	能都町	◎網	中, 中	280	56+161	517.5
		甲	穴水町	▲網	小, 小	552		210
		宇出津町	能都町	◎網魚介	大, 中, 小	540	2157.5	
		藤波	能都町	▲	小	399		270
		赤神	門前町	▲	小	40	28	225
		腰細	門前町	▲	小	37	70+ 7	285+135
		大泊	門前町	▲	小	47	28	210
		剣地	門前町	◎	小	122	252	117.5
		鵜入	輪島市	▲	小	83	21	335
		大沢	輪島市	▲	小	153	84	160+155
		鹿磯	門前町	▲	中	31	168+98	942.5
		五十洲	門前町	▲間	中	110	105	457.5
		皆月	門前町	▲間	大, 中	141	154+35	2160
		輪島町	輪島市	□網	中, 中	823	1473.5	232.5
		輪島崎	輪島市	◎間	小, 大	31	56+ 7	172.5+2.5
		名舟	輪島市		小	222	98+147	165
越中	砺波	岡	小矢部市	魚介	小	671		10
	射水	六渡寺	新湊市		中	303	640.5+10.5	12.5+19.5
		放生津町	新湊市	□網	大, 大	718	2982	775+237
		新明神	新湊市	網	小	24		20+17
		海老江	新湊市	網	小	682	21	75+90
		打出本江	新湊市	網	小	1795		30
		放生津新	新湊市	□	小		241.5	30+37
		四つ屋河原	高岡市	魚介	小	535		20
		阿尾	氷見市	▲網塩	小, 中, 小	1130		170+90
		藪田	氷見市	網	中	414		40+80
		小杉	氷見市	網	小	87		30+37
		泊	氷見市	網	中→小	172		45+50
		宇波	氷見市	網	中→小	738		95+47
		脇方	氷見市	網	小	170		30+45
		小境	氷見市	網	小	165		85+62
		姿	氷見市	塩	小	372		5
		中波	氷見市	塩	小	264		17
		窪	氷見市	網	小	636		80+30
		柳田	氷見市	塩	中→小	896		
		嶋	氷見市	塩	小	724		
		太田	高岡市	網	大→小	1630		
		伏木	高岡市	◎網	中, 中	57	294+143	360
	新川	東岩瀬	富山市	◎網	中, 小		977	420+185
		滑川町	滑川市	◎間	小, 小	687	112	307.5+27.5
		堺	朝日町	塩	小	382		

資料）『加越能三箇国高物成帳』（金沢市立玉川図書館近世史料館蔵，加越能文庫16.65-27）。刊行は2001年。
注）櫂役，間役，網役，船役，塩（竈）役，魚役のいずれかが200匁以上の村を計上。規模は200〜500匁，500匁〜2貫，
　表中のα＋βの記載は，当初α＋βの高が賦課されていたが，その後βの賦課が削減されたことを意味する。「入猟役
　海洋交易船役が主：□，漁船役が主：▲（一方が他方の3倍以上），両者混在◎，湖通船・小舟・旅船役：旅客船役（旅

網役・釣役	潤（間）役	（湖通・小・旅）船役	板船・川舟 櫂役	塩竃役・塩役	魚介類の役	浦役
257.6						
215	273.8	39（入猟役）				
	298.6+133.4					
	1001.2+529.8					
	458.2					
6	190.2+57.8	75（入猟役）				
59					30	
	13					
299.2	10.8				18	
1019.3					6	
260	24				7	
906.7	109.6				245+13	
173					11+13	
10（刺鯖役）		33（入猟役）				
14（刺鯖役）		42（入猟役）				
6（刺鯖役）		36（入猟役）				
3（刺鯖役）	75.8+45.2	6（入猟役）				
12（刺鯖役）	111.6+52.4					
13+12（刺鯖役）	32.4	15（入猟役）				
17（うち2刺鯖役）	144.6					
18（刺鯖役）	1519	60（入猟役）				
	75.8+1066.2	30（入猟役）				
579(559海士運上)		48（入猟役）				
	3922.2+284.8	3（入猟役）				
		12（入猟役）				
					314（鮭役等）	
175						
1191.1+952.9		141				
50+396						
397						
81+332						
18+19		9				
					225（鮭役等）	
565+1139		12		201+66	12	
176.6+427.4				36.6		
107.4+269.6				21.4		
80.4+526.6						
346.7+1017.3		18				
124.2+169.8						
137+153		6		11		
25+23				170.4+41.2		
84.5+24.5				129.6+220		
222						
				413.3+145.5		
				413		
195.9+2636.1						
1783	79.2+102.8	36				
152+61					20	484
69.5+7.5	380（浦役）			122+24(鮭役等)		380
				206		

2貫以上をそれぞれ小，中，大とする。
は「自国并他国入猟役」の略。
舟），板船・川舟櫂役は内水運搬役：内舟，網役・釣役：網，港湾役：間，塩竃・塩役：塩，魚介類役：魚。

178　第Ⅱ部　歴史的検討

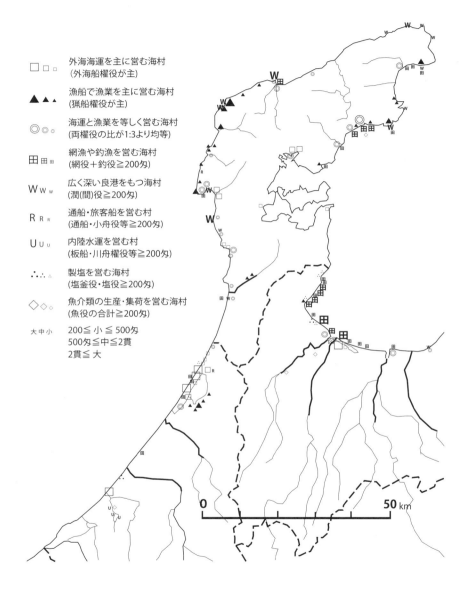

図3　小物成からみた金沢藩の海村の特色

上賦課されている村は木場潟の 3 村があった。

　これに対して，漁が盛んな海村は29あり，放生津町，氷見郡の海村群，能登町の海村群がその中心であった。大半は網漁であるが，小木，宇出津町は釣漁の比率も高い。魚介類の捕獲・集荷に対する役が200匁以上賦課されている海村には，遡上する鮭の捕獲に対する鮭役を賦課されている 4 村と鱈や烏賊などの漁獲に対する役を賦課されている村があり，後者は少ないがその代表が宇出津町である。塩釜役・塩役を200匁以上賦課されている海村は 8 あり，ほぼ河北郡と氷見有磯海の沿岸に所在している。

　以上，小物成の賦課によって江戸時代前期の17世紀後半の海村の生業を概観し，それぞれの海村の立地条件とそれに対応した生業が確認できた。海運の拡大や流通の変化および各地の製造・流通産品の変化による18世紀以降の海村の状況，港町の発達等の変化を検討する課題が残されている。また，加越能 3 カ国のうち金沢藩領以外の大聖寺藩領，土方領＝その後の天領，および福井藩領や小浜藩領についても，同様の史資料による分析を補足する必要がある（田川健一編著 1995）。

3.3　海村・港町の集落形態とその比較：規模・階層性と機能

　市村高男等による港町（港湾都市）とその構成要素群の進化系列に関する検討，陣内秀信や岡本哲志による港町の形成と変容に関する研究が，海村・港町の比較の枠組みを提供している。まず，市村（1996）の所論は，津・湊の立地場所（河口・潟，湾，内海の津），存在基盤（川や街道など，内陸部への連絡ルート。内陸近在に消費地としての国府や一宮や寺社や領主の本拠や都市群が所在。あるいは他の津・湊との関係や国外との関係），都市の実像（海民集落，商業・醸造業・金融業・手工業などを営む町人集落，宗教集落等の性格・機能の異なる複数の集落が空間を異にし，それらの複合体が都市になる）を検討し，港湾都市の条件とヴァリエーションについて自説を提示した。都市的機能の部分的存在をもって「都市」と見なすことに慎重な市村の姿勢は，長年にわたる歴史学の海村・港町や地理学の集落の研究史に基

づけば，当然ではあるが重要な姿勢である。市村（2006）は，中世の港町の
実像について再説している。さらに市村（2016）は，14世紀後半の『庭訓往
来』の，市町の振興に津への廻船の着岸や鍛冶・鋳物師，水主・舵取・漁客・
海人の入来・定着が不可欠との記載に注目し，14世紀後半当時，市町と津は
別物で，両者がそろって地域の繁栄がもたらされるとの認識があったことを
指摘した。そのうえで，市村（1996, 2006）の実証を目指し，讃岐野原を対
象に，5つの性格の異なる町場的集落（港湾施設に関係する廻船人等の居住
地，寺社群，商職人）が集合し，機能的一体化を進め，その後城下町整備の
中でこれらの集落が城下町内部に組み込まれて空間的一体性を強めたことを
示した。その骨子は，港湾施設，海浜集落，市町を基本的構成要素とし，自
然環境・政治状況・社会環境の違いによる多様な展開を経て，一定の住みわ
けを残しつつ一体性を強め，近世の港湾都市が誕生する，との論であり，柘
植信行（1991）が解明した品川の発達の研究をはじめ，多くの研究成果と適
合的である（品川区立品川歴史館2008）。市村は，港町・港湾都市の形態論
に関して，宮本雅明による中世港町＝タテ町から近世港町＝ヨコ町への展開
とそれに伴うフラットな社会構成を前提とした均質で市場原理に基づく港町
への展開を受け入れつつも，多様なあり方の存在に着目することの重要性を
指摘している。

　次に，岡本哲志（2010）は，古代，中世，近世，近代と異なる時代の空間
要素が残り混在する港町の空間は，城下町と比較して読み解きにくいことを
指摘しつつ，約30の港町の再構成（復元）を行っている。岡本による復元し
た港町の解説を要約すると，それぞれの時代の港町の立地を規定する自然条
件や人為的造成に関して，次の諸特徴として整理することができる。
自然条件：水位の歴史的変化，沿岸の潮位差（対象とする時代の海岸線の復
元と沿岸域の潮間帯部分の景観や構造），風を遮る前島の存在。
人為的造成：前島を前に見て集落，その背後の高所に神社が配置（古代以
来）。内海の入り江に湊，その背後の微高地に寺院が対になって点在（中世）。
港湾施設，漁村集落，寺院群（中近世）。藩領と天領が混在し両方にそれぞ

第4章 前近代北陸の海村・港町が織りなす地域 181

れ港湾施設と港町が所在（近世）。河口や河口沿いの砂州が発達する場合は水際に沿って線的に港のエリアを拡大，港の背後に海岸線と並行する道路を通して短冊状の地割を設け，そこに商職人集落を配置して港湾都市化（近世）。河口や河口沿いの砂州がなく外洋に面する場合は尾根筋に神社，湾を捲く高低差のない道路（水害の危険のない標高），その道路より上方に数列垂直方向に走る袋小路の道路とその両側に家並み，港湾に向かう勾配の大きな道路（近世）。

　上記の港町研究とは研究目的を若干異にする知見が，都市史研究によって示されている（仁木 2005, 仁木・綿貫編 2015, 宮本 2005b, 内堀他 2006）。

　以上の諸研究の成果を参考にして，北陸日本海沿岸の海村・港町を対象に，海村および海村から港町さらに港湾都市に向けた発達度を判断する枠組みを設定し，そのうえで近現代の改変が進む以前の個々の集落形態，および立地・規模・景観構成要素群などを確認して，集落群を類型区分することができる[12]。この指標によって，海村と港湾都市を両極端とする海村・港町の発達度および，機能の異なる海村・港町について，集落構造に基づく類型設定や進化系列の検討をすることが可能になろう。

　まず，北陸日本海の港町や港湾都市は，次の2類型に分類できる。水橋から小浜までの範囲で，河口の港町として，水橋（常願寺川），東岩瀬（神通川），放生津（庄川），伏木（小矢部川），金石（犀川），美川（手取川），安宅（梯川），塩屋（大聖寺川），三国（九頭竜川）がある。これに対して，川の機能よりも湾の地形条件に基づく港町として，氷見，七尾（府中・所口），輪島，福浦，敦賀，小浜がある（三国町教育委員会編 1983）。

　一方，港町と海村をあわせて，示準となる集落形態を考えた場合，略述したように，4種類の規模や性格を異にする集落類型を挙げることができよう。すなわち，代表的な海村・港町で例示すれば，まず，中世七湊の一つで江戸時代に2つの町人集落と漁業と海士の集落の集合体から成る輪島である。第二は，日本海に直接臨んでいるが2カ所に分かれた広い潤をもつ風待港で，船宿群と船舶置き場・船番所・灯台・日和山・遊郭等をもつ福浦であ

182 第Ⅱ部 歴史的検討

る。第三は，中世から曹洞宗本山寺院の外港をなし，漁業が盛んであったが，
北前船の隆盛にともなって入植した廻船業者を中心に17世紀末以降に北前船
を開始し，18世紀末から19世紀後半にかけて船主の増加や所有船籍数を増や
した町屋型の屋敷群から成る黒島である。第四に，明治時代に北陸親議会を
組織して三井三菱らによる汽船会社に対抗した，近世後期から近代期にかけ
て活発に活動した北前船商人たちが集住する農家型の屋敷構えを持つ屋敷群
から成る橋立である。黒島は沖泊まりにより，廻船問屋を営む船主が小舟で
荷物を荷蔵に運んだが，橋立は荷蔵をもたない廻船船主の集落であった。北
前船の廻船船主を輩出した海村の中には，集落に荷蔵がなく，集落景観には
問屋機能が見られない事例が少なくない（加賀市教育委員会編 2004，土屋
敦夫監修・輪島市教育委員会文化課編 2008）。

　これらの港町と海村の絵図・空中写真や史資料に即した検討は今後の課題
である。

3.4　北陸日本海の地域群と歴史的地域の地域構造

　藩領等の歴史的領域をベースにして様々な活動が重層するなかで形成され
た実質地域を，地理学では「歴史的地域」と呼ぶ。北陸日本海において近世
の日本海海運，西廻り海運が展開していた時代における歴史的地域の地域構
造を把握し，地域に生起した諸活動とりわけ局地経済圏の地域システムとそ
の働きを明らかにしたい。これを全面的に検討することは今後の課題とし
て，ここでは北陸日本海の一部を構成する奥能登を歴史的地域の例として捉
え，奥能登を例に，その地域構造と地域特性を説明しよう。

　能登国は，羽咋郡，鹿島郡（旧能登郡），鳳至郡，珠洲郡の4郡から成り，
口郡の鹿島郡，羽咋郡，奥郡の鳳至郡，珠洲郡に2分する場合と，羽咋郡の
一帯を口能登（現：羽咋市，宝達志水町，志賀町），鹿島郡の一帯を中能登
（現：七尾市，中能登町），鳳至郡と珠洲郡の一帯を奥能登（現：輪島市，珠
洲市，穴水町，能登町）に3分する場合がある（図4）。古代の国府は鹿島
郡の現七尾市内の府中，矢田町近くに，一宮気多神社は羽咋郡に所在した。

第 4 章　前近代北陸の海村・港町が織りなす地域　　183

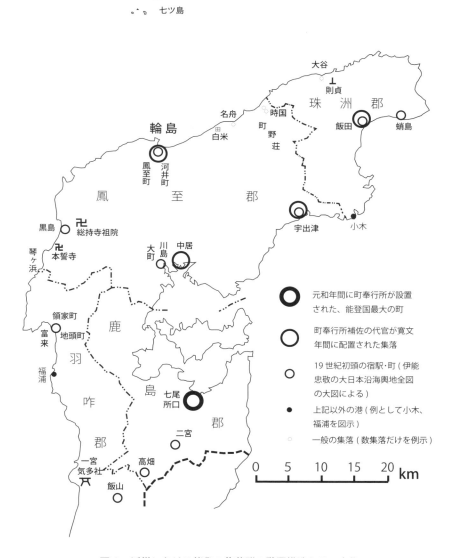

図 4　近世における能登の集落群の階層構造とその変化

184　第Ⅱ部　歴史的検討

11〜12世紀には賀茂社が領有する荘園が広がり，賀茂社が若狭・加賀・能登・越中の日本海交通を確保した。12〜13世紀前半には，延暦寺（山門）や坂本の日吉社の所領が拡大した。また，12世紀後半の治承・寿永の乱以後，東国御家人が地頭として大量に補任され，能登に地堡を築いた。その結果，13世紀半ばからは北条氏が能登の要津を支配するにいたった。室町時代には畠山氏が能登の守護となる。鎌倉・室町両幕府の要職者が能登の支配者となったことがわかる。

　古代の国府に続き，能登国の守護所も七尾の近在に置かれた。その後も七尾に戦国城下町が整備され，近世初頭には前田利家が七尾の小丸山に城を設けて城下町整備を進めた。利家が加賀国石川・河北両郡を領有して金沢に城下町を移したので，以後，七尾町（中心部の地名により所口町）に，元和年間，町奉行所が置かれ，港町の機能を生かした経済が栄えた。寛文年間には，輪島（能登国鳳至郡および現輪島市の中心集落），飯田（能登国珠洲郡および現珠洲市の中心集落），宇出津（現能登町の中心集落），中居（現穴水町の旧中心集落）に所口町奉行補佐の小代官1〜2人が配置され，奥能登の中心集落群として栄えた。江戸時代後期には，中居村の中心集落機能は川島村，大町村に移り，飯田村の町機能は蛸島村にも分与された。

　奥能登一帯の水系に注目すると，流路の長い河川は，町野川＞河原田川＞八ヶ川＞若山川の順である。河原田川は輪島（鳳至町，河井町），八ヶ川は黒島村，総持寺，若山川は飯田村と，町・宿・在郷町や門前が所在する。しかし，最大の流路と流域をもつ町野川には，町に相当する集落が存在しない。

　他方，中・近世の奥能登における海運・廻船業が盛んな集落として，泉雅博や網野善彦は，「頭振」（水呑百姓を指す，加賀藩での用語）の比率や定免率の高さに注目して，輪島（河井町，鳳至町），宇出津村，皆月村，飯田村，中居村，中居南村，小木村，劒地村，名舟村，鹿磯村等を挙げた[13]。

　以上から，能登における行政の中心つまり行政機構上の中心集落は，中近世以降，第一次中心として七尾町（所口町），第二次中心として，奥能登一帯では輪島（河井町，鳳至町），飯田村（後に蛸島村にも機能を分与），宇出

津村，中居村（後に川島村，大町村に機能が移動）や黒島村・門前であったことがわかる。これに対して経済活動に関しては，これらの集落が海運・廻船業あるいは集散・消費・製造等の活発な集落を構成していたこと，およびこれら以外にも廻船業の盛んな臨海集落群が存在したことが確認できる。しかし，一方で，奥能登において最大の流路長と流域面積をもつ町野川の一帯については，行政中心としても，海運・廻船業の活発な臨海集落としても，明確な形で姿を現さない。

　能登における海運・廻船業とは，日本海海運による物資流通を指すが，それは単に中継地としての運搬だけでなく，能登における生産物資すなわち製塩，窯業（珠洲焼），鉄製品（中居鋳物師）や海産物の流通・販売も含まれる。上記以外にも盛んな生産・製造活動や海運・廻船業を営んだ海村があることは明らかであるが，それが表に現れないのは，一定の流域がある地域では農業の比重が高くなり，海運・廻船業に特化した村として捕捉することが困難になるからである。時国村をはじめとする町野川沿いの一帯はそのような地域といえよう。

　江戸時代中期以前の海運・廻船業や非農業活動に注目しなかった研究段階には，たとえば若林喜三郎（1970, 1980）は，奥能登の歴史について，農民組織の農業を母体とする地縁的結合・地域社会が，畿内では惣として自立を強め，一揆などの武力的抵抗を強めて成長したが，生産力の低さによる後進性が能登の特色で，とりわけ奥能登は古代的権力が長く残り，荘園経済の封鎖性，階層分化の未熟のまま，前田氏の近世的支配に組み入れられた，とする。農業と農村に基づいて能登の地域構造を理解し，農業以外の活動や経済，関係網の形成への関心が十分でなかったことがわかる。

　しかしながら，網野や泉をはじめとする神奈川大学日本常民文化研究所奥能登地域調査研究会の史料の収集整理とそれらを用いた研究により，時国家をはじめとする多くの旧家が北前船の隆盛よりもはるか以前から，また西廻り海運（北前船）においても蝦夷や東北から越前さらに西国にいたるまで，広汎に海運・廻船業を行っていたことが明らかになった（神奈川大学日本常

186　　第Ⅱ部　歴史的検討

民文化研究所編 1996, 2006)。広い流域と農地をもつ町野川流域も，奥能登の他の地域と同様に，海洋を通じて諸国と結びついていたことが明らかになった（神奈川大学日本常民文化研究所編 1995)。

　近世期には，輪島や黒島や福浦が北前船で栄えた地で，輪島や黒島は地元の海運業者や船頭・水主で栄え，福浦は日和山や自然に恵まれた入り江をもち各地の北前船の寄港地として栄えた。北前船の製造以前の時代には小規模な船と水主による海運が多くの港で営まれていたし，また，北前船の開発後も従前の小規模な船と水主による海運が多くの港で営まれていた。各地の港の盛衰・移り変わりには航路のネットワークや物資需要の変動をはじめ，船の規模以外の要因もあるから，海運・廻船業をめぐる能登半島各地の構造変化を知るには比較考察が重要である。

　図4には，能登半島の二次中心集落の一部が江戸前期から江戸後期の間に別の集落に変わったことを示した。地域構造の変化については，郷帳や藩政資料さらに明治前期の陸軍陸地測量部『輯製20万分1図』などを活用したい。

4．おわりに

　本章では，歴史的に海運の比重が大きく，近世には，廻米と蝦夷鰊交易の進展により北国海運から西廻り海運（北前船）への大きな変化を経験した日本海海運に関する研究史を整理した。そのうえで，日本海海運と地域流通，内陸水運圏の3次元の地域間関係に留意して，北陸日本海の海村・港町の集落と地域および地域間関係を把握する枠組の設定に努めた。

　一方，海運と相互補完的な海洋経済活動である漁業については，表2，図3によって江戸時代前期の金沢藩領の海村における状況を示したものの，先行研究の渉猟，漁法（技術）や経営を含む漁業の歴史的展開，漁業史上重要な役割を果たした海村や漁場に関する検討，海運と漁業の関係の推移に関する議論などが不十分であり，史資料に基づいて実態分析を進める前になすべき課題は多い。これらも視野に入れた，海運・漁業をはじめとする生業・生

第4章　前近代北陸の海村・港町が織りなす地域　187

活の全般に留意した前近代北陸日本海の海村・港町のさらなる分析について，引き続き検討していきたい。

〔注〕
1) 室町時代末期に成立したとされる「貞応の廻船式目」に三津七湊が記されている。三津は伊勢安濃津，筑前博多，和泉堺を，七湊は越前三国，加賀本吉（美川），能登輪島，越中岩瀬，越後今町（直江津），出羽秋田，津軽十三湊。
2) 宮本（2005）は，中近世移行期から近代初頭期を対象に，空間形成主体の意思・設計理念とその造形やその後の変容に留意して，日本各地の城下町・寺内町・港町を対象に詳細に復元・再構成して分析を積み重ね，その上でそれらを包括的に「都市」として捉え，近世都市の空間構造に潜む基本原理とその展開を提示した。具体的には，中世期に，共同性と多元性のもとで多くの都市的集住地がそれぞれ閉空間として機能した，その限界を克服して，近世前期に，一元的な公権力により求心的な城下町の建設が進んだ，公権力の確立した近世期，都市全域に対して均質な公共性と社会経済活動を支える一体的整備を重視する空間造形が進展した，日本各地で成長した在方町（在郷町）が近世後期から近代期にかけて連続的に成長し，近代社会の中心的存在となった，と結論づけた。

　　宮本説は，多くの既存研究を咀嚼・整理し，その上で詳細な自らの分析結果を提示しているので，都市史研究者により広く受け入れられ，その後の多くの研究成果には実質的に宮本説を補強するものが多い。
3) 仁木・綿貫編（2015）は，近世城下町の大半が中世都市を前提とし，北陸においては守護所が置かれた中世の有力な港町が近世城下町に展開することを踏まえ，その展開を地形，寺社，武家，都市民のあり方に注目して解明することを目指した。港町を要件とする守護所の近世城下町への発達を明示的に主張しない場合も，日本海交易の進展が中世都市の成長，階層的な都市群の成長や交易・物流によるネットワークの形成に注目する研究はすくなからずある。

　　ただし，これらの研究では「都市」概念の明確な提示や分析指標の確認が不十分である。従来の研究史に対する反論が前面にあり，都市に結び付く可能性のあるものをともかく「都市」としてくくって都市の風呂敷を広げる感が強い。都市的集落，具体的には城下町，寺社門前・境内，港町等を包括的に「都市」として捉える視角にたつ。また，近世城下町によって機能の統合が進み，中世から近世への都市の進化が近世城下町として結実したと見なし，その後，一国一城令による城下町の選別により非城下町都市が多数生まれて，近世中後期に，経済の拡大に伴い在方町（在郷）が成長し，多様な機能都市が誕生したとの理解にたっている。

　　この一群の研究における，中世の都市萌芽的な各種の集落群がヘゲモニーの争奪闘争の結果近世城下町に収斂したとの理解，あるいは集落や地域と都市概念との関係などに

188　第Ⅱ部　歴史的検討

　　　ついては，さらなる検討を要すると考える。
　4）港町を，都市，港津都市の機能・歴史的発展の視点から検討する研究がある一方で，
　　　小さな規模の海村集落に対する関心は低かった。両者を異なる存在と見なし，前者に関
　　　心を寄せることが一般的で，両者を経済的な盛衰の変動の中で可変的な連続的あるいは
　　　分枝する存在として捉える視点が弱かった。
　5）福井県河野村（現南越前町河野）で2000年5月に開催された第5回「西廻り」航路
　　　フォーラムの総括において，青木美智男（2001）が問題提起している。
　6）永原は，中世における市場の非固定性・不安定性の例証として，泉雅博（1993，1994
　　　再掲）を引用している。
　7）鏑木勢岐（1927，1972再版），若林喜三郎（1957，1982新版），堀田成雄（1963），西村
　　　通男（1964）などがそれにあたる。
　8）桃運河（1916）により，大正時代，橋立は「日本一の富豪村」と称された。
　9）集落地理学の成果として，C. Lienau & H. Uhlig eds.（1978）や G. Schwarz（1989）
　　　がある。
　10）金沢市玉川図書館近世史料館が刊行した，館所蔵の加越能文庫『加越能三箇国高物成
　　　帳』を表示化した史料集。寛文10年村御印の高，免率，寛文10年以降の数次の高，およ
　　　び小物成等を収録し，各村の2001年当時の市町村名を利用の便のため記載している。
　11）宇出津は外海船櫂役と猟船櫂役の合計値で櫂役が計上されているため，どちらが盛ん
　　　であるかがわからない。
　12）近世の集落形態を把握するには村絵図がもっとも参考になる。しかし，城下町や町立
　　　てされた集落はともかく，松尾（2018）に示したように，加賀藩は村絵図の作成例に乏
　　　しいため，大半の集落に対して近世期の集落形態を確認できない。それゆえ次善の策と
　　　して，地籍図や米軍空中写真等を参考にして検討せざるをえない。
　13）網野善彦他編（1990），神奈川大学日本常民文化研究所奥能登調査研究会編（1994），
　　　同編（2001），神奈川大学日本常民文化研究所編（1995）に所収の，網野の論考と泉の
　　　論考を参照。

〔参考文献〕
〈北前船商人〉
鏑木勢岐（1927，1972再版）『銭屋五兵衛』加越能史談會，『銭屋五兵衛の研究』銭五顕彰会。
西村通男（1964）『海商三代：北前船主西村屋の人びと』中央公論社。
堀田成雄（1963）『北前船と西村屋忠兵衛』羽咋市教育委員会。
若林喜三郎（1957，1982新版）『銭屋五兵衛』創元社，『銭屋五兵衛：幕末藩政改革と海の
　　豪商』北国出版社。

〈海民・海村〉
網野善彦（1979，1994所収）「中世前期の水上交通について」『日本社会再考——海民と列

島文化』小学館。

網野善彦（1992）『海と列島の中世』日本エディタースクール出版部。

網野善彦著者代表（1990）『日本海と北国文化』（海と列島文化　第1巻）小学館。

　・網野善彦「北国の社会と日本海」。

　・泉雅博「能登と廻船交易：北前船以前」。

網野善彦「中世の能登と日本海交通」（1995）神奈川大学日本常民文化研究所編『日本海世界と北陸　時国家調査10周年記念シンポジウム』中央公論社，pp. 9-46。

長谷川成一・千田嘉博編（2005）『日本海域歴史大系　第四巻　近世篇Ⅰ』清文堂出版。

森浩一著者代表（1991）『日本海と出雲世界』（海と列島文化　第2巻）小学館。

山口徹（1995）「海村の構造と変貌」朝尾直弘ほか編『岩波講座　日本通史　第14巻　近世4』岩波書店，pp. 177-219。

〈海運史（日本，各地の海運史)〉

青木美智男（1997）『近世尾張の海村と海運』校倉書房。

神奈川大学日本常民文化研究所編（1995）『日本海世界と北陸　時国家調査10周年記念シンポジウム』中央公論社。

斎藤善之（1994）『内海船と幕藩制市場の解体』柏書房。

斎藤善之（2007）「海と川に生きる―仙台藩の肴の道と流通諸集団―」斎藤善之編『海と川に生きる』（身分的周縁と近世社会2）吉川弘文館。

斎藤善之・高橋美貴編（2010）『近世南三陸の海村社会と海商』清文堂出版。

斎藤善之（2012）「仙台藩御穀船の運航管理と統制―東北地域における領主的流通機構の特質―」菊池勇夫・斎藤善之編『講座　東北の歴史　第四巻　交通と環境』清文堂出版。

福井県立図書館・福井県郷土誌懇談会共編（1967）『日本海海運史の研究』福井県郷土誌懇談会。

《古代・中世》

久留島典子（2004）「越前国今泉浦絵図と西野文書―北前船前史―」福井県河野村編『北前船から見た地域史像　第六回「西廻り」航路フォーラムの記録』福井県河野村。

品川区立品川歴史館編（2008）『東京湾と品川―よみがえる中世の港町―』品川区立品川歴史館。

新城常三（1994）『中世水運史の研究』塙書房。

柘植信行（1991）「中世品川の信仰空間―東国における都市寺院の形成と展開」『品川歴史館紀要』6。

出越茂和（2005）「北陸の津湊と交通」小林昌二監修『日本海域歴史大系　第一巻　古代篇Ⅰ』清文堂出版，pp. 263-287。

永原慶二（1997）「中・近世日本海海運の構造と地域市場―馬借街道と北前船以前―」日本福祉大学知多半島総合研究所編（1997）『北前船と日本海の時代――シンポジウム第

190 第 II 部 歴史的検討

三回「西廻り」航路フォーラム』福井県南条郡河野村・校倉書房。

福井県立図書館・福井県郷土誌懇談会共編（1967）『日本海海運史の研究』福井県郷土誌
　懇談会。
　　・刀禰勇太郎「河野・今泉の海運について」。
　　・脇田修「敦賀の廻船業について」。
　　・脇田晴子「敦賀湾の廻運について―河野舟と浦，山内馬借―」。
水澤幸一（2005）「中世日本海域物流からみた地域性・境界性」小林昌二監修『日本海域
　歴史大系　第三巻　中世篇』清文堂出版，pp. 257-292。

《近世・近代》

泉雅博（1994）「能登と北前船交易―下張文書の整理作業のなかから―」神奈川大学日本
　常民文化研究所奥能登調査研究会編『奥能登と時国家　研究編 1 』平凡社，pp. 277-
　318。初出は次のとおり。泉雅博（1993）「能登と北前船交易―「上時国家文書」の整理
　作業のなかから―」『歴史と民俗』10。
泉雅博（1996）「北からの便り―酒屋嘉兵衛書状の紹介」神奈川大学日本常民文化研究所
　奥能登調査研究会編『奥能登と時国家　調査報告編 1 』平凡社，pp. 257-271。初出は
　次のとおり。泉雅博（1994）「北からの便り」『歴史と民俗』11。
小村弌（1992）『近世日本海海運と港町の研究』国書刊行会。
北見俊夫（1973）『日本海上交通史の研究』鳴鳳社（1986，法政大学出版局再刊）。
小林昌二監修（2005，2006）『日本海域歴史大系』全五巻，成文堂出版。
　『第四巻　近世篇 I 』（2005）
　　・印牧信明「近世前期の日本海海運と商品流通―北国海運と西廻り海運の発展を中心
　　に―」，pp. 205-250。
　『第五巻　近世篇 II 』（2006）
　　・木部和昭「長門・石見の廻船と地域社会」，pp. 299-328）。
　　・曲田浩和「敦賀と地域社会―近世後期の船と蔵をめぐる諸関係―」，pp. 237-268。
　　・中西聡「日本海沿岸地域の企業勃興」，pp. 363-398。
　　・原直史「越後巨大地主と流通市場―北前船による作徳米流通を中心に―」，pp. 153-
　　175。
正和勝之助（1995）『越中伏木湊と海商百家』桂書房。
高瀬保（1979）『加賀藩海運史の研究』雄山閣。
高瀬保（1990）『加賀藩流通史の研究』桂書房。
高瀬保（1997）『加賀藩の海運史』成山堂書店。
中谷藤作（1938）「第 4 章　廻船業と漁業」『黒島村小史』北國新聞社（1978，黒島村小史
　複刊委員会）。
中西聡（1992）「場所請負制と北前船―日本海海運史研究序説―」吉田伸之・高村直助編
　『商人と流通――近世から近代へ』山川出版社，pp. 179-241。

中西聡（1998）『近世・近代日本の市場構造——「松前鯡」肥料取引の研究』東京大学出版会。

日本福祉大学知多半島総合研究所編（1997）『北前船と日本海の時代——シンポジウム第三回「西廻り」航路フォーラム』福井県南条郡河野村・校倉書房。

　・斎藤善之「北前船右近家の経営展開と全国市場」，pp. 25–68。

　・高部淑子「北前船の情報世界」，pp. 121–144。

　・曲田浩和「北前船右近家と敦賀・武生」，pp. 101–119。

福井県河野村編（1999）『北前船からみた河野浦と敦賀湊　第四回「西廻り」航路フォーラムの記録』福井県河野村。

　・篠宮雄二「敦賀における右近家の船建造」，pp. 47–81。

　・曲田浩和「北前船主右近家と敦賀の問屋商人」，pp. 17–44。

福井県河野村編（2001）『地域から見た日本海海運　第五回「西廻り」航路フォーラムの記録』福井県河野村。

　・青木美智男「総括　新しい北前船の歴史像を求めて」，pp. 199–207。

　・斎藤善之「大坂からみた北前船と北国市場」，pp. 165–196。

　・中西聡「北前船商人の経営戦略」，pp. 125–162。

　・長山直治「一七世紀末・一八世紀初めにおける加賀藩登米と廻船について」，pp. 55–83。

　・原直史「越後廻船の船主たち」，pp. 85–106。

　・平野俊幸「越前廻船からみた日本海海運」，pp. 15–53。

福井県河野村編（2004）『北前船から見た地域史像　第六回「西廻り」航路フォーラムの記録』福井県河野村。

　・徳山久夫「瀬戸内海における日本海廻船の活躍」，pp. 127–145。

　・青木美智男「総括　北前船研究に河野村が果たした役割」，pp. 223–246。

北陸総合学術調査団編（1963）『北陸と海運』北陸中日新聞社。

牧野隆信（1972）『北前船』柏書房。

牧野隆信（1979）『北前船の時代——近世以後の日本海海運史』（教育社歴史新書〈日本史〉95）教育社。

牧野隆信（1985）『日本海の商館　北前船とそのふるさと』加賀市文化振興課。

牧野隆信（1989）『北前船の研究』法政大学出版局。

村瀬正章（1980）『近世伊勢湾海運史の研究』法政大学出版局。

桃運河（1916）「日本一の富豪村」『生活』4巻7号，7，博文館。

柚木学（1979）『近世海運史の研究』法政大学出版局。

〈上記以外の交通〉

戸田芳実（1992）『歴史と古道　歩いて学ぶ中世史』人文書院。

古島敏雄（1951）『江戸時代の商品流通と交通』御茶の水書房。

192   第Ⅱ部　歴史的検討

渡辺信夫（1993）「近世の交通体系」朝尾直弘ほか編『岩波講座　日本通史　第11巻　近世１』岩波書店，pp. 139-171。

〈港町〉
市村高男（2001）「日本中世の港町―その景観と航海図―」歴史学研究会・深沢克己編『港町の世界史２　港町のトポグラフィ』青木書店，pp. 17-51。
市村高男・上野進・渋谷啓一・松本和彦編（2009）『中世讃岐と瀬戸内世界　港町の原像：上』岩田書店。
市村高男・上野進・渋谷啓一・松本和彦編（2016）『中世港町論の射程　港町の原像：下』岩田書院。
市村高男（2016）「古代・中世における日本海域の海運と港町」中世都市研究会編『日本海交易と都市』山川出版社，pp. 5-24。
岡本哲志（2010）『港町のかたち　その形成と変容』法政大学出版局
陣内秀信・岡本哲志編著（2002）『水辺から都市を読む　舟運で栄えた港町』法政大学出版局。
出越茂和（2005）「北陸の津湊と交通」小林昌二監修『日本海域歴史大系　第一巻　古代篇Ⅰ』清文堂出版。

〈都市史〉
内堀信雄・鈴木正貴・仁木宏・三宅唯美編（2006）『守護所と戦国城下町』高志書院。
中世都市研究会編（1996）『津・泊・宿』（中世都市研究３）新人物往来社。
　・市村高男「中世後期の津・湊と地域社会」。
中世都市研究会篇（2013）『中世都市から城下町へ』（中世都市研究18号）山川出版社。
中世都市研究会編（2016）『日本海交易と都市』山川出版社。
仁木宏・綿貫友子編（2015）『中世日本海の流通と港町』清文堂出版。
宮本雅明（2005a）『都市空間の近世史研究』中央公論美術出版。
宮本雅明（2005b）「日本海域港町の空間形成」小林昌二監修『日本海域歴史大系　第四巻　近世篇Ⅰ』清文堂出版。
矢田俊文・竹内靖長・水澤幸一編（2005）『中世の城館と集散地』高志書院。
　・二木宏「港津と守護所をめぐる一考察」。

〈その他〉
Lienau, C. and H. Uhlig eds. (1978) Basic Material for the Terminology of the Agricultural Landscape. *Vol. 1 Types of Field Patterns* (Giessen: Lenz-Verlag).
Schwarz, G. (1989) Allgemeine Siedlungsgeographie, 4. Auflage, Teil 1. Die ländlichen Siedlungen. Die zwischen Land und Stadt stehenden Siedlungen., Berlin, New York: Walter de Gruyter.

戸田芳実（1989）「院政期北陸の国司と国衙—医心方裏文書をめぐって—」楠瀬勝編『日本の前近代と北陸社会』思文閣出版。

松尾容孝（2015）「2014年度奥能登調査旅行の記録と若干の考察」『現文研』91，専修大学現代文化研究会，pp. 3-20。

松尾容孝（2018）「村絵図の種類・目的と地域性についての覚え書き」『専修人文論集』102，pp. 1-39。

若林喜三郎（1970）『加賀藩農政史の研究』（上巻，下巻）吉川弘文館。

若林喜三郎編（1980）『加賀藩社会経済史の研究』名著出版。

〈史資料〉

加賀市教育委員会編（2004）『加賀市橋立の町並み　伝統的建造物群保存対策調査報告書』加賀市教育委員会。

神奈川大学日本常民文化研究所編（1996）『時国信弘家文書仮目録：石川県輪島市町野町西時国』（第1次採訪文書）神奈川大学日本常民文化研究所。

神奈川大学日本常民文化研究所編（2006）『時国健太郎家文書目録（石川県輪島市町野町南時国）』（2分冊）神奈川大学日本常民文化研究所。

金沢市立玉川図書館近世史料館編（2001）『金沢市図書館叢書（三）加越能三箇国高物成帳』金沢市立玉川図書館近世史料館。

田川健一編著（1995）『加越能近世研究必携』北國新聞社。

土屋敦夫監修，輪島市教育委員会文化課編（2008）『能登・黒島の町並み　輪島市黒島地区伝統的建造物群保存対策調査報告書』輪島市教育委員会。

福井県教育委員会編（2006）『福井県歴史の道調査報告書　第6集　馬借街道・海の道』福井県教育委員会。

三国町教育委員会編（1983）『三国町の民家と町並　三国町民家調査・町並調査報告書』三国町教育委員会・三国町郷土資料館。

三井紀生（2002）『越前笏谷石』福井新聞社。

渡辺一郎監修（2013）『伊能図大全　第2巻　伊能大図　関東・甲信越』河出書房新社。

第Ⅲ部

現代の光景

第5章
「バスク・チルドレン」の受け入れを巡って
―ウェールズを中心に―

砂山　充子

1．はじめに

　1937年5月21日，スペイン北部バスク地方ビルバオ郊外サントゥルセから定員を大幅に上回る人々を乗せたクルーズ船ハバナ号（la Habana）が出港した。行き先はイギリスのサウサンプトン港。定員数百名ほどの船には，約4000名のバスクの子供たち，付き添いの教師，助手，聖職者，医師が乗船していた。すし詰めの船内には寝床はおろか，座る場所すら十分になかったので，子供たちは床に寝るのを余儀なくされた。一緒に乗船した兄弟姉妹とはぐれてしまったり，唯一大切に抱えてきた荷物を失ってしまったりした子供たちもいた。外海は荒れていて船酔いに悩まされた。

　船がサウサンプトンに入港すると，たくさんの人々が彼らを待っていた。ガス灯や家々のバルコニーなどにユニオンジャックがはためいていた。子供たちはこれを自分たちへの歓迎と受け止めたが，サウサンプトン市長による粋な計らいだった。イギリスはジョージ6世の戴冠を終えたばかりでそのための飾り付けが町中に残っていたというわけだ。

　本章では，スペイン内戦という状況下で，自らの意思ではない移動を余儀なくされたバスクの子供たちのアイデンティティと，彼らを受け入れたイギリス社会とのネットワークについて，特にウェールズに焦点を当てて考察を行いたい。

2.「バスク・チルドレン」とは

　1936年7月，左派のスペイン第二共和国政府に反対する軍人たちが各地で起こした軍事蜂起に端を発するスペイン内戦は，共和国軍，反乱軍の両陣営による戦いだった。反乱軍は首都マドリードの奪取に尽力するが行き詰まり，北部へと矛先を向ける。1937年3月末には，ドゥランゴが，4月にはゲルニカが空爆を受ける。逃げ場を失った共和国陣営を支持する人々がビルバオに集まる一方で，食料や物資は不足し始めた。そんな状況下でバスクからの女性や子供の避難が検討され始める。

　レガレタによれば，1937年にバスクから約2万名の子供たちがフランス，イギリス，ベルギー，ソ連，メキシコなどに疎開した[1]が，そのうちイギリスに疎開した約4000名が「バスク・チルドレン」[2]として知られる。子供たちだけで疎開した集団としては最大だった。子供たちには15名の聖職者，95名の教師，120名の助手が付き添い[3]，疎開先での教育を行い，身の回りの面倒を見ることになった。

　子供たちはサウサンプトンの郊外ノース・ストーンハムに設営されたキャンプでしばらくの時を過ごし，その後，イギリス各地のコロニーと呼ばれる場所に引き取られていった。コロニーは宗教施設，篤志家の邸宅などもあれば，古城や廃墟となった病院などの場合もあった。その数はイギリス全土で100カ所以上に及んだ[4]。コロニーによって異なるが，少ないところで20名程度，多ければ100名以上が送られた。その際になるべく兄弟姉妹がバラバラにならないようにとの配慮がなされた。

　スペイン内戦に際して不干渉の方針を貫いたイギリス政府は，子供たちの受け入れは認めたものの，金銭的には一切の援助をしないという条件だったので，コロニーへの入所，交通手段の手配，コロニーが閉鎖された場合の他のコロニーへの受け入れ，帰国などを取り仕切ったのは「スペイン救済全国共同委員会」（National Joint Committee for Spanish Relief，以下 NJCSR

と略記）の傘下に組織された「バスク子供委員会」（Basque Children's Committee, 以下 BCC と略記）だった。子供たちの滞在費（子供 1 人当たり 1 週間当たり10シリング）の捻出はそれぞれの地方に組織された BCC が行った。人々からの寄付だけでは足りなくなると，子供たち自身がダンスや合唱の公演を行ったり，雑誌を刊行したりして不足分を補うことになった。子供たちによる合唱団はバスク語のフォークソングを歌ったレコードを録音し，発売もしていた[5]。

3．孤立か，統合か

　船がサウサンプトンに入港してもすぐに上陸とはならなかった。すでにサントゥルセを出航する際に，一定の健康診断は受けていたが，感染症の懸念のためイギリス人医師が乗船し，さらなる検疫を実施した。ビルバオで子供たちの健康診断を行った医師エリスは子供たちの健康状態が全般的にきわめて良好であると書き記している[6]が，念には念を入れてということだったろう。サウサンプトン港での検疫後，子供の状態によって腕にいろいろな色のリボンが巻かれた。シラミがいれば赤，伝染病の疑いは青で病院に送られた。問題がなければ白であった[7]。

　子供たちの健康状態が戦時下の物不足という状況下で過ごしていたにもかかわらず良好だったのは，1938年に BCC から送り出し元のバスク州政府首長アギーレとその内閣[8]に向けたレポートからも明らかである。約4000名の渡航した子供たちのうち死亡は 8 名。そのうち 4 名は到着した時点ですでにかなり体調が悪化していた。結核，心疾患などによる病死が 7 名，溺死が 1 名だった[9]。戦時下の栄養状態の悪い状況で，渡航した子供たちの死亡率としては低いと言える。

　イーストリーのノース・ストーンハムというサウサンプトンから離れた何もない場所がとりあえずの滞在場所となったのも，子供たちの隔離が目的の一つであった。ノース・ストーンハムがキャンプ地として選ばれた経緯は明

らかではないし，他にもキャンプの候補地はあった[10]。いずれにしても町から離れた場所に子供たちを隔離しておくということだった。ノース・ストーンハム・キャンプは篤志家から提供された広大な土地で，そこにイギリス軍から有償で貸与を受けたベル・テントが400張り設置された。水道やトイレだけでなく，小さなお店や映画上映施設までがボランティアたちによって急ピッチで設営された。

受け入れ側のイギリスが懸念したのは，感染症の蔓延だけではなく，政治化した「アカ」の子供たちによるプロパガンダの影響だった。「バスク・チルドレン」として渡航した子供の年齢は5歳から15歳までであったが，年長の子供たちは極めて高い政治的意識を持っていた。なかには兄弟姉妹と一緒に渡航できるように年齢を偽っている子供たちもいた[11]。ボランティアとして手伝ったある青年は「彼らがタバコを吸っていることと，政治への関心の高さがもっとも注目すべきことでした」と語る[12]。

子供たちを受け入れた際，彼らの滞在はせいぜい3カ月程度で，送り込んだ側も子供たちを受け入れた側も，イギリス社会への統合は考えていなかっ

キャンプでの授業の様子
出典：https://warwick.ac.uk/services/library/mrc/explorefurther/digital/scw/more/no rthstoneham MMS.393/1/3/4 Elenor Hickman papers, Modern Records Centre, University of Warwick

た。爆撃等の危険が去ったら，子供たちは速やかに帰国するというのはイギリス側との約束でもあった。したがって，ほとんどの子供たちが全く英語を話せなかったにもかかわらず，キャンプでは英語のレッスンは行われていなかった。

　しかし，彼らを孤立状態においておきたいというイギリス政府の願望は叶わなかった。有名，無名のたくさんの人々がキャンプを訪問した。元ヘビー級ボクシングのチャンピオンのジョー・ベケット（Joe Beckett）から子供たちはボクシングを習った。画家のオーガスタス・ジョン（Augustus John）はテントを持っていて，キャンプでスケッチをしていた。ジャーナリストで作家のアーサー・ケストラー（Arthur Koestler）がキャンプを訪問したこともあった。女優のグレーシー・フィールズ（Gracie Fields）もキャンプを訪れた[13]。アメリカ人の歌手，俳優で政治運動家のポール・ロブスン（Paul Robeson）は子供たちの合唱団がレコードを録音した時に参加した[14]。ロブスンはあちこちで開催された資金集めのコンサートで歌を歌い，スペインでは国際義勇兵のために歌った[15]。キャンプには多くの援助が届き，食事も十分にあったので，近隣の住人が食事を食べに来たりすることもあった。キャンプでは毎晩10時になると，訪問者は帰るようにというアナウンスがされた[16]。

　「バスク・チルドレン」が自分たちとは全く違った金髪碧眼で白い肌の人々の集団を見て興味を抱いた[17]のと同様に，イギリスの人々は「オリーブ色」の肌[18]で褐色の髪，目を持った子供たちに大いなる興味を抱いた。ウェールズのルートフリーハウスで，「バスク・チルドレン」と出会い友情を育んだエルジーは「それまで私は外国人を見たこともなかったのでバスク・チルドレンはとてもエキゾチックでした」と語る[19]。

　バスク州政府から子供の送り出しに際し，子供たちの「バスク人」としてのアイデンティティを守るために，集団で，さらにできるだけ兄弟姉妹は一緒に生活が送れるようにという要求があった。そのため，少なくとも当初はばらばらに個人宅に引き取られることはなかった。子供たちを養子として引

き受けませんか，との呼びかけは何度もされているが，それは子供たちを家庭に引き取るということではなく，一定額の金額を支払って子供の滞在を経済的にバックアップし，時に家庭に招待し家族の一員として時間を過ごす，ということだった。当時のアメリカ大統領夫人エレノア・ルーズベルトが「バスク・チルドレン」の一人，8歳のケルマン（Kerman Mirena Iriondo）を養子として援助したことも知られている。戦時下の爆撃，家族の離散といった状況で，子供たちの多くはたとえ身体は元気でも心にトラウマを抱えていた。一般家庭での時間は，そうしたトラウマを軽くするのに役立ったと言える。多くの子供たちがイギリスでの疎開生活を人生で最良の時間だったと評するのは，そうした側面も大きかった。

　子供たちに教師，助手や聖職者が同行したのは，子供たちにスペイン語での教育を行い，バスク文化を伝えていくためだった。聖職者はハウンゴイコ・サレ（Jaungoiko-Zale）というバスク語でミサを行うグループの人たちだった。ただし，バスク語を知らない子供たちもたくさんいたので，バスク語のみで宗教儀式を執り行うのは難しかった。同行した聖職者がビルバオにバスク語のカテキズモ（カトリック要理），賛美歌，ミサの資料を依頼した記録が残っている[20]。聖職者はミサや初聖体拝領を司り，告解を聞いたりしていた。さまざまな家庭の子供が疎開をしていたが，熱心なカトリックが多かったバスク国民党（PNV）の家庭の子供たちは，バスクから同行した聖職者の存在に感謝した。

　彼らは「バスク・チルドレン」として知られているが，実際にはスペインの他地域から移住した家庭の子供たちも多い。キャンプについての報告書のなかでクロードは，バスク語を話している子供はほとんどいなかったと記録を残している[21]。当時のビスカヤの人口構成を考えても，他地域からの移民が多かったことはわかる。バスクは鉱物資源に恵まれ，19世紀以降には，豊かな鉄資源を利用した重工業が発展し，職を求めて多くの人々がスペインの他地域から移住してきていた。20世紀初頭の時点では約31万名の人口のうち4分の1強が他地域からの移民であった[22]。

何をもってバスク人とするのかは，難しいところである。一つの指標として姓があげられる。スペイン人の姓は父親姓と母親姓の組み合わせからなる複合姓である。渡航者名簿をみると非バスク姓が散見される。つまり「バスク・チルドレン」と呼ばれていた彼ら全てがバスク人だったわけではない。

NJCSR や BCC は，彼らが集団で滞在できるように，子供たちの滞在先を探した。しかし，次第にそうした方針を貫くことは難しくなっていった。帰国する子供たちも多くなり，また，子供たちを支えてきた組織も資金不足に陥る場合もあり，各地のコロニーは閉鎖，統合されていった。

4．ウェールズとスペイン内戦

スペイン内戦に際し，不干渉の方針をとったイギリスは人道的な支援であった「バスク・チルドレン」の受け入れについても，政府としては一切の経済的援助をしなかった。彼らを受け入れ，支えたのは NJCSR や BCC という組織であり，そうした組織への協力を惜しまなかったイギリスの市民たちだった。

たくさんあったコロニーのなかでも，ウェールズのカーリーアン（Caerleon）にあったカンブリアハウスはその運営がうまくいったことで知られている。資金不足や帰国する子供の数が増え，他のコロニーが次々と閉鎖されるなか，運営が続けられた。第二次大戦開戦に伴い，カンブリアハウスを明け渡さなければならなくなった状況下でも，近隣の建物で子供たちの面倒を見続けた。これはウェールズという土地柄ゆえなのか，それともカンブリアハウスが特別だったのかについて，その背景を考察してみたい。

ウェールズでは内戦中を通じて，表立った反乱軍側支持を表明する人は，ほとんどいなかった[23]。内戦勃発後まもなく，ウェールズ出身の自由党のロイド・ジョージも，労働党のモーガン・ジョーンズもスペイン共和国支持を明らかにしたことが，ウェールズのスペイン共和国支持を後押しした。共和国側支持と反乱軍側支持の人々がいた国全体との違いである[24]。しかし，

204　第Ⅲ部　現代の光景

共和国支持といってもそれは決して一枚岩ではなかったし，国内問題を巡っては，党派間の意見の食い違いもあった。

　炭鉱地帯の南ウェールズで大きな影響力を持っていたのは，南ウェールズ炭鉱労働者連合（South Wales Miners' Federation, 以下 SWMF と略記）とイギリス共産党（Communist Party of Great Britian, 以下 CPGB と略記）だった。1936年8月1日，南ウェールズのアバーデア（Aberdare）での集会で，スペインの労働者をサポートする決議が行われたのを契機として，南ウェールズ各地でスペイン共和国を支持する動きが高まった。8月21日にはニース（Neath）で1万人規模のデモが行われ，ロンザ（Rhondda）では共産党が発行したスペインについてのパンフレットが配布され，トンアパンディ（Tonypandy）でのデモに引き続きトレアロー（Trealaw）では集会が開催された[25]。それまでは，南ウェールズでの労働者集会の議題はもっぱらミーンズ・テスト[26]に対する反対だった。ウェールズの労働者たちは高い失業率に苦しみ，ファシズムに対して宥和政策を進める保守党内閣に批判的だった。

　1937年4月のゲルニカ爆撃のニュースが伝わって以降，ウェールズのスペイン共和国に対するシンパシーはイデオロギーの違いを超えて，人道上の問題となった。特に子供たちの受け入れはイデオロギー色を払拭しやすい争点となり，SWMF や CPGB だけでなく，労働党や自由党までを含んだ各政治グループの協力が実現したことにより，子供たちの受け入れがスムーズに進んだ。

　ウェールズにはバスクとの共通点があった。どちらも古来の言語を持ち，それぞれの言語は「国家」の公用語である英語やスペイン語とは起源を異にする。ウェールズもバスクも緑が多く，山地と海に面して地形的特徴も似ている。ビスカヤにはビスケー湾に注ぐネルビオン川が，カンブリア・ハウスの近くにはアースク（Usk）川が，スウォンジーのスケッティパークハウスの近くにはクライン（Clyne）川が流れている。

　どちらも炭鉱地帯で労働運動が盛んであったという点でも似ている。

ウェールズの労働者たちは，1934年のアストゥリアス蜂起[27]時からスペインの炭鉱労働者にエールを送っていた。バスクとウェールズは産業でも繋がっていた。カーディフ（Cardiff）とビルバオ間には定期船が就航し，カーディフには会社の本社が置かれていた[28]。カーディフからはウェールズで採掘した石炭を運び，帰路にはバスクから鉄鉱石を運んでいた。会社のオーナーで国会議員を務めたこともあるジョン・エミリン・ジョーンズ（John Emlyn Jones）はスペイン共和国の支持者で，カンブリアハウスの設立のために尽力した。

内戦中，反乱軍側の封鎖により物資供給路を断たれたスペイン北部の港からバスクに食料を届けたのもウェールズの船乗りたちであった。4名の南ウェールズ出身の船乗りのうち，3名がディビット・ジョーンズ（David Jones）という名前だったため，区別するために，ひとりはCorn Cob Jones，もうひとりはHam and Egg Jones，そして残りのひとりはPotato Jonesという異名で知られている。「ポテト・ジョーンズ」はジャガイモをいっぱいに積んだ船底に武器を隠して共和国軍に届けたとも言われているが，真偽のほどは明らかではない。ただし，のちに共和国が敗北した時には800名の避難民を救出したことは記録に残っている[29]。ポテト・ジョーンズは人気を博し，彼を題材にした歌まで作られ，その「偉業」はいまだにウェールズで語り継がれている[30]。

ウェールズからは義勇兵や医療従事者として169名がスペイン内戦に参加している[31]。出身地の分布をみると，ウェールズの中でも特にカーディフやスウォンジー（Swansea），それに南ウェールズの谷あいの炭鉱地帯の出身者が大部分を占めている[32]。炭鉱地帯以南の出身者は157名なのに対して，それ以北の地域の出身者は12名のみとなっている[33]。特に，SWMFやCPGBの勢力の強かった南ウェールズの人々の内戦への関心が高かったことがうかがえる。

206　第Ⅲ部　現代の光景

5．ウェールズのコロニー

　ウェールズのコロニーには220名ほどの「バスク・チルドレン」が送られ
た。カーリーアンのカンブリアハウスには当初50名，後に7名が加わり57名
が，スワンジーのスケッティパークハウス（Sketty Park House）には84名
が，ブレフバ（Brechfa）には男子が60名，オールド・コーウィン（Old
Colwyn）のルートフリーハウス（Rooftree House）には6歳から12歳まで
の男子9名，女子11名が送られた。政治家，大学人，炭鉱労働者，商人など，
あらゆる人々が，党派の違いを乗り越えて子供たちの支援という人道的な事
業にかかわった。コロニーに移ったことにより，雨風に晒されるキャンプで
の生活から，屋内での生活になり，子供たちは喜んでいるようだった。

　しかし，ウェールズに送られたすべての子供が幸せな疎開生活を送れてい
たわけではない。ウェールズ西部のカーマーゼンシャー（Carmarthenshire）
のブレフバのコロニーは，森の中にあった使用されていない軍のキャンプ地
だった [34]。ブレフバに送られた60名は比較的年長の男子である。バラック
の収容所のような場所で藁のマットレスだけが置かれ，ろくな食べ物も与え
られないという状況だった。他の場所に行った子供たちがコロニーでの居心
地の良さを語るのとは対照的である。ある日，数名の子供たちが近くのお菓
子屋で盗みをはたらいた。店主は子供たちを平手打ちにした。また他の子供
たちが村で車を襲撃したり，窓にめがけて石を投げたりという事件が起こっ
た。ブレフバに送られた子供たちが起こしたトラブルにより「バスク・チル
ドレン」全体への否定的なイメージが作りあげられてしまった。こうした事
件がきっかけとなって，メディアでは子供たちへの否定的な論調が強まり，
子供たちの一刻も早い帰国を促すキャンペーンが特にカトリック系のメディ
アで始まった。この件については下院でも取り上げられた。内務省の担当議
員ジョフリー・ロイド（Geoffrey Lloyd）は答弁でこの件に触れてはいるも
のの，これは例外的な行動で，数名の年長の男子によって引き起こされた事

件であると述べている。当該男子（24名）はフランス経由でスペインに帰国することが決まった[35]。しかし，実際にブレフバに住んでいた子供によると，こうした事件が報道されたにもかかわらず，地元の人たちは彼らに優しく接したという。子供たちの状況を知った人々は贈り物や食べ物を持ってきてくれた。地元の人々の優しさに触れて，子供たちの態度も変化していった[36]。ブレフバは子供たちの生活に適さないと判断されて閉鎖され，子供たちはイングランドのマーゲイト（Margate）のコロニーへと移動した。

　ポテト・ジョーンズの出身地であるスウォンジーでは，街の郊外にあった立派な邸宅がスケッティパークハウスとして，84名の子供たちを受け入れた。炭鉱労働者の寄付により運営され，教師が2名，助手が2名いた。美しい芝生の庭で子供たちはサッカーをしていた。スペイン人船乗りや商人が訪れることがあった。毎週水曜日には映画館に連れていってもらい，お菓子やアイスクリームを買ってもらった[37]。エルミニオは「バスク・チルドレン」の中でも，最終的にイギリスに残った285名[38]のうちの一人である。彼はスケッティパークハウスからタインマス，ブロンプトン（Brampton），マーゲイト，カーショアルトン（Carshalton）とあちこちのコロニーを転々とし，その後はレスターの夫婦に引き取られ，約3年間過ごした[39]。

　子供たちは口々にスケッティパークハウスでの滞在がいかに素晴らしかったかを語る。アメリア・フエンテスによれば「本当によく面倒を見てくれました。食事は美味しかったです。バター，マーマレード，ミルクが出ました。1日に何度もティータイムがありました。ランチにはレンズ豆入りのスープ，時に，肉が出ました。4時にはジャムをぬったパン，夕方には夕食，その後にミルク入りコーヒーを飲みました」[40]。

　彼らがスケッティパークハウスに到着したのは1937年6月30日だった。予定より1日早い到着だったので，スウォンジー駅は子供たちを運ぶバスの手配でごった返していた。そんな中でも子供たちの姿が見えると，人々は割れんばかりの拍手で彼らを迎え，お菓子やプレゼントのシャワーになったという。スケッティパークハウスでは市長が彼らを迎え歓迎の言葉を述べた[41]。

市長はスウォンジー中の教会や，さまざまなクラブ，組織，学校や労働者グループなどに600通もの手紙を書き，彼らを支えていくためのサポートを要請した[42]。町をあげて彼らを歓迎，受け入れをした。スケッティパークハウスはスウォンジーの人々の協力のもと，順調に運営がなされ，子供たちも満足していたが，次第に資金不足に陥り，また，帰国する子供たちも増え，約１年でそのドアを閉じることになった。残った子供たちはリヴァプールとタインマス（Tynemouth）へと送られることになった。

　炭鉱地帯である南ウェールズの炭鉱労働者は，スペイン共和国の運命を自らと重ね合わせて生きてきた。北ウェールズでは，南ウェールズと比較するとスペイン共和国に思いをはせる人は少なかった。

　しかし，そんな北ウェールズでも「バスク・チルドレン」の受け入れに身骨を砕いた人がいた。北ウェールズ唯一の共産党員ダグラス・ハイド（Douglas Hyde）である。ハイドはカール・マルクスという名前のヤギを飼っている小作農だった。彼とともにルートフリーハウスを支えたのは，ジャーナリストのジョン・ウィリアムス・ヒーズ（John Williams Hughes）で彼もまた熱烈なスペイン共和国支持者だった。

　ルートフリーハウスはウェールズの北部，オールド・コーウィンの街の真ん中で，海の景色が見える元の女子校が改装されて，子供たちの受け入れ場所になった。子供たちを受け入れたのは，1937年８月である。年長の男子たちがトラブルを起こしたブレフバのケースへの懸念もあったので，ルートフリーハウスに送られたのは６歳から12歳までの幼い子供たち20名だった。それぞれの子供たちのベッドには玩具が置かれていた。地元のスペイン支援委員会（Spanish Aid Committee）による募金活動が進められており，すでに６名の子供たちの里親は決まっていた[43]。船長が子供たち全員をクルーズに連れていくこともあった。地元民は一目見た瞬間から，彼らがとても気に入った。しかし，資金援助が少なかったので，運営はまもなく難しくなった。

6．カンブリアハウス

ウェールズに設置されたコロニーのなかで，運営が安定し，長く続いたのが，カンブリアハウスだった。すべてのコロニーのなかでも，もっとも運営がうまくいったコロニーの一つであった。カンブリアハウスはかつて救貧作業場や老人ホームとして使用されていた建物で，カーディフの市長が議長を務め，カーディフ大学学長が同意した会合で設置が決まった[44]。カーリーアンとカーディフの人々が中心になって結成した委員会（BCC 支部）により運営がされ，運営に際しては労働組合から教会まで幅広い層の人々が協力した。

当初カンブリアハウスに住んだのは女子20名と男子30名だった。のちに，入所者の姉妹である女子が 7 名加わり57名となった。カンブリアハウスはとても大きな建物で部屋も広かった。一つの部屋では女子が，もう一つの部屋で男子が生活することができた。広い中庭があり，そこでは卓球，パズル，読書などあらゆる遊びが可能だった。年上の子供たちが小さな子供の面倒を見た。食の細い子供には肝油が与えられた。ティータイムもあり，バターたっぷりのトーストを食べていた。週末には周辺に住む夫婦が来訪し，子供たちを連れ出してくれた。子供たちは集団生活をしながらも同時に家庭の愛情を感じることができた。

カンブリアハウスに行った子供たちもはじめから満足していたわけではない。当初，子供たちは厳しい舎監の下，息が詰まる思いをしていた。その前任者にかわり，新しく迎えられたのがマリア・フェルナンデス（María Fernández）だった。彼女がカンブリアハウスの運営をすべて変えたと言っても過言ではない。前任者は孤児院で働いた経験を持つ人物で，スペイン語を話さなかったこともあり，不安でいっぱいの子供たちとうまくいかなかった。子供たちは当初，外出さえ許されなかった[45]。マリアは通訳として子供を手伝っていたが，まもなくカンブリアハウスの運営全体を担うことにな

る。カーディフにあったスペイン食料品店で調達した食材で子供たちにふるさとの料理を振る舞うこともあった。マリアはカンブリアハウスの門戸を開き，多くの人を受け入れ，子供たちと地元の人々との交流を促進した。また彼女は，子供たちが良い行いをすれば，点数として貯めていける制度も始めた。

　カンブリアハウスでは，1938年11月から1939年12月まで『カンブリアハウス・ジャーナル（Cambria House Journal）』という月刊誌を刊行していた。執筆したのは子供たちとスタッフである。子供たちの多くが帰国したり，進学したりして，カンブリアハウスから出ていった後には，地元民による特別寄稿の募集もされている。記事はスペイン語と英語の2カ国語で執筆されているが，すべての記事が2カ国語で書かれているわけではなく，地元の人々に向けての案内は英語のみである。それぞれの月の行事予定，募金，寄付の募集など，内戦が終結した時には，避難する人々向けの援助要請のアピールなどもなされている。子供たちが書いた記事は，英訳されているものもあれば，子供たちが英語で書いた記事もある。

　子供たちはスペインやバスクの習慣の紹介の記事も執筆している。スペインでのクリスマスや新年の過ごし方[46]，闘牛はかならずしもすべてのスペイン人が好きなわけではないといった記事[47]は興味深い。サッカーの試合に出かけた時の様子，ニューポートの市長とのお茶会の様子[48]など，多岐に及ぶ。正確な刊行部数はわからないが，1939年3月号には，新年号からは新しい機械で印刷をしているので，4000部の刊行を目指したいとある[49]ので，数千の部数が発行されていたことが推測

カンブリアハウス・ジャーナル表紙

される。カンブリアハウスの子供たちは,『カンブリアハウス・ジャーナル』を通じて,また,様々なイベントでの出会いにより,ウェールズの人々と温かい絆を築いていたことがわかる。

　カンブリアハウスではサッカー・チームが結成された。チームは「自由スペイン（España Libre/Free Spain）」と命名された[50]。カンブリアハウス・ジャーナルには対戦相手を求めますという案内が載っている。イギリス人のギブソン（Stephen Gibbson）が大工仕事の指導者であると同時にサッカー・チームのコーチでもあった[51]。カンブリアハウスのサッカー・チームはとても強く,地元のチームと頻繁に交流試合を行っていた。

　カンブリアハウスの行事予定やその報告は,『カンブリアハウス・ジャーナル』に掲載されている。徐々に行事予定が増加し,子供たちと人々の交流が増えているのがわかる。1938年12月号に掲載されている予定は4回のコンサートのみ[52]だが,1939年1月は6回のコンサート,パーティが3回,関係者の会合,近隣の女子校への訪問,交通労働者組合,女性ギルドへの訪問,サッカーの試合が1回という予定[53]で,4月には4回のコンサート（パーティを含む）に加えて5回のサッカーの試合が予定されている[54]。特にコンサートは各地で大評判となり,満員で入場できない人もいた[55]。

　5月号では,5月2日という日の意味についての解説が掲載されている。5月2日はマドリードにとってはナポレオン軍にマドリード民衆が蜂起した記念日だが,ビルバオにとってはカルリスタ戦争（スペイン王位継承問題に端を発する戦争）で自由主義者が勝利を収めた日であった。こうした記念日に加えて,彼らにとって大切な意味を持つのは（共和国が成立した）4月14日であり,バスクを出航した5月21日であり,イギリスに到着した5月23日であると語る[56]。

　カンブリアハウスでは,イギリス人とバスク人の先生による授業が行われていた。授業は英語,スペイン語,数学などがあったが,男子に人気だったのが大工仕事で,家具やガレオン船を作ったりしていた[57]。ダンスの教師は,授業のレベルの高さ,生徒たちの熱心さ,彼らの作った船などの作品を称賛

212　第Ⅲ部　現代の光景

している[58]。優秀な子供たちは資金援助を得て，地元の学校に通うことも
あった。芸術面での才能があった子供は芸術学校へ進学した[59]。ホセフィー
ナはレベルの高い寄宿舎学校に進学し，その後，大学へ進学するが，休暇に
なるとカンブリアハウスに戻って生活をしていた。ホセフィーナは『カンブ
リアハウス・ジャーナル』にこの寄宿舎学校の様子を執筆している[60]。

　カンブリアハウスの館長を務めたシリル・カル（Cyril Cule）はスペイン
語，フランス語，英語，ウェールズ語をあやつる言語学者だった。現在のグ
エント（Gwent，当時の Monmouthshire）のバプテスト牧師の家庭に生ま
れた。内戦が勃発した当時，スペインにいたカルは，スペイン共和国のため
に戦おうと考えたが，帰国することを決め，ウェールズでジャーナリストと
して働いていた。その時，BCC の支部からカンブリアハウスで英語を教え
ないかとの勧誘がありすぐに応じた。カルはまたプライド・カムリ（ウェー
ルズ党）の熱心なメンバーでもあった。しかし，フランコを支援していた党
首のルイスとは袂を分かつことになる。カルは子供たちの里親を探すために
詳細なメモを作った。子供たちの家族構成を紹介し，多くの場合は兄弟姉妹
と一緒に来ていたので，可能であれば，一緒に面倒を見てもらうように依頼
した。スペインに残してきた家族がどういった状況にあるのかを詳細に説明
し，それだけではなく，それぞれの子供の長所や特徴をウィットにとんだ表
現で紹介した。たとえば，「賢い小さなダンサー」「素晴らしいサッカー選手
になりそう」「元気いっぱいないたずらっ子」といった具合にである[61]。

　グゥイン・トマス（Gwyn Thomas）というオックスフォード大学出身の
人物もカンブリアハウスで教鞭をとった。彼はオックスフォード大学のプロ
グラムの一環として，数カ月をマドリッドの大学で過ごし，スペインの詩人，
ガルシア・ロルカ（García Lorca）に傾倒していた。彼もまたスペイン共
和国のために戦いたいと望んだが，望みは叶わず，カンブリアハウスで教鞭
をとることにした[62]。マリア・フェルナンデスを紹介したのは，カーディ
フ大学講師で，のちにイギリスを代表するマルクス主義の歴史家の一人とな
るクリストファー・ヒル（Christopher Hill）だった。クリストファー・ヒ

ル自身もカンブリアハウスで教師を務めた。共産党員だったクリスト
ファー・ヒルは国際旅団で戦うつもりだったが不可能だったので，子供のた
めに働くことにした。当時，18歳のバス運転手は，週末にはバスをかりて子
供たちを里親宅でのティータイムへと運んだ。彼も決して生活に余裕があっ
たわけではないが，子供たちも少しは家族の温かさを感じることができれば
と手伝っていた[63]。

　カンブリアハウスの運営がうまくいったのは，マリア・フェルナンデスの
存在も大きかったが，それに加えて，スペイン共和国に大きな心を寄せてい
た人々がスタッフとしてかかわっていたからだとも言える。彼らは武器を
持って戦うかわりに子供たちの教育に尽力した。

　ビルバオの陥落やブレフバの子供たちの事件が報道され，イギリス全体の
世論としては，当初の全面的な受け入れ支持から，帰国を促すような風潮が
強くなっていた。地元の人々やコロニーを運営する団体からの資金援助が少
なくなり，一時はイギリス全土に100カ所ほどあったコロニーも徐々に閉鎖
されていった。コロニーが閉鎖されると，そこにいる子供たちは別のコロ
ニーに移らなければならなくなった。なかには個人の家庭に引き取られてゆ
く子供たちもいた。そうした状況下でも，ウェールズの人々はカンブリアハ
ウスを資金面でも，心理的にも支え続けた。

　ウェールズからは義勇兵としてスペイン内戦に戦いに行っている人もい
た。彼らにとってスペイン内戦は，他国で起こっている戦争ではなく，自分
たちの問題だった。自分たちでできることをしようと，ウェールズに送られ
てきた「バスク・チルドレン」の面倒を見ることにした。彼ら自身の生活も
決して楽ではなかったが，子供たちを支えていくための資金提供や援助を惜
しまなかった。

　19世紀には多くの炭鉱労働者がバスクから南ウェールズに移住し，カー
ディフにはバスク人のコミュニティがあった。ボーア戦争時にGKN社は従
軍した人の空席を埋めるために鉄鋼業の熟練工をバスクでリクルートしてい
た。その際にウェールズに移住した一人がマリア・フェルナンデスの父親

214 第III部 現代の光景

だった。1937年頃，カーディフには50から60世帯のスペイン人家族が住んでいた。カーディフにはカーディフ─ビルバオ間の定期航路を運行する船会社があり，スペイン人船員向けのレストラン，スペイン食料品店などもあった。ペピタス・カフェ（Pepita's café）は共和国を支持する人々の溜まり場ともなっていた。船会社で船員として働いていたベン・エヴァンス（Ben Evans）は南ウェールズにいた「バスク・チルドレン」と彼らの両親との間の書簡のやり取りの手伝いをしていたという[64]。

　カーディフに根を下ろしていたバスク人コミュニティで育ったのがマリア・フェルナンデスだった。船員の夫が家を留守にすることが多く時間のあったマリアはカンブリアハウスでの手伝いを申し出た。マリア自身はいかなる政党にも属していなかったが，フランコが嫌いだったため，共和国をサポートすることにした。マリアはインタビューで「ちょっとしたトラブルはあったものの，彼らは良き大使であり，全般的にはとても良い子供たちでした」[65]と語る。スケッティパークハウスで子供たちの面倒を見た5名のスペイン人女性も，ウェールズに移住してきたか，ウェールズ生まれのバスク人だった。

　第二次大戦が始まるとカンブリアハウスは軍が使用することになった。子供たちは近くの「谷の見える家」（Vale View）という別の建物への引っ越しを余儀なくされた。しかし，そこは20名ほどしか住めない小さな建物だった。当時，カンブリアハウスにはスタッフを含めて60名が住んでいた。そのために子供たちの引き取り先が募集され，18名が個人宅に引き取られた。まもなく「谷の見える家」も軍の使用場所となったため，さらに子供たちの引き取り先を探さなければならなかった。8名の子供たちの行き先が決まった。引っ越し先のクロス・ストリート18番地は大人，子供合わせて35名が住むには狭かったものの，マリア・フェルナンデスの手腕によって，皆が快適に生活をはじめられるようになった。しかし，第二次大戦開戦により，子供たちの帰国を求める家族も多くなり，25名が帰国した[66]。

　『カンブリアハウス・ジャーナル』の1939年11月号は帰国する子供たちの

お別れ特集号で，去っていく子供たちが言葉を残している。C. J.というイニシャルの子供が記事を執筆し，その下に10名の子供のサインがあり，さらにそこには「その他」という文言が添えられている。

　　ある意味では帰国するのは嬉しい。心を痛めた両親や親戚と再会できるから。でも別の視点で考えると帰国するのは辛い。なぜなら，私たちが帰国するスペインは私たちが1年前に望んでいたスペインとは異なる国だから。同時に，これまで2年4カ月の間，私たちを全力で支えてくれたよき同士たちと別れるのは辛い。（中略）
　　この機会に，愛する家族から遠く離れたこの国で2年4ヶ月の間，私たちの生活を助けてくれたイングランドとウェールズの労働者たちに感謝したい。
　　まずは，イギリス全体の労働者に感謝したい。彼らこそが，侵略されたスペインから4000名の子供たちに助けの手を差し伸べてくれた。将来，立派な大人になる子供たちは爆撃と空腹に震えていた。
　　そして，第二に特に，私たちのカンブリアハウス，谷の見える家，そして今ではカーリーアン，クロス・ストリート18番地での生活を支えてくれたウェールズの炭鉱労働者たちやその他の労働者に感謝したい。彼らのおかげで，私たちは忘れ難い2年間という楽しい時を過ごした[67]

　クロス・ストリートの家はペンドラゴンハウス（Pendragon House）と名づけられた。ペンドラゴンハウスはマリア・フェルナンデスの居宅ともなり，マリアは2001年に97歳で亡くなるまでペンドラゴンハウスに住み続けた。子供たちはマリアを実の母親のように慕い続けた。
　「ペンドラゴンハウス」にはバスク・チルドレン '37 UK（Basque Children Association '37 UK）[68]により2004年10月にブループラーク（歴史的建造物などに設置する銘板）が設置された。カーリーアン市民協会や地元の出版社などが資金を出し合った。除幕式には南ウェールズに残ってそこで家族

を持った元子供たちや，その孫たち，地元の政治家，国際旅団協会の関係者など約100名が集まった。スピーチをしたニューポート市の助役は「スペイン内戦の間，子供たちを他人に預けるという親として辛い経験をした彼らの勇敢さは，カーリーアンの人々の思いやりの気持ちによって，初めて報われた」[69]と述べた。

　子供たちがカンブリアハウスに到着したちょうど80年目に当たる2017年7月10日，「ペンドラゴンハウス」では新しいブループラークの除幕式が開催された。カーリーアン・アートフェスティバルの一環として組織され開催された講演会では，バスク・チルドレン'37 UKの事務局長のカルメン・キルナー（Carmen Kilner）[70]，カーリーアンの議員ゲイル・ジャイルス（Gail Giles）らによる講演が行われた[71]。現在，ペンドラゴンハウスはホテルとなり，子供たちの思い出を伝えると共に南ウェールズを訪れる人々に宿を提供している。

　ウェールズとバスクとの繋がりについてはすでに述べたが，なぜウェールズに4カ所設置されたコロニーのうち，カンブリアハウスのみが資金不足に陥ることなく，運営を続けられたのだろうか。南ウェールズの炭鉱労働者たちが彼らを資金面で支えたこと，南ウェールズに19世紀以来根づいていたス

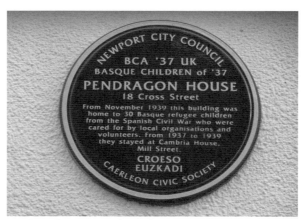

ペンドラゴンハウスのブループラーク

第5章　「バスク・チルドレン」の受け入れを巡って　217

ペイン人コミュニティがあったこと，スペイン共和国に思いを寄せる優秀な
スタッフが子供たちの面倒を見ることができたことという点に集約される。

7．アイデンティティを巡って

　「バスク・チルドレン」がすべてバスク人でなかったというのは，すでに
述べたとおりである。彼らは自らのアイデンティティを巡って逡巡し続けて
いる。彼らには「バスク・チルドレン」というレッテルとともに「ゲルニカ」
という言葉がついて回っている。ゲルニカへの爆撃がきっかけとなり，世論
も高まり，イギリスでの受け入れが可能になったという事実はある。そこか
ら，彼らは「ゲルニカの世代」[72]と呼ばれることもあり，彼らについてのド
キュメンタリーの多くにはゲルニカという名前が冠されている。ロベルト・
メネンデスは「ゲルニカの子供たちは記憶している」[73]，スティーヴ・ボウ
ルズは「ゲルニカの子供たち」[74]とタイトルをつけた。イギリスに残ってイ
ギリス国籍を取得した場合でも「バスク・チルドレン」というレッテルがつ
いて回ることへの抵抗感を抱いている人もいる。

　ほとんどの人がスペイン語を話し続けているが，幼い頃に疎開した子供た
ちや，その後イギリスに残ったケースでは英語が母語になっているケースも
ある。英語のみの生活が続くとスペイン語を忘れてしまう子供もいた。ナタ
リア・ベンジャミン（Natalia Benjamin）が「バスク・チルドレン」やそ
の家族からの声を集めて出版した本[75]では，英語で語っている「バスク・
チルドレン」も多い。例えば，バレリアーナはこう語る。「私はコロニーか
らの友人たちとのコンタクトを失ってしまったので，スペイン語を忘れてし
まいました。両親への手紙も英語でしたので彼らは私の手紙を読むのに訳し
てもらわなければなりませんでした[76]」。心配した姉が他のバスク人の住所
を教えてくれ，バレリアーナはコロニーの友人たちと再会することができ，
スペイン語も徐々に思い出した。とりわけ意味のあった出会いはのちに結婚
することになるラファエルと会えたことだった。バレリアーナは「私たちは

218 第Ⅲ部 現代の光景

Basque Children of '37 という大きな家族の一員です」[77]と語る。

　バレリアーナと結婚したラファエルはみずからの意思でイギリスに残った。彼らの二人の子供と孫たちはみんなロンドンに住んでいるが，その後夫婦はスペイン南東部のデニアに移り住み，ラファエルは退職者向けの教室で英語を教えていた。彼はフランコ独裁下で生活をした同世代のスペイン人たちにイギリスでの生活について話をしたという[78]。

　バレリアーナのように「バスク・チルドレン」の何人かはスペイン人と結婚したが，スペインに何らかの関係やシンパシーを抱くイギリス人と結婚することもあった。そうした場合には，何とかして子供たちの世代にスペイン語やスペイン文化を継承されようとしていた。イギリスに残った場合でも，彼ら同士でネットワークを保ち家族を育んでいった[79]。そして，子供たちの世代もスペイン語やスペイン文化を継承してきた。イギリスで修道院に送られ，スペイン語での会話を禁じられたというホアニータはこう語る。「私は自分の子供たちにこう言っていました。あなたたちは十分にスペイン語を学ぶのです。スペイン語を見聞きしたら，すぐにわかって，耳が反応するように。（略）彼らがバイリンガルになってくれるとよいと思います。私が送られた修道院ではスペイン語を話すことを禁止されたので，私は結婚した当時，スペイン語が話せなかったのです」[80]。イギリスの第二次大戦参戦によりバスクに帰国したものの，1947年に家族とともにニューヨーク経由でメキシコに亡命したレオノールは，人生を振り返り，自分のルーツは3つだと語る。生まれはバスク，育んでくれたイギリス，そして，その後の生活を送ったメキシコである[81]。

　ウェールズのスケッティパークハウスから，あちこちのコロニーを転々とし，最終的にイギリスに残って人生を生きていくことにしたエルミニオ・マルティネスは，ドキュメンタリーやインタビューに頻繁に登場し，自らの体験を積極的に語っている「バスク・チルドレン」の一人である。「私は"存在しなかったスペイン，行く末先を阻れてしまったスペイン"[82]の世代に属する。たしかに人生は面白かった。しかし，私はいまだに寂しさや孤独感に

苛まれる。根本的に私は根無し草なのだ」[83]。彼は20数年ぶりにスペインに帰国したとき，家族と再会しても，自分がよそ者のような感じがしたという[84]。

　ケンブリッジで知り合った男性と結婚し，イギリスに残ったマリア・ルイサは「書類上はイギリス人ですが，気持ちの上ではいまだにスペイン人でバスク人です。毎年スペインに行きますが，そこが故郷なのだと感じます。よく言われているように，結局はルーツに戻っていくのだと思います。イギリスでの生活が長くなったので，スペインの生活に慣れるのには時間がかかるでしょうけど」[85]と語る。

　ゲリー・アルバレスのようにスペイン国籍は望まない[86]人もいる。彼はイギリスとオーストラリアのパスポートを持ち，もう世界人になったのだと語る。だが，そのあとで，自分がスペイン生まれであるということ，自分が根本のところで，スペイン人，いやバスク人であることは忘れないとも付け加えた[87]。彼らはアイデンティティを巡って逡巡することはあるが，自分たちを支えてくれたイギリスの人々のことは決して忘れることはないだろう。多くの「バスク・チルドレン」にとって，イギリスでの生活は家族と離れる辛さはあっても戦争の恐怖や空腹から逃れられた「人生最良の時」だった。

〔注〕
　1) Dorothy Legarreta (1984) *The Guernica Generation: Basque Refugee Children of the Spanish Civil War* (Reno: University of Nevada Press) pp. 306–7. その内訳は，イギリスの他に，フランスに9000名，ベルギーに3200名，ソ連に2900名，メキシコに454名。
　2) 「バスク・チルドレン」については拙稿を参照。砂山充子「スペイン内戦と子供たち―バスクからイギリスに渡った子供たちを中心に」専修大学人文科学研究所編『災害―その記憶と記録』専修大学出版局, 2018年。なお，本章と若干内容，記述が重複している。その他，バスク・チルドレンについては Adrian Bell (1996) *Only for three months* (Norwich: Mousehold Press) がある。
　3) 教師とセニョリータスと呼ばれた助手はすべて若い女性だった。

220 第Ⅲ部 現代の光景

4) コロニーの数については90数カ所と考えられていた。しかし，近年になって新たに数カ所が見つかり増加した。

5) Natalia Benjamin, "Basque Children's Choir", *Basque Children of '37 Association UK Newsletter,* November 2010, p. 7.

6) Yvonne Cloud による The Lancet, 29–May–1937, p. 1303 からの引用。Yvonne Cloud（1937）*The Basque Children in Great Britain*（London: Victor Gollancz）p. 21.

7) Legarreta, *The Guernica Generation,* p. 108.

8) 当時，アギーレとその内閣はフランスで亡命バスク政府を組織していた。

9) Gregorio Arrien（2014）*¡Salvad a los niños! Historia del exilio vasco en la Gran Bretaña*（Bilbao: Sabino Arana Fundazioa）p. 702.

10) ドーセットのスワネージも候補地だった。NJCSR, *Minutes of the Committee for the Evacuation of Basque Children,* May, 1937, p. 2.

11) *Los niños de Guernica tienen memoria*（ドキュメンタリー）での María や Helvetica の証言。

12) Mark Phillimore, 'Basques at Stoneham', *Hampshire Magazine,* Dec. 1978, p. 49.

13) "The general public remembers the Basque children", *Basque Children of '37 Association UK Newsletter,* December, 2011, p. 12 での Norah Gough による証言。

14) 彼は *Sometime I feel like a Motherless Child* 他を録音した。"Leaflet advatising gramophone records by Basque Children's Choir", 292/946/37/8, 1937–1938. Warwick Digital Collections.（アクセス日：2018年12月10日）。

15) Angela Jackson（2014）*British Women and the Spanish Civil War*（London: Routledge）p. 266.

16) Jordanna Balikin（2018）*Unsettled : Refugee Camps and the Making of Multicultural Britain*（Oxford: Oxford University Press）p. 135.

17) "What the Basque Bairns think of us", *The New Leader, 3,* September 1937, *Basque Children of '37 Association UK Newsletter,* November 2010, p. 7. での引用。

18) "The general public remembers the Basque children", *Basque Children of '37 Association UK Newsletter,* December, 2011, p.12. での Glenys Thomas の証言。

19) Hywel Davies による *North Wales Weekly News,* 5 May 2005 からの引用。Hywel Davies（2011）*Fleeing Franco*（Cardiff: University of Wales Press）p. 106.

20) Arrien, *¡Salvad a los niños!,* p. 349.

21) Cloud, *The Basque Children in Great Britain,* p. 38

22) Martín de Ugalde（1982）*Historia de Euskadi,* Vol. 5,（Barcelona:Planeta）p. 375.

23) 反乱軍側を支持した数少ない人物が，ウェールズのナショナリスト党 Plaid Cymru（ウェールズ党），党首の Saunders Lewis である。彼は熱心なカトリックでフランコを支持していた。ただし，党の他のメンバーは共和国を支持していた。

24) Hywel Francis（1984）*Miners against fascism*（London: Lawrence and Wishart）p. 96.

25) Ibid., pp. 107–108.

26) 社会保障を申請した際にその要件を満たすかどうかの調査。

27) 社会労働党系を中心とする労働者によって行われた革命を目指す武装蜂起。特に石炭業の中心地であったアストゥリアス地方で顕著であった。政府により，鎮圧された。

28) その会社本社の跡地は Butetown History and Art Centre となっていたが，同センターは資金不足のため2016年に閉鎖した。

29) Robert Stradling（2004）*Wales and the Spanish Civil War*（Cardiff: University of Wales Press）p. 124.

30) ストラドリングによると，反乱軍による封鎖を破ることができたのはペンアスル（Penarth）出身のオーウェン・ロバーツ（Owen Roberts）という人物で，フランスのサン・ジャン・デ・ルス港から4000〜5000トンの食料を運ぶのに成功したという。Stradling, *Wales and the Spanish Civil War,* p. 124.

31) 参加者数は諸説ある。今回は Hywel Francis の数字にしたがう。

32) Hywel Francis, *Miners against fascism,* pp. 184–185.

33) このうち国際旅団への参加者が148名，そのほかに５名が民兵または POUM（Partido Obrero de Unificación Marxista マルクス主義統一労働者党。反スターリン主義の共産党）としての参加。反乱軍側で戦った兵士も１名いた。Stradling, *Wales and the Spanish Civil War,* pp. 183–186.

34) Stradling, *Wales and the Spanish Civil War,* p. 43.

35) 議事録　House of Commons, 28 July 1937 Vol. 326 cc 3126–7W.

36) ブレフバに行ったホセの証言。"Basque Children" http://www.roam-brechfaforest-llanllwnimountain.co.uk/wp-content/uploads/9th_AUGUST_ENGLISH_Basque_Children_PDF.（アクセス日：2018年12月10 日）。

37) Herminio と Ramón による証言。Alicia Pozo-Gutiérrez & Padmini Broomfield（2012）*Here, Look After Him: Voices of Basque Evacuee Children of the Spanish Civil War*（Southampton: University of Southampton），p. 95.

38) 最終的にイギリスに残ったのは，男子が178名，女子が107名だった。

39) "Forgotton Children of Spain's civil war reunite after 75 years after exile" https://www.theguardian.com/world/2012/may/11/forgotten-children-spain-civil-war

40) Hywel Davies による引用。Eizaguirre（ed.）（1999）*Corazón de Cartón,* self-published, pp.130-131, in Hywel Davies, *Fleeing Franco,* p. 92.

41) Hywel Davies, *Fleeing Franco,* p. 89.

42) Ibid., p. 90.

43) Ibid., p. 106.

222　第Ⅲ部　現代の光景

44) Jim Fyrth（1986）*The Signal was Spain: The Spanish Aid Movement in Britain,1936–39* (London: Lawrence and Wishurst) p. 234.

45) "Children of a brutal war", *South Wales Argus,* 20th, Sept., 2004.

46) "The New Year. Spanish Customs", *Cambria House Journal,* January, 1939. p. 2.

47) "El horror de los toros", *Cambria House Journal,* July, 1939, p. 4.

48) "The feast of the kings", *Cambria House Journal,* Feb.1939, p. 3.

49) "Our paper", *Cambria House Journal,* March, 1939, p. 1.

50) "Football", *Cambria House Journal,* Nov. 1938, p. 2.

51) Jim Fyrth（1986）*The Signal was Spain*, p. 234.

52) "Engagements for December", *Cambria House Journal,* December, 1938.

53) "Engagements for January", *Cambria House Journal,* January, 1939

54) "Engagements for April", *Cambria House Journal,* April, 1939.

55) *Cambria House Journal,* August, 1939.

56) "Fechas históricas de primavera", *Cambria House Journal,* May, 1939.

57) "Nuestra Eduación", *Cambria House Journal,* April, 1939.

58) "My impressions of Cambria House", *Cambria House Journal,* June, 1939.

59) この子供は表紙の絵を描いている。*Cambria House Journal,* Sept., 1939.

60) "Mis impresiones sobre Badmington School", *Cambria House Journal,* January, 1939. "Mi vida en Badmington School como interina" *Cambria House Journal,* March, 1939.

61) Hywel Davies, *Fleeing Franco,* p. 56.

62) Ibid., p. 34.

63) *Wales and the Basque Refugees,* BBC テレビドキュメンタリー，2012年。

64) Hywel Davies, *Fleeing Franco,* p. 16. 当時，スペインとの手紙はすべて検閲の対象だったことを考えると，これは検閲されずに手紙を届ける手段だった。疎開した子供と家族との手紙のやり取りについては，Verónica Sierra（2009）*Palabras huérfanas: Los niños y la Guerra Civil* (Barcelona: Taurus) がある。

65) http://www.caerleon.net/cambria/basque/swa/（アクセス日：2018年11月10日）

66) Jack Williams, "A message to all our friends", *Cambria House Journal,* Vol. 2, No. 1, Nov. 1939.

67) C. J., "Repatriation", *Cambria House Journal,* Vol. 2, No. 1, Nov., 1939.

68) 「バスク・チルドレン」の子供たちの世代によって，2002年にイギリスで結成された組織。資料の散逸を回避するためと，「バスク・チルドレン」の声を残しておくために結成された。

69) Josefina Savery, "Blue plaque for Caerleon", *Newsletter,* Basque Children of '37 Association UK, No. 3, March, 2005, p. 1.

70) カルメンは子供たちに同行してイギリスに渡った教師の娘である。

第5章 「バスク・チルドレン」の受け入れを巡って 223

71) 講演の概要は María Dolores Power, "Review of the event held at Caerlon, 10th July 2017", http://caerleonlabourparty.com/wp-content/uploads/2017/07/Basque-DayCaerleon2017.pdf（アクセス日：2018年12月1日）。

72) これは内戦下でバスクから疎開した子供たちを扱ったレガレタの著作のタイトルでもある。Legarreta, *The Guernica Generation.*

73) Roberto Menéndez（2008）*Los niños de Guernica tienen memoria.* 彼らのイギリス到着70周年時にインタビューが行われ，2008年に完成した。

74) Steve Bowles（2005），*The Guernica Children,* Eye Witness Productions.

75) Natalia Benjamin（2009）*Recuerdos: The Basque Children Refugees in Great Britain*（Norfolk: Mousehold Press）

76) Natalia Benjamin, *Recuerdos,* p. 90.

77) Ibid., p. 90.

78) Ibid., p. 64.

79) Alicia Pozo-Gutiérrez & Padmini Broomfield, *Here, Look after him,* p.176.

80) Ibid., p. 176.

81) Natalia Benjamin, *Recuerdos,* p. 100.

82) スペイン第二共和国を指す。

83) 'Forgotten children of Spain's civil war reunite 75 years after exile', *The Gardian,* 11, May, 2012.

84) Natalia Benjamin, *Recuerdos,* pp. 110–119.

85) Ibid, p. 109.

86) 2007年制定の歴史の記憶法のもと，疎開者，亡命者及びその子孫にはスペイン国籍があたえられることになった。

87) *Wales and the Basque Refugees,* BBCドキュメンタリー，2012年。

〔本章は2017年度専修大学研究助成「スペイン内戦と子供たち」の成果の一部である。〕

第6章
山中漆器産地にみる「産地の要素」の変容と産地アイデンティティ
―地域における“産地”とはなにか―

樋口 博美

1．はじめに

　分業体制をもつ伝統的地場産業の生産のシステムは，時代の推移ととも
に，従来の生産にかかわる範域を産地外や地域外へと拡げ，そうすることで
産地としての生産活動を継続させてきた。このように，生産をめぐる関係が
空間的にも社会的にも拡大・変容していく現代において「産地」とはなにか，
についてあらためて考えてみたくなる。それは単に，人々が地域のアイデン
ティティを確認するための「拠り所」として使われるおまもり言葉に過ぎな
いのであろうか。かつてのような伝統的かつ共同体的な関係にもとづく“ま
とまり”の実態の希薄化や，産地外における関係性の構築は産地にどのよう
な影響をもたらしているのだろうか，また，産地はそれらをどのように受容
しているのであろうか。

　本章では，石川県の山中漆器産地を取り上げ，現代の地場産業産地のあり
方を，それを成り立たせる「産地の諸要素」（原材料，人／技能／技術，生
産関係，産地コミュニティ）と，それらの相互関係としてある「産地システ
ム」という観点から考察する。その結果，社会の消費主義化や国際化が進展
するなかで，「産地システム」が原材料，人，生産関係，産地コミュニティ
のあり方を変容させつつ技能・技術を核にそれらを再編する動態を明らかに
し，その動きが特定の製品を生産し続ける産地のアイデンティティ（自己同

226　第Ⅲ部　現代の光景

一性）を保つ働きのもとにあることをみる。その上で産地を存続させる「産地システム」のエネルギーには，人やモノを産地に惹きつける求心力があることを考察する。

2．"産地"概念と産地の要素

　本節では「産地」の概念について検討し，山中漆器産地を分析するための枠組みを提示したい。既存研究にもとづいた地場産業の特徴を産地概念に組み入れることで地場産業産地を規定し，そこから整理される4つの産地成立要件を「産地の要素」とする。また，この「産地の要素」においては，産地内の生産をめぐる人々の関係として「経済的な側面」と「社会的な側面」の2つの要素を区別する必要があることを示しておく。

2.1　伝統と協業の地場産業産地

（1）地場産業産地における分業と協業の生産構造
　これまで，地場産業とはどのように定義されてきたのであろうか。その発生的側面からみると「地域に住んでいる人たちの衣食住という物質的生活の充足の必要を母とし，民衆の生活の知恵を生かし，工芸へ高めようとする職人の熟練技術を父として」[1]ある特定の地域に形成されてきた産業のことであるとされている。当該地域に発生の根源を持ち，地域の人々の需要に応じ続けるために，地域内で成立・完結する技術を維持してきたものとなる。また形態的側面をみると，地場産業のある当該地域には，同一業種の中小零細企業が地域的企業集団を形成して集中立地しており，生産・販売構造には社会的分業体制がみられる。そこで生産されているものは他の地域ではあまり産出されないその地域独自の特産品であり，それらを全国や海外に販売する[2]。地場産業とは，ある地域において生活の必要と技術をもとに生まれ，その歴史的経過のなかで，伝統的な分業体制による企業集団（地域内産業集団）を形成しながら独自の経済活動を行う産業といえよう。また一般的に零

第6章　山中漆器産地にみる「産地の要素」の変容と産地アイデンティティ　　227

細で労働集約的である個々の企業・事業所の関係は，統括者として中心的役割を担う企業と各生産工程に従事する専門業者や家内工業者という，支配従属関係にあることが多い[3]。

　では地場産業について「産地」との関係から捉え直してみる。広辞苑で「産地」は「物品を産出する土地」とされる。ここに地場産業を当てはめてみると，産地とは物品〔モノ〕を作り出す地場産業が展開する土地〔地域的範囲，地理的空間〕となる。ある特定の製品を生産するために，分業体制下で多数の生産工程を分担する，独立した専門的な事業所（同業者・関連業者）が多数集積する土地（地域）ともいえよう。この地場産業産地内には企業相互の取引関係があり，この取引と分業のあり方が産地の生産関係となる。これにはある特定品目の生産・流通機能の分担関係のみならず，それをめぐる社会的・経済的な諸関係が包摂される[4]。

　そして地場産業産地には，上野（2008）が「産地コア」と呼ぶ製品価値を具現化するための1．原材料基盤，2．伝統的技術・技法と，これらを結合して産品を生産し流通させるしくみの3．産地システムがあり，その持続性が地場産品・伝産品としての価値を実現し，産業の存続を可能にしてきたのである[5]。つまり産地とは，ある地域的範囲において，技術的な集積とその分業体制等の特徴をもった地場産業としての経済的な活動が行われている“場”であり，その地場産業は自らを維持するための地域特有の産地システムを持っているのである。

　ところで地場産業は，戦後高度経済成長期の社会的・経済的変化のなかでその多くが淘汰されてきたのだが，地場産業の存続に大きな力を発揮したのは，産地（＝地場産業）の企業集団形成の有無であった。経済的淘汰を生き延びた地場産業は，独自技術や特定市場を持ったもの以外はいずれも産地を形成していたのであり，産地を形成したものだけが，価格競争，技術競争，人材養成，販売市場など時代の急速な変化に対応することができた。産地形成している地場産業は社会的分業と協業という地域的基盤によって大企業の進出を阻止したのであり，産地が形成されていなければ生き残ることはでき

なかったのである[6]。そしてまた，この産地形成は2つに分かれた。一つは伝統的な技術を産地内で伝承するしくみを維持し続け，職人の技能を基盤として展開してきた「伝統的」地場産業産地と，もう一つは近代化や高度経済成長期のような社会的・経済的発展に起因する市場の拡大を背景に，地域内の資源や技術のみならず，それらを外部からも取り入れることで展開してきた「近代的」地場産業産地である。後者は時に，さらに地場・地域を離れ，近代工業へと展開していくものも数多くみられた。後にみるように，本稿で取り上げる山中漆器産地は伝統的地場産業としての漆器産地であり，また近代的地場産業としての漆器産地でもあるという2つの顔を持つ産地である。

（2）地場産業産地における伝統的・文化的要素

　これまで見てきたように，地場産業としての何らかの経済的活動が行われている場であるからして，産地とは第一に「地場産業資本の力の及ぶ範囲」[7]のことである。そこは「技術・製品等に共通性をもつ等質空間」であり，多くの関連業者によるまとまりのある空間である。また同時に「支配と被支配関係を示す空間」でもあり，「発展と衰退を示す歴史的発展段階を示す空間」でもある。さらに産地には「地域の歴史や政治・社会を反映した社会空間」としての側面もある（上野 2007）。

　そして，上野（2007）は，地場産業の特徴として着目されるべき点は，生産構造のみならず，その伝統的・文化的要素にあると指摘している。地場産業製品は「工業製品と言うよりやや工芸的特徴を強く持ち，そこには近代工業製品の画一性・均質性に対して，地域性・人間性・文化性をみることができ，それが製品価値を生み出している」[8]のである。この地場産業の伝統的・文化的要素（地域性・人間性・文化性）について，既述の「産地コア（1.原材料，2.技能・技術）」と「産地システム（3.生産・流通）」に沿ってみてみると，1.地域の原材料を基盤にしている，2.属人的には「技能（暗黙知）」，属地的には「技術」をもつ職人が身体化した産地の風土的基盤（気風，自然，歴史）をモノに具現化するという，それぞれの意味において，地場産業産品

は文化的特性を内包していることになる。

さらに，3.その生産・流通も，（1）でみた生産構造などの経済的側面のみならず，いわゆる産地内のコミュニティといった伝統的・文化的側面にも支えられると考えられる。いいかえれば，産地には地域が経験して培ってきた歴史的，政治的，経済的要素の他に，社会的な慣習や自明のルールや慣行として現れる伝統的・文化的要素が存在するということである。それは経済的視点だけから“産業”に着目していては決して浮かび上がってこない，地域の潜在的な基盤ともいえるものである。この社会的・文化的な観点を地場産業産地の要素として組み込むことにより，産地の意義や存在に対する理解を深めることになると思われるのだが，ここではこの産地の要素を「産地コミュニティ」としておく。

2.2　産地の「要素」

前項2.1の産地概念の検討をふまえて，ここでは産地の要素を，1.原材料，2.人／技能／技術，3.生産関係，分業・協働（経済的関係），4.産地コミュニティ，伝統・文化（社会的関係）の4つに分類し，以下にそれぞれ解説していく。

（1）原材料

製品の元になる材料のことを指す。歴史的にたどれば，多くの場合，原材料立地が産地成立の根源となっており，原材料をどこから採るかによって産地形成が規定される。また選ぶ原材料により，製品化に向けて要請される技能・技術やそれらを繋ぐ生産関係のあり方までが規定されることになる。原材料の産地では量的にまとまって原料が供給されるので，価格が安く，品質が安定し，納期が正確になる。他地域と比べて価格・非価格的にも有利なため，産地は競争力を持つことになる。原料の存在する地域には人々が集まり，地場産業を形成するという事例が多い。一定地域に同業者が集まれば原材料を専門的に扱う企業だけでなく，原材料以外の補助材料，道具や機械類も産

230 第Ⅲ部 現代の光景

地に集まり，その分野における品質や技術の向上につながる[9]。

（2）人／技能／技術

技能・技術は原材料を製品化するための産地特有の製造方法を指す。原材料に合わせた道具とそれを用いた生産方法が発達してきている場合がほとんどである。その技術を体現するのが人であり，それは職人と労働者の両方を指す。地場産業は地域の重要な雇用吸収の場でもあり，地場産業の生産に関わって技能を身につけた人々は，多くの場合，産地内で供給されてきたのであり，血縁・非血縁を問わず産地において継承されてきた。ここでは，人が身体化させた技術を技能と呼ぶ。原材料との関連としては，たとえば原材料がプラスチックだと工作機械技術が求められるが，集積された手工技能に対しては原材料に木材が選ばれるというように，選ばれる原材料によって技能・技術や人のあり方が規定されるだけでなく，それらの集積に合わせて原材料の方が選ばれることもある。

（3）生産関係，分業・協働

人々が生産をめぐって取りむすぶ関係である。先行研究の全てが地場産業産地の成立・存続条件として指摘するように，一定の地域的範囲に集積した企業・事業所群のあいだに生産上の分業関係がある状態を指す。産業を形成する産地の構造であり，支配従属的な縦の関係，協力・共同的な横の関係など多様な関係性が存在するのだが，それは経済的・合理的な関係でもある。人／技能／技術との関連については，たとえば，手工技能の集積されるところには（支配従属的な）分業体制が生み出される一方で，工場生産体制の設けられるところでは工作機械技術が求められるというように，人／技能／技術と生産関係のあり方は相互に規定しあう。

（4）産地コミュニティ，伝統，文化

経済的関係とは異なるが，時に経済的な生産関係に影響を及ぼすこともあ

る，産地内のコミュニティに関わっていくために取りむすぶ関係がある。生産機構における関係性を円滑に保つためにも，日常生活に近いところで担う役割や関係の維持を示すものであり，また重要な産地の要素である。そうした社会的関係が整ってこそ産地内での関係や役割が保証される。生産関係との関連については，たとえば分業体制の生産関係にもとづいた部門別の限定的なコミュニティ形成がみられる一方で，産地外の人材を包摂的に受け入れるコミュニティが生産関係にそうした人材を繋いでいくなどの，相互の関連性がある。

　産地に生きる人の意識や行動を産地の主体とすると，"産地の要素と主体との関係性" という観点から産地の要素のあり方や変化をみることができる。たとえば，商人か，職人か，見習いかなどの主体の違いによって産地の要素の要・不要や優先順位（拠り所の高さ）はそれぞれ異なる。ある主体にとっては重要ではない産地の要素も，他の主体にとっては最も重要になることもあるし，すべての主体に共有される要素もあれば，一部の主体にのみ共有される要素もあるだろう。特に，明文化されず自明のルール（慣行）となっているものも含めた「産地の要素」の変化は主体との関わりによって明らかになる。そして，これらの「産地の要素」を互いに関連して成るシステムの要素として設定することで，このシステムが「産地システム」として自らをどのように編成してどこに向かうのかを調べることができる。

3．産地の要素に見る伝統的産地のあり方

　本節では，山中漆器産地を対象として，1950年代までの伝統的地場産業産地としての産地のあり方について，前節において示した「産地の要素」の類型を用いて考察していく。産地がどのように確立したのか，その歴史的成立過程にも着目する。

232　第Ⅲ部　現代の光景

3.1　伝統的地場産業産地としての産地システム

（1）漆器生産の始まり──原材料供給による立地と木地師集団

　ここでは，山中における漆器生産の始まりについて，〈原材料〉と〈人／技能／技術〉という2つの「産地の要素」からみていく。

　山中漆器産地は，天正年間（1573〜92年）に大聖寺川上流の真砂村に原木を求めて越前から移り住んだ木地師集団が白木地制作を始め[10]，その木地製作技術が大聖寺川下流域の山中地域に伝えられたことがその起こりとされる。木地師集団から伝えられた轆轤挽きの技術が古くから展開していたのである。江戸時代に入ると，山中の町の湯治客相手の食器類（椀・盆・茶托等）や玩具類（コマ等）の土産物需要に応えるようになり[11]，ある程度の量産指向があった。

　木地製品に漆を塗る技法と工程が山中で発展したのは18世紀の半ばとされる。宝暦年間（1751〜64年）には，京都など他地域から漆塗りの技術が伝習されて栗色塗が始まるが，これがのちに朱溜塗という山中漆器に特徴的な技術となっていく。文政8（1825）年に蒔絵の技術が伝わると，天保6（1835）年には会津屋由蔵によって会津蒔絵の技法が伝えられるなど，蒔絵技術の高まりが見られた。弘化年間（1844〜48年）には，蓑屋平兵衛が轆轤挽きに山中漆器の特徴とされる糸目挽きを取り入れると，明治期に筑城良太郎によって千筋挽きが展開されるなど，木地の表面に鉋を当てて細かい模様を付ける加飾挽き技術が発展していく[12]。この技術が山中漆器発展の基礎となり，産地独自の技術として今日まで伝承・継承され続けることになる。

（2）伝統的な漆器生産における原材料と技術の維持

　ここでは，1960年代に本格的な近代漆器生産が始まる前の漆器生産のあり方について，〈原材料〉と〈人／技能／技術〉の「産地の要素」の観点から記述していく。

　まず〈原材料〉についてである。戦後しばらくは産地で使用する木地は原

第 6 章　山中漆器産地にみる「産地の要素」の変容と産地アイデンティティ　　233

木から荒挽きまでの工程を主に岐阜県や福井県の山間部に発注し，最後の仕上げ挽きのみが産地内の木地屋で行われていた。しかし，戦後の復興とともに急速に伸びた需要に合わせて，原木から荒挽き・仕上げ挽きまでの一貫作業を産地内で行うために，1951（昭和26）年に山中地域内に木地共同作業場を新設して作業を開始した。後に触れるが，1971（昭和46）年には作業場の老朽化を契機に山中漆器木地生産協同組合を発足し，山中町と石川県から補助金を得ながら近代的な設備の整った新工場を建設して，産地内における原材料の確保と価格の安定を実現させている[13]。現在も木地屋（師）の多くが，この木地生産協同組合を通して木地を入手している。

　次に〈人／技能／技術〉についてである。戦前戦後の時期，木地師たちは，かつての真砂地域よりも大聖寺川の下流域，山中の町の中心からやや上流にある菅谷という集落に集住するようになっていた。この時代も山中産地の扱う製品は，大衆向けの食器や土産物という比較的量産を要するものであった[14]。そのためか，明治期には足踏み轆轤，大正初期には電動轆轤を導入するなど，他産地に先駆けて積極的に新技術の導入・改良に取り組む近代化への志向がみられる。そうした技能・技術の伝承と維持，そのための人材の育成は，産地にとって重要な課題であった。

　そして，その技術を維持する山中産地の徒弟制度は「輪島のごとき本格的な徒弟制度は早くからくずれていた」[15]とされるが，1906（明治39）年の徒弟契約書（徒弟年季証）からは，近代以降も比較的厳密な形で徒弟制度が維持されてきたことがうかがえる。近在の村々から多くの住み込み徒弟が集められ，明治以降は山中町内からの「通い」の徒弟が増えたとされるが，それでも年季は10年以上であり，そこから 7 年，5 年と徐々に短縮されていったという。

　地域内で産出される原材料の木材の豊かさは，産地発生と産地形成において決定的な「要素」であった。産地には，木材を求めて木地師集団が集住し，製品価値を高めるために技術者が招かれ，漆塗りや加飾の技術，つまりもう一つの「産地の要素」である技能・技術が集積されていったからである。

3.2 伝統的な生産関係と産地コミュニティ

本項では，3.1項で見てきた産地の〈原材料〉要素と〈人／技能／技術〉要素をもとにした，山中漆器産業の〈生産関係〉と〈産地コミュニティ〉について考察する。

(1) 伝統的な生産関係

図1は，伝統的な木製漆器の生産・流通機構である。1950年代までの山中の伝統的な木製漆器生産は，1．産地問屋，2．木地，3．下地，4．上塗，5．蒔絵，6．拭漆，の6つの専門分野（2～6は工程）で成り立っていた[16]。工程ごとに専門的な技能を持った職人や業者が分業体制によって生産を行ってきた。産地の中心で生産部門を統括し，流通・販売を担うのが産地問屋であり，彼らは販路を開拓しながら製品の企画を行い，消費地問屋や産地外問

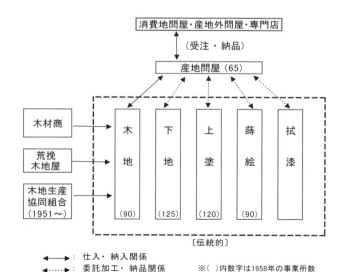

図1：伝統的木製漆器の工程と生産・流通機構
出所：山中町史編纂委員会 (1995)，馬場 (1991：p.12) などにより作成。

屋等からの受注を取る。受注に応じて各工程の職人や業者に生産内容や数を指示し，商品もしくは半製品の納入を受けて出荷する役割を担うのである。木地工程については，先にみたように，1951年に木地部門の職人事業主たちが量産体制に対応可能な木地共同作業場を設営している。産地問屋は「木地屋」から木地を仕入れ，その加工を次工程の「下地屋」に委託し，半製品の納品を受けて次の「上塗」工程へと委託する。上塗製造を兼ねた木製漆器の製造卸業者もあるが，基本的に産地問屋は事業所内には製造部門を持たずに，各工程で取引する職人製造業者を複数持ち，仕入れもしくは委託加工システムで完成品を生産している。このように，伝統的漆器産地としての山中漆器産地の生産関係にみられる特徴は，産地内に限定的で，上下関係が固定的な（支配従属的な）分業体制といえる。

（2）組合と育成に見る産地コミュニティ

〈産地コミュニティ〉は生産に直接関わるものではなく，また経済的利益を求める活動でもないが，生産流通・機構における生産関係の共同を促し，産地内における関係性を円滑なものとするための，産地内関係から派生する社会的な（時には伝統的，文化的，慣習的）コミュニティである。ここではそれを講・組合と人材育成のあり方に見てみる。

山中漆器産地における講の変遷をさかのぼると，江戸時代の仲間組織が始まりである[17]。藩政期以後，山中の木地屋は木地屋講という講を結んで12月9日には山祭を行い，塗師屋では漆技の守護仏である虚空蔵菩薩を中心とする塗師屋講を結んで月々の決まった日に寄合を開いていたようである。これらは一般的な講と同様，申し合わせもするが，基本的には親睦を目的としたものであった。これらの講が近代的に再編されたものが1885（明治18）年に設立された山中漆器組合である[18]。1896（明治29）年に山中漆器商合意組[19]が，1900（明治33）年には木地，塗り，蒔絵，問屋の4つの部の統合によって成り立つ山中漆器商合意（組合）が結成されている[20]。ここでは製品の品質の向上を目的とするばかりでなく，粗製濫造防止や販路，職工の奨励，

236 第Ⅲ部 現代の光景

講話会や品評会等々について取り上げられていた[21]。

昭和に入り，1938（昭和13）年には，山中漆器工業組合が結成され（木地業者の反対によりなかなか実現しなかった），戦中の統制組合法によって1944（昭和19）年に山中漆器施設組合と改組するが，戦後1946（昭和21）年には協同組合法によって山中漆器商工業協同組合となり，1950（昭和25）年には同組合は中小企業等協同組合法に基づく組織となった。後に1977（昭和52）年には，産地内にさまざまな漆器関連組合が成立する中で産地代表としての性格を明確にするため，山中漆器連合協同組合として名称変更し，その組合員の経済的地位向上の達成を目指してきたのである[22]。

もう一つ産地コミュニティとして重要であったのは，先に技術の伝承として記した徒弟制度の技能・技術を身につける過程である。徒弟制度では年季期間の半分ほどが「下マワリ」仕事に使用されたが，この間に仕事を覚え，家風になじみ，職人としての風格も身につけていった。山中の徒弟制度は「血縁・知己を頼って師匠のもとへ弟子入りし，通常は5〜6年の期間，師匠の家族と生活を共にしながらの厳格な規律の下に専門的な技能・技術を習得するための修行を行う」ものであり[23]，師匠と弟子は1対1の教育体制のなかで技術を習得して一人前の職人となったのである。さらに，年季明けの親方と弟子の関係である。徒弟期間中に何度か行われる祝儀などは早くに廃れ，年季明けの儀式も早くに形式的なものとなったというが，年季が明けて一人前になった後のお礼奉公や親方からの道具の授与，親方との親交はいつまでも残っていたという。これらの慣習は戦後まで続くことになる。

以上のように組合と人材育成に注目したときにみられる山中漆器産地の〈産地コミュニティ〉の特徴は，産地内に限定された，地縁・血縁関係にもとづいた比較的紐帯の緊密な社会的関係性にあるといえる。

伝統的地場産業産地としての1950年代までの山中漆器産地について産地の要素の関係から整理すると，原材料である木材の産地に手工的技能を具現する人々が集積し，それらの地縁・血縁関係という紐帯の緊密な関係性のもとに支配従属的な固定化した分業体制としてあることになる。それは1950年代

までの消費主義化が進展する以前の社会的環境のもとで，産地内の関係に依拠した〈自己完結的な産地システム〉として特徴づけられよう。

4．近代的地場産業の登場と産地システムの変容

　本節では，1960年代に合成漆器生産への参入によって始まる山中漆器の産地システムの変容と（4.1），近年に至るまでの生産機構，生産構造の産地外への拡大について（4.2），産地の要素の変化を基に考察を加える。産地内で完結的であった生産機構（分業の体制）が揺らいでいく過程において，産地内にこれまでとは異なる多様な価値観が入りこみ，"受容"されていく。それは，新たな産地外の関係の構築（産地システムの広がり）を意味するものであり，また一方では既存の産地内の関係の細分化や弱体化を意味するものでもある。この時，「産地アイデンティティ」は大きく揺さぶられつつも，「産地システム」の新たなあり方が模索されていくことになる。

4.1　産地の要素と近代的地場産業化

　既述のように，現在の山中漆器産地は，伝統的な「木製漆器」と近代的な「合成漆器」の全く異なる２つの漆器生産で成り立っている。本項では，〈原材料〉と〈人／技能／技術〉の要素から，山中漆器産地が新たな漆器素材を獲得するとともに，その素材に応じた近代的技術を取り入れ，「近代漆器」あるいは「合成漆器」と呼ばれる新しい漆器生産を受容し，〈生産関係〉が変容していく過程をみる。

（1）原材料要素の変化と大量生産化
　地場産業は，消費主義化を背景にした1950年代半ば以降の石油化学工業の急速な発達，金属や工作機械における技術の発展の影響を直接に受けた。それまで木と漆が一般的な素材であった漆器においては，ナイロン，カシュー塗料，プラスチック素材が登場する。プラスチック原料の生産品には品質の

238 第Ⅲ部 現代の光景

むらがなく生産の規格化が可能である。そして，その生産のために次々と機械が導入されるようになり，それは原材料のみならず，手工的な技能生産も駆逐されることとなった。原材料によって立地していた地場産業にとっては，戦後の代替原料の登場は死活問題となった。桶，樽などの木工加工，ざる，カゴなどの竹細工はプラスチックに取って代わられ，藁なわ，俵，むしろ，藁ぞうりなどの藁加工品は合成繊維に取って代わられた。1955年から1964年の間の地場産業の衰退の原因は，主に原料革命に対応できなかったことにある[24]。

山中漆器産地で合成漆器生産の導入が合意され，決定したのは1959年頃である。素地素材の合成樹脂や代用漆の化学塗料の新素材が次々と導入され，1970年代には蒔絵の代用となるシルクスクリーンも導入される[25]。安価で取扱いが簡便な実用品として新しい漆器の市場が広がっていく。家具中心の製造を行っていた輪島漆器や，宗教用具中心の製造を行っていた金沢漆器と異なり，山中では既述のとおり，もともと飲食器などの日常品や土産物・玩具を中心とした量産品を扱っていたことが合成漆器生産の受容を促し，さらなる近代化展開志向を後押ししていくことになる[26]。

産地内では，合成漆器製造を本格化していくために，中小企業近代化資金助成法の適用指定を受けて[27]2つの工場団地建設が認定（1964年）された[28]。これまで木製漆器製造の場としては，職住一体型の零細な店舗・作業場が山中町内に散在している状況であった。街中では，合成漆器の原材料であるプラスチックの吹きつけ塗装のにおいや溶剤発火の危険を回避し，手狭となった工場・事業所を拡張できるように，1966年に山中町上原町に山中漆器工業団地が，加賀市別所町に加賀山中漆器生産団地が完成したのである。両団地が1968年に稼働すると，近代的な施設・設備とともに「機能的な産地体制」[29]が整備されていく。

それと同時に，伝統的な木製漆器の生産を手がけていた職人や製造卸の人々が次々に合成漆器に転業していった。1980年までに，合成素地部門には木製素地部門から17事業所が，吹きつけ塗装部門には木製髹漆業から81事業

第6章　山中漆器産地にみる「産地の要素」の変容と産地アイデンティティ　　239

所が，シルクスクリーン印刷部門には蒔絵業から80事業所が転業した。また，合成素地部門には，大阪や東京からの漆器関係ではない企業の外部資本の進出があり，これらの工場はこれまでの産地空間からかなり離れたところに自社工場を構えただけでなく，その自社下請け工場は合計100弱にもおよび，場所は県外にまで及んだ[30]。こうして既存の産地のなかだけではなく，産地地域を超えて量産体制が確立していったのである。産地ではまたたく間に化学塗料を塗付したプラスチック素地の漆器（これを産地では近代漆器，合成漆器などと呼ぶ）が大量に生産され，普及していった。他産地に先駆けて近代漆器生産をリードしたものには山中漆器の他にも会津漆器（福島県）や海南漆器（和歌山県）などがあったが，もともと素地である木地生産が産地の中心であった山中においては特に突出して生産高が上がっていった（表1）。

表1　山中漆器の従業者数・生産額推移

年度	従業者数	生産額(万円)	関連事項
1953 (S28)	——	60,000	
1959 (S34)	——	84,230	合成漆器の導入
1960 (S35)	——	109,280	
1965 (S40)	——	180,000	スクリーン蒔絵導入
1968 (S43)	——	451,500	工場団地稼働
1971 (S46)	——	600,000	
1975 (S50)	——	2,000,000	ギフト市場の開拓
1981 (S56)	——	3,000,000	
1985 (S60)	5,000	3,600,000	
1988 (S63)	5,000	4,000,000	※生産額ピーク
1991 (H3)	5,000	3,500,000	バブル経済崩壊
1995 (H7)	4,200	3,200,000	
2000 (H12)	3,140	2,200,000	
2005 (H17)	2,200	1,250,000	
2010 (H22)	1,600	1,020,000	
2015 (H27)	1,350	980,000	
2016 (H28)	1,300	960,000	
2017 (H29)	1,300	920,000	

出所：山中漆器連合協同組合資料。

石油化学工業や技術発展への対応について全国的に見渡してみると，伝統産業と近代産業の共存という二重構造化を受け入れていった産地は少なくなかった[31]のであり，山中漆器産地もこの例に漏れないものであった。こうして伝統的な「木製漆器」を生産する伝統的地場産業としての山中漆器と，近代的な「合成漆器」を生産する近代的地場産業としての山中漆器という，2種類の異質な漆器を生産する地場産業産地が成立することになった。

（2）生産機構と生産関係の変化

　合成漆器の登場により産地の生産・流通機構は大きく変容する（図2）。産地では，伝統的地場産業と近代的地場産業が併存する産地システムが形成されていくことになる。

　1950年代までの生産機構では，基本は6つの専門分野（職業分化）であっ

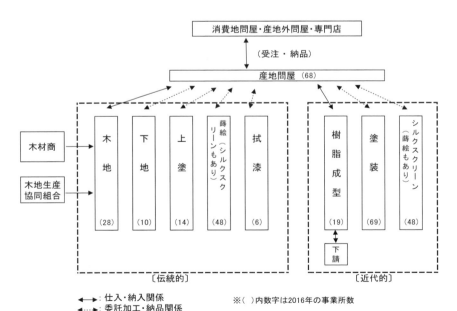

図2：伝統的木製漆器と近代的合成漆器の工程と生産・流通機構
出所：山中町史編纂委員会（1995）および馬場（1991：p.15）などにより作成。

第6章　山中漆器産地にみる「産地の要素」の変容と産地アイデンティティ　　241

たが，現在は，図2のように，1.産地問屋，2.木地，3.下地，4.上塗，5.
蒔絵，6.拭漆，7.樹脂成型，8.塗装，9.シルクスクリーン，の9つの専
門分野（2～9は工程）がある。先の伝統的な漆器のみの生産・流通機構（図
1）に，合成漆器の生産・流通機構が加わったものである。合成漆器の樹脂
成型の工程，吹きつけによる塗装工程，蒔絵との兼業の場合もあるシルクス
クリーン工程の3つの工程が加わっている。産地問屋も，木製漆器のみを扱
う問屋，合成漆器のみを扱う問屋，そして両方を扱う問屋など，扱う製品の
内容に問屋のそれぞれの店の特徴が現れるようになっている。こうして山中
漆器の生産額は1988年にピークに達する（表1）。当時，生産額は約 400 億
円，事業所数およそ700カ所，従業員数5000人であった。

　しかし，バブル経済が崩壊後の景気低迷，時を同じくして国外からの安い
漆器が輸入されるようになり，2010年には，生産額約100億円，事業所数333
カ所，生産に従事する人たちの数も1600人まで減少した。

　また，合成漆器が産地の主力となっていく過程で木製漆器の需要と供給は
相対的に減少していった。特に，徒弟制度による技能継承を必要とする木製
漆器にとって，合成漆器への転換は木製漆器からの転業や廃業が促される中
で，徒弟制度の必要性を低化させる要因の一つとなったといえる。厳密な徒
弟制を縮小させていく要因でもあった。しかし一方で，木地づくりを中心と
する木製漆器の生産技術は，「木地の山中」の重要な産地シンボルとして産
地内では認識され，その技能は維持され続けてきた。特に，1980年代後半に
山中漆器の生産額がピークを迎えて後，合成漆器の需要に陰りが出てくる
と，産地の"売り"である木地職人の手による木製漆器に対する注目と需要
は再び高まっていく。

4.2　「個別化と外部化」にみる生産関係と産地コミュニティ

　本項では，1960年代以降，山中漆器産地の両輪となってきた木製漆器と合
成漆器の現状について，「産地の要素」（原材料，人／技能／技術，生産関係，
産地コミュニティ）がどのように関連し認識されているのかを考察する。産

242　第Ⅲ部　現代の光景

地の生産機構に組み込まれていた生産工程（とそれにともなう技能や技術）を産地の外へ委託（発注）したり，またあるいは産地の生産工程の一部（とそれにともなう技能や技術）が産地以外の外部からの委託に応じたりと，「産地関係」が「外部化」している。このことは，産地内から見れば生産機構に属する各主体が，産地の生産機構とは異なるところで各々の独自の関係性を築いていくという意味での「個別化」状況を示している。それは結果として「産地内関係」の希薄化・細分化という状況を示すことになる。またこれらの分析のために，まずこれまでの産地の変容を目の当たりにし，変化する産地の生産関係や産地コミュニティのなかで生きてきたＮ氏の例を取り上げる[32]。

（1）ある木地師の産地における経験と生き方

　木地師Ｎ氏（70代後半　男性）は，かねてから木地師が多く集まる大聖寺川上流地域に50年以上にわたって木地工房を構えてきた職人である。中学校卒業後に木地師の親方に3年間弟子入りし，その後6年間親方の元で働いた。その後20代半ばで独立して現在に至る。

［①生産関係］
　Ｎ氏が親方から独立する際，産地内で親方の仕事と競合しないようにと，すぐには独立をせずに，親方の工房では製作していなかった製品の作り方を学んでから（その時に身につけたお椀製造が現在Ｎ氏の工房の主力製品となっている）独立をした。その後，Ｎ氏は1990年代前半まで産地内の事業所との取引を中心に仕事をしてきた。しかし，合成漆器の登場やバブル経済崩壊による需要落ち込み等の社会的経済的要因によって，職人や工房への委託・注文が激減し，問屋が倒産するなど，Ｎ氏曰く「産地の自然淘汰」が起こり，Ｎ氏自身も生産関係の70％の取引を占めていた産地問屋が倒産してしまうという出来事に遭遇した。もっとも苦しい時代だったという。しかし，その時に残りの30％の取引相手には注文を増やしてほしいとは言えな

かった。なぜなら30％取引の相手からもっと引き受けて欲しいといわれていた仕事を断ってまで70％取引の問屋を大事に優先していたので，今更（大口の仕事がなくなったので）仕事を引き受けます，というような都合のいいことは言えなかったのである。産地内のつながりのあり方が理解できるエピソードである。かくしてN氏は輪島の見本市に製品を出すことにする。そして，N氏の木地が話題になると，輪島の塗師屋の口コミによって10軒ほどの取引先が一気に増え現在もN氏の得意先となっている。

［②技術への矜持と作家活動］

　N氏が専門家の推薦で伝統工芸展に初めて出品したのは50歳を過ぎてからであった。それまで自分の製品を作品と捉えることに全く興味はなかったが，初出品で入選し，皆に賞賛されてから，工芸展で連続入選するなどその活動を「おもしろい」と感じるようになった。しかし，作家への道を考えたことはなく，自身の技能・技術を生かした趣味として捉えており，また出展するのは，「自分の（工房の）技術はこれくらいあるのです，という『看板』」になればよいと考えているからである。

［③海外製品の参入とブランド化］

　山中漆器産地にも30年ほど前から本格的に輸入されるようになった中国漆器であるが，N氏のような伝統的な木製漆器を製作するところでは，輸入品と競争しなくてはならない事態が起きてくる。しかし「どうしても単価的には譲れない」（デパートで並ぶ中国製品の値段はN氏の扱う材料の値段と同じであるという）。かといって価格競争などしていたら仕事にならないのであり，そのためにN氏は「ブランド化」を目指して丁寧な仕事を心がけてきた。

［④組合活動と共同］

　漆器産地で仕事に従事するにあたって影響が大きかったのは，木地屋たち

が自ら出資して運営している木地生産協同組合での活動であった。そこで30代のうちから会計等の役回りを何度か務めているうちに，山中漆器連合協同組合での世話役や理事なども引き受けるようになった。「ボランティアみたいだけどねえ……（略）誰かが（共同に対して）世話せにゃいかんなっていう，そういう社会性がかなり身に付いたと思う」と述べている。また，同じ轆轤技術を用いる仕事でも，Ｎ氏が親方と得意を分けたように仕事内容が分離されており，新作展などでは，互いの技術を見せ合ったりする交流をもっている。「これはやめたらいかんことだと思う」とＮ氏は言う。

[⑤研修所講師として]

　Ｎ氏は，現在研修所で講師をしている。最近は大学を卒業してから，あるいは企業を辞めて産地の外からやってくる若者が多く「何考えてるんかなって私は思うんですけどね」……「本人次第やけども……本当に（漆器の仕事を）やれるかっていったらそれやるまでに何年もかかったりしてやめるもんもおるからねえ。これじゃあ生活できんわって人も出てくるだろうし。この轆轤の仕事で生活していけるってのはほんのわずかです」と研修所に入所してくる生徒たちの将来を心配している。それはまたＮ氏の考える山中の将来像とも関係している。

[⑥工房で見習いを預かる]

　研修所で講師を続けているＮ氏は，研修所での年限を終えた生徒を見習いとして自分の工房で引き受けている。彼らは職人に近い技術を持っているので工賃を支払って仕事をしてもらっている。とはいえ，彼らの仕事には時間も費用もかかる。「早くても何もならん。だから時間がかかってもいいから間に合う品物を，工房Ｎとして出せる品物を作れって……それに専念している」という。もちろんそれを実践すると20個の品物を作るのに30個の材料を使うこともあるそうで（つまり３分の１が失敗品），この原材料の損失はＮ氏がかぶる。原材料だけではない。失敗が出ればその理由やどうすべきかな

第6章　山中漆器産地にみる「産地の要素」の変容と産地アイデンティティ　　245

どの指導の時間も仕事上のロスになるのである。とはいえ，見習いにとっては研修所では週に数日しか使用することのできない轆轤を毎日使用することができて，実際に製品化する原材料で経験を積むことができる。技能習得のための大量の反復作業が可能という最大のメリットがある。N氏は「たぶんある程度仕事ができるようになったら，実家へ帰るか，結婚してよその産地へ行くかもしれんし」。けれどもN氏は「できるだけ（卒業した）生徒で地元に落ち着いて轆轤をやってくれる人がいてくれればなあ」とつぶやき，すぐに「難しいですけどね」と続けた。

（2）生産関係の個別化・外部化

　　N氏の事例を参照しながら，産地の〈生産関係〉の変容について検証していく。

①生産関係外部化の事情

　　近年，山中漆器産地では伝統的技能への関心と国内需要の高まりから木製漆器が「産地の産地化」している，つまり他産地から半製品としての木地製品に対する需要が高まっている。また，産地内でも通常1カ月の納期が3カ月待ちになるような状態になっているという。もともと山中では他産地からの半製品注文のある産地ではあったが，現在起きていることとかつてとでは様相が異なる。そこには人と技能の要素に関わる2つの産地の状況がある。一つには，N氏の例①に象徴的であったように，職人の立場から見れば90年代に始まる取引先の減少であり，自ら産地外での仕事を求めなくてはならなかったことである。もう一つは，産地内からすれば近年の事情として必ずしも需要が大幅に増えたわけではなく，N氏が①で述べた産地の淘汰の末の職人不足の事情である。そこに他産地の木地師の減少，不足という事情が重なり，山中漆器産地内の職人は自分の仕事を個人的に振り分け，産地外へとますます外部化させることになったのである。山中に漆器製作を学びに来てその後産地に残る若者のなかにも，「産地の産地化」した状況のなかで，県

外からの注文に応じて仕事を取っている例がある。山中では他産地に比べれば人材が豊富なために工賃が抑えられていることもあり，全国的な木地師不足という背景からすると他産地の仕事の方が産地内で受ける仕事よりも単価が高いという。1日に20～30個程挽けば日々の生活は成り立つとのことで，これを産地でまだ一人前になっていない若年職人が請け負う例がある。

　そしてN氏がそうであったように，一度他産地に製品を納めると，山中の技術はたちまちに取引相手から信頼を得てその後の取引が長く続く……という例は，筆者の聞き取り調査の中ではたびたび出てくる話であった。また，これは木製漆器の話には限らない。長引く経済不況の中，産地内の仕事がなくなった吹きつけ塗装の事業主が自ら他産地で営業をしたところ，福井の生産者から注文が入り，その技術の高さが認められて取引が続いているという事業所もある。

　産地では自らをプロデュースする人たちが職種を問わずに増えていて，産地内のある程度固定的な生産関係を維持しつつも，個別に生産関係を産地外へと拡げて構築していく様子が見られる。

　もちろん，近代的地場産業としての側面をもつ合成漆器の生産関係には，もっと早く広くに個別化・外部化の状況は生まれていた。具体的には生産の一部を海外へ下請けとして委託する，また半製品を中国から買い付けして最後の仕上げのみを産地内で行う，といった製造方法である。また，国内に向けても大資本下のOEM生産として生産を請け負っている事業所もある。興味深いのは合成漆器の事業所名「○○漆器」の最後に付いていた「漆器」という文字を消す事業所が増えているということである。原材料としてはすでに漆ではないのだから当たり前ともいえるが，伝統的地場産業としての事業所イメージを超えたイメージ構築は外部化のあり方を象徴している[33]。

　このような単独の個別化した産地外での結びつきとネットワークの形成状況は，産地内の人や技術，生産関係が一部でも関わっているのであれば，たとえ「産地」という地域的範域を越えても「産地システム」として成立していることになる。

②産地の統括と問屋役割の変容

　①で見たような生産関係の変化は産地に何をもたらすのであろうか。これまで見てきた個別化・外部化は，一つには必然的に産地における生産関係の希薄化をもたらすことになる，ということである。それはまず山中漆器の産地問屋の，生産者である職人や事業者に対する伝統的な既存のプロデュースのあり方や産地内での統括の役割が変化していることに現れている。

　現在の産地問屋は，商売上のリスクを下げるために，なるべく「在庫を持たない，職人を抱えない」傾向があるという。ここには，産地問屋の立場からみれば，流通の変化が大きく関わっている。伝統的地場産業としての木製漆器の扱いが主流であった時代，そして1990年代まで，産地問屋の受注先は消費地問屋と都市のデパートが中心であった。安定的な流通経路があり，それに合わせた産地内の生産関係の構築と，それによる産地システムが成立していた。問屋は職人を雇うという形ではなくとも，基本的な取引関係は決まっていて，断続的ではあっても一度関わればその関係は長く続き，たとえ仕事がない時でも職人との取引が途切れないように問屋が気を配った。職人の仕事が切れないようにする配慮である。しかし，流通の形が変化し，現在はギフトショーなどにモノを出すことが多くなっており，トレンドを読みながらのものづくりと販路戦略が求められるようになった。また，N氏の例①にあったように，事業所自体が常に安定的であるとは限らない。いうなれば「皆，自分のことで手いっぱい」の状況が産地の現状ともいえる。問屋が職人を包括しきれなくなった今，N氏のように，職人が自らの取引先を既存の生産関係とは全く異なるところへ求めるようになり，N氏の例②，③のように「看板」を作成したり，ブランド化を目指すことになる。そしてまた産地内でのさらなる「個別化」を生み出していく。生産関係におけるこれらの事態は，次に見ていく人材を育成する環境や産地システムにも影響していく。

　このように近代的漆器産地としての山中漆器産地の生産関係にみられる特徴は，産地外に拡がる，流動的な水平関係にある分業体制といえる。

248　第Ⅲ部　現代の光景

（3）人／技能／技術を包摂する産地コミュニティ

　次に，N氏の事例を参照しながら，〈産地コミュニティ〉の要素についての変容と現状について検討していく。まず協同組合の現状が先の個別化・外部化の状況を受けてその存在意義や求心力が低下していることを示し，そうした状況下での人材育成について，産地コミュニティの現状と関わらせながら考察する。

①職人の共同と組合の求心力

　山中漆器連合協同組合は，山中漆器に携わり，生産機構を構成する産地問屋と職人全ての事業所の加入によって構成されており，山中漆器業界を代表する組織として行政，各種機関への対応や法制度への対応，産地のルールづくり等を行うなど産地における重要な役割を担ってきた。

　しかし，現在，山中漆器連合協同組合の加入者が減少している。バブル経済崩壊直後の1994年には635事業所であったものが，1999年には579事業所，2002年には487事業所，2011年には318事業所，そして2017年には262事業所と減少の一途をたどっている（表2）。退会する理由は，高齢のため仕事を辞める，あるいは仕事を縮小するというものが最も多いのだそうだが，かつてであれば，親が引退すれば組合にはその後継ぎが入ってきたが，現在はその後継者がいないため減少していく。また仕事は続けるが組合にメリットを

表2　事業所数（＝組合員数）の変化

	第1部 （製造卸）	第2部 （木地）	第3部 （塗装）	第4部 （下地）	第5部 （蒔絵）	第6部 （成型）	第7部 （製箱）	第8部 （上塗）	第9部 （拭漆）	合計
2002年	108	43	131	20	115	23	12	26	9	487
2005年	99	36	107	16	94	23	8	21	9	413
2008年	87	34	86	13	75	22	8	19	8	352
2011年	78	33	76	14	63	20	8	18	8	318
2014年	72	30	73	12	55	19	8	17	9	305
2017年	66	27	69	8	46	19	8	13	6	262

出所：山中漆器連合協同組合資料。

見いだせずにやめる人もいる。組合の運営として行われていた年に一度の大規模な見本市なども現在は閉じてしまっている。

特に職人にとってのメリットが低下しており，空間的まとまり，近接性というメリットをを生かすことができない。つまりは共同を見出せずにいる状況といえる。

N氏の場合，所属する山中漆器木地生産協同組合は，先にも記したように，産地の木地関係者が出資しあって独自に安定的に材木を入手するために設立された組合である。このような同業や同じ専門業者での共同が存在するのは，原材料を直接に，しかも協同でないと利用するのは難しいという必要性が求心力となっている例といえる。

②産地コミュニティにおける人材育成と受容の模索
a．入り口としての技術研修所

多くの地場産業産地における共通の問題は，そのほとんどが需要の減少に起因する後継者不足と育成の困難に直面していることである。山中漆器産地内でも既存の人材育成・技能継承のしくみは崩壊の一途をたどってきた。この状況への対応策として1997年に設立されたのが「石川県立山中漆器産業技術センター 石川県挽物轆轤技術研修所」である（以下，挽物轆轤技術研修所と記す）。

挽物轆轤技術研修所は，挽物轆轤技術の習得と後継者育成および将来の漆器産業を担う人材の育成，自主研究等を行うための産業振興の中核施設として開設された[34]。基礎コースと専門コースが各2年ずつ5名までの入所である。特に専門コースは仕事を持っている産地の子弟の入所を狙ったのであるが，開設当時から今日までの全研修生の出身地は4分の3以上が加賀市以外からの入所者たちであった。そうなると初心者が多く，研修年限だけで独立できる技術を得ることは難しい。そのうえN氏の例⑤にあったように，現在の入所者は地元でないだけではなく，大学を卒業したり，企業勤めや教員を辞めてきたりとさまざまな人がいる。彼らの人生の模索の中で山中漆器が

250　第Ⅲ部　現代の光景

一つの選択肢として挙がっている場合，必ずしも入ってきた者が全てその後漆器の仕事に就ける保証はない。N氏のもとで見習いをしているA氏は，研修所の役割について次のように述べている。

　　まずはセンター（挽物轆轤技術研修所）に入って，仕事が自分に合うとか合わないとかがあると思うんで，そこでダメだなと思った人はここ（見習い）に入る前に辞めることもできる。ここに入ってからだとやっぱり今まで教えたのが無駄になったりそういうことが結構あると思うので，（そういうことが起きないようするためには先に）センターに入ってから（見習いに入る方）がいいと思う。

　挽物轆轤技術研修所は，産地の目指す，漆器産業の人材を次々に輩出する，というわけにはいかないものの，漆器の世界への入り口としての機能を果たしている（表3）。実際，これまでの卒業生（※入所者ではない）のなかでおよそ3分の2が木地関係に従事し，8割近くが漆器関係の職に就いて

表3　卒業生の就労状況〔1997年（H9）開設～2018年までの実績〕

	全卒業生	うち県内在住卒業生
木地師（専業）	60	33
木地師（副業）	8	3
粗挽屋	2	2
蒔絵師	2	0
問屋業	2	2
他産業	20	12
合　計	94	52

出所：石川県挽物轆轤技術研修所パンフレット。

るのである。ただし，修業年限を終えればただちに一人前として独立できるわけではない。次にその状況と対応について見ていく。

b. 職人による工房の提供

　産地には，産地内・外からの若手の参入，弟子入りの希望はあるものの，研修所を修了して修業を継続する場所や就業先として受け入れる場所がほとんどないのが現状である。しかし，それでも近年，山中漆器産地で独立を目指す若手職人がおり，その見習い職人を受け入れる産地コミュニティが存在

する。Ｎ氏の例⑥にあるような工房での研修生の受け入れである。産地に残ることを希望した若手の見習い職人たちには，Ｎ氏のような木地職人たちの「ボランタリー」なそして山中の技術を伝承させたいという人々によって作られる〈産地コミュニティ〉によって「居場所」が提供されている。

　山中漆器産地では，労働基準法成立によって揺さぶりを受けた「徒弟制度」が，かつてのような厳密さは失われつつも徒弟的要素をもった技能伝承として戦後まもなくまで細々と存続してきたことを先に確認した。その徒弟的要素を残した現在の人材育成のあり方を示しているのが「挽物轆轤技術研修所」と連動する形で存在するこのような研修生の受け入れである。これが，Ｎ氏の例のなかにも見て取れた，技術を伝える職人と技術を学ぶ徒弟（研修所では生徒）の「徒弟的な関係」である。Ｎ氏は見習いの職人たちに「自分の工房の製品として出すこと」を厳しく心がけてもらっていた。たとえロスが出ても「信用が第一の世界」として，山中の技術と職人としてのあり方を目の前で示すのである。

　挽物轆轤技術研修所で２年間漆器製作技術を学び，その後３年間産地の職人のもとで見習いをして独立し，山中で木地を挽く仕事をするＥ氏（他府県出身）は今後の山中漆器について次のように話してくれた。

　　職人さんをどう育てるかだと思います。育てなかったら終わるし，きちんとしたことも残らなくなるし。でも（山中は）レベルとかすごくいいものをもっている産地なので，そういう何か上手いやり方を一つでも自分がやれたらなって思う。育ててもらったんで，自分が生きていくだけじゃダメなんで。なにかまたそこで還元しなきゃって思うんで。

　Ｅ氏は，以前轆轤の作業場として使われていた部屋を同じ職人仲間と共同で借りて作業をしている。

　このような場の提供も産地システムの一環として，産地コミュニティによって提供されているのである。

252　第Ⅲ部　現代の光景

　最近では，産地外出身者も，研修所を終えても「山中にいるほうが仕事が
しやすい」と感じている人が多いという。その理由は，材料，場・スペース
（一つに技能を磨く場，一つに作業をする場），そして実際に産地から提供さ
れる仕事，これらを用意してくれる環境があるからなのだそうだが，これは
それぞれ産地の要素である〈原材料〉〈人／技能／技術〉〈生産関係〉〈産地
コミュニティ〉を指すと考えていい。このように産地は外から参入してくる
人たちをも「産地システム」としてその中に包摂していくのである。
　以上のように，組合と人材育成のあり方を通してみられる，近代的地場産
業産地としての山中漆器産地の〈産地コミュニティ〉の特徴は，産地外に拡
がる，包摂的（非縁故的）で紐帯のゆるやかな社会的関係性にあるといえる。
　近代的地場産業産地としての1960年代以降の山中漆器産地について，産地
の要素の関係から整理すると，プラスチックが原材料に導入されることで工
作機械技術が集積され，地縁・血縁に限らない紐帯のゆるい関係性のもと
に，産地外と結びつきを強めた水平化した流動的な分業体制がある。それは
消費主義化が進展する社会的環境のもとで，産地外との関係を構築し始めた
〈拡張する産地システム〉として特徴づけられよう。
　この産地システムをまとめあげていくものが，実際に産地でモノを生み出
していく「産地アイデンティティ」であり，産地の求心力となる。

　ここで，3節と4節について比較的にまとめておく。木材を原材料にする
手工的技能，それを利用した固定的な分業体制，そのもとになる緊密な紐帯
の相互関係としてある〈自己完結的で伝統的な産地システム〉は，社会の消
費主義化が急速に進展し始めた1960年代以降，プラスチックを原材料にする
工作機械技術，それを組織化した流動的な分業体制，そのもとにある，ゆる
やかな紐帯の相互関係としての〈拡張する近代的な産地システム〉へと移行
していった。しかし一方で，その流れにあらがう主体が，手工的技能を継承
させる紐帯のあり方を模索しつつ，流動的な生産関係を築いていくような
〈拡張する伝統的な産地システム〉の萌芽も見られたのである。

第6章　山中漆器産地にみる「産地の要素」の変容と産地アイデンティティ　253

5．おわりに

　本章で考察してきた内容を図化してみる（図3）。これに沿って産地の変容全体像と「産地アイデンティティ」についてまとめる。
　石川県の山中漆器産地の地場産業産地をとりあげ，「産地の諸要素」（原材料，人／技能／技術，生産関係，産地コミュニティ）について主体との関係

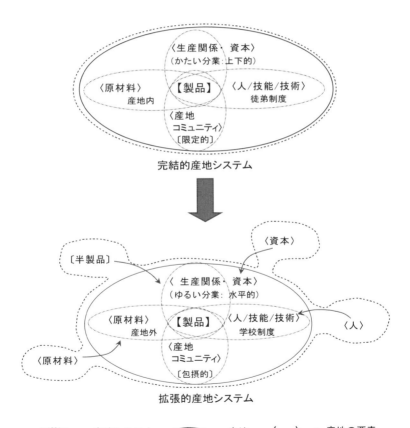

図3　産地システムの変容

254　第Ⅲ部　現代の光景

性からそのあり方や変化を捉えたうえで, そうした要素の相互関係である「産地システム」としてのあり方をみた。その結果, 次のように言えよう。

　地場産業産地に関わる人々が同じ「産地の要素」を共有する機会や空間は減りつつあるが, それは産地の要素が変化したり細分化したり, ときにはそれまで「産地」と認識されていた空間を超えて移動していくからである。それにともない産業に関わる人たちの生産関係や産地コミュニティ, そしてその中でそれぞれの人が持つネットワークも常に変化してきたのであり, ここではその状況を個別化・外部化と表現した。それは, かつての伝統的な社会からみれば, 既存関係の希薄化を示すものでもあった。つまり, 産地内の人々の地場産業への関わり方が産地内, 産地外の双方に向けて「個別化・個人化」していたのである。

　しかし, それでも産地は存続しており, そこには産地の要素についてのゆるやかな共通認識があった。たとえば, 産地の要素としての原材料や技能・技術, 生産関係, それを習得（体得）していくための産地コミュニティがあり, また, 産地の要素に対する人々の関わり方の変化のなかでも, 産地システムはそれらを常にまとめ上げ, 産地アイデンティティ（自己同一性）はいつも産地（モノを生み出す土地）の中心に存在してきた。分業関係やその体制を「産地」の外に拡げつつも, その環境や条件を調整しつつ根源的なところで求心力のように働き, 「産地システム」として維持しようとしているのが産地アイデンティティなのである。

〔注〕
　1）下平尾勲（1996）p.3。
　2）山崎充（1977）pp.6 - 9。ここで山崎は地場産業の5つの特性をまとめている。
　3）山崎充（1977）pp.92-97。ここで山崎は地場産業における社会的分業体制の基本的,
　　　一般的特徴を整理している。
　4）上野和彦・政策科学研究所編（2007）p.25。
　5）上野和彦・政策科学研究所編（2008）pp.1 - 2。
　6）下平尾（1996）pp.21-22。

第 6 章　山中漆器産地にみる「産地の要素」の変容と産地アイデンティティ　　255

7) 上野他（2007）p.49。

8) 上野他（2008）p.2。

9) 下平尾（1996）p.27。

10) 若林喜三郎編著（1959）p.362。木地挽きは渡り職人であり，日本全国を漂泊する特異な職業集団を構成していた。この集団が森林伐採の特権を附与された文書を所持して山間に土着するようになる。

11) 山中町史編纂委員会編・齋藤晃吉監修（1995）p.370。湯治を兼ねて買い出しにくる商人客も多かったようで，木地屋と湯宿とが協力する様子もうかがえ，発生期の漆器業と山中温泉の発展とはかなり密接な依存関係にあったのではないかとされている。

12) 山中町史編纂委員会編（1995）pp.283-284。

13) 同上書，pp.296-297。

14) 馬場章（1981）pp.495-496。

15) 若林（1959）p.398。

16) 拭漆工程はかねてから仕上がりに木目を生かす技法として山中の重要な工程としてあったが，近年まで組合加入をしていなかったため，図1においては事業所数が確認されていない。拭漆部門は2001年に協同組合事業としての共同作業を機に山中漆器連合協同組合に加入した。

17) 山中町史編纂委員会編（1995）p.286。

18) もっともこの漆器組合は，明治13〜14年頃に当時さかんになった輸出漆器が粗製濫造の弊に陥り，その不評挽回のために組合が設立され，その規約によって月1回の漆器研究会も開かれていた（佐藤守・佐田玄治・羽田守・板垣幹男著（1962）p.417）。

19) 取引上の申し合わせ，大阪の同名の組合と相対応したもの。明治29年設立の山中漆器商合意組は漆器商仲間の組織化が見られ，製造販売業者を中心とした漆器商人の集合体であること，また関係者以外の介入を原則拒絶する規制の強い組織であった（同上書，pp.417-418）。

20) 大正初期には山中漆器盛商組合が合流している。また，特に職工の奨励及び雇傭取締については，旧時代の株仲間的統制の名残を多分に残し，年季徒弟制度の強化温存の方向が取られており，製品品質向上のために生産者へ何が要求されたかがうかがえるという（若林（1959）pp.411-412）。また，若林によれば，この組合の名称は「山中漆器合意組」となっており，1901（明治34）年にはこれが改組された「山中漆器真商意組合」が創立され再出発したと記されている（同，pp.419-421）。

21) 若林（1959）p.411。

22) 山中町史編纂委員会編（1995）p.290。

23) 下平尾（1996）p.44。

24) 山中町史編纂委員会編（1995）p.310。

25) 馬場章（1991）p.20。

26) 若林（1959）p.384。

256　第Ⅲ部　現代の光景

27）山中町史編纂委員会編（1995）pp.297-298。

28）２つの工業団地は山中町と加賀市で行政区が異なる。双方からの競合申請に対し，石
　　川県は当初一本化を提唱して仲介に入ったが，他に２つをまとめられる候補地もなく，
　　斡旋不調のまま，1964年に２つの団地がともに認定されることとなった。山中町史編纂
　　委員会編（1995）p.298。（山中町は2005年に加賀市と合併）

29）山中町史編纂委員会編（1995）p.298。

30）馬場（1991）p.16。

31）出石邦保（1972）。

32）本項での山中漆器の現状は，筆者が2012年から年に３回程度ずつ続けている現地での
　　聞き取り調査での内容をもとにまとめている。この事例のみならず適宜調査内容を使用
　　する。

33）バブル崩壊以後続く国内漆器の需要の低迷状況に対して，危機感を持った産地では，
　　漆器のイメージを一新するような現代的なデザインを加えた椀や茶入れ・弁当箱など，
　　付加価値を高めた商品づくりに活路を見いだそうとしている。

34）石川県挽物轆轤技術研究所　平成31年度研修生募集案内書。

〔引用・参考文献〕

出石邦保（1972）『京都染織業の研究』ミネルヴァ書房。

磯部喜一（1946）『日本の漆器工業論』日本学術振興会。

上野和彦・政策科学研究所編（2007）『地場産業産地の革新』古今書院。

上野和彦・政策科学研究所編（2008）『伝統産業産地の行方―伝統工芸品の現在と未来―』
　　東京学芸大学出版会。

佐藤守・佐田玄治・羽田守・板垣幹男著（1962）『徒弟教育の研究』お茶の水書房。

下平尾勲（1996）『地場産業』ダイヤモンド社。

東北産業活性化センター（2004）『伝統産業新時代！昔ながらのモノづくりが今に生きる』
　　日本地域社会研究所。

濱田琢司（1998）「産地変容と『伝統』の自覚―福岡県小石原陶業と民芸運動との接触を
　　事例に―」『人文地理』第50巻第６号。

濱田琢司（2003）「個人が担う産地―栃木県益子陶業を事例に―」『兵庫地理』第48号。

馬場章（1981）「海南・会津における漆器工業の技術転換と生産構造の差異」『地理学評論』
　　第54巻９号，493-512。

馬場章（1986）「静岡・木曾漆器工業地域の技術と生産構造の変化」『地理学評論』Ser.
　　A59（４），213-227。

馬場章（1991）「輪島・山中における漆器工業の技術と生産構造の変化」漆工史学会『漆
　　工史』第14号。

山崎充（1977）『日本の地場産業』ダイヤモンド社。

第6章　山中漆器産地にみる「産地の要素」の変容と産地アイデンティティ　　257

山田幸三（2013）『伝統産地の経営学　陶器産地の協働の仕組みと企業活動』有斐閣。
山中町史編纂委員会編・齋藤晃吉監修（1995）『山中町史 現代編』山中町。
山中町史編纂委員会編集・西島明正監修（2006）『山中町史 完結編』加賀市山中温泉支局。
山中漆器漆工史編集委員会（1974）『山中漆工史』山中漆器商工業協同組合。
若林喜三郎編著（1959）『山中町史』山中町史刊行会。

第 7 章
EU における住民主体の農村振興と地域
― LEADER プログラムにおける LAG ―

山本 充

1. はじめに

　ヨーロッパは，世界において都市化・工業化が進展した主要な経済地域の
一つであり，世界的にみれば健康で教育水準も高く富裕な人々が生活する場
となっている。しかしながら，ヨーロッパが一様にこうした性格をもってい
るわけではなく，そこには中心と周辺という構図がみられる。産業が集積し，
都市が連担して人口密度も高いヨーロッパのバナナないしペンタゴンと称さ
れる中心地帯と，工業化が遅れ農林業に依存し人口密度も低い周辺地帯との
格差は大きい。ヨーロッパにおける政治・経済の統合の進展，すなわち EU
の形成と拡大は，中心地帯からはじまり周辺地帯を取り込むかたちで行われ
てきた。そして，EU の面的な拡大によって，EU 内部の格差はますます大
きくなったともいえよう。
　EU はその拡大の過程において，長きにわたってこうした中心と周辺の格
差や周辺地域の抱える問題に取り組んできた。こうした取り組み，すなわち
EU における農業政策や地域政策についてはそれぞれ，大都市への集中と地
方の疲弊という類似の状況にある日本において関心がもたれ紹介されてき
た[1]。農業政策においては農村開発ないし農村振興として，地域政策におい
ては後進地域の振興として行われてきた取り組みは，どのような関連をもっ
て進められてきたのだろうか。狭義における農村開発政策は農業政策の枠内

260　第Ⅲ部　現代の光景

に位置づけられるが，ここでは広く地域政策の対象となる後進地域の開発・振興も対象とし，まず，EU の農業政策と地域政策の両者において，農村のもつ諸問題の解決にどのように取り組まれてきたのか，農村振興の変遷を示したい。

　実は，中心と周辺という構図は EU 全体においてのみ，みられるわけではない。さまざまなスケールにおいて，すなわち EU を構成する各国の中においても，各国を構成する地域においても，そしてひとつの大都市圏においても中心と周辺の格差は見られ，課題を有する地域が存在する。地域 region という用語は，一つの国家内における州や県など，ある特定の範囲の面的な拡がりを想起させる。大都市圏や市町村，州や県，国家，あるいは山地地域など多様な大きさ，拡がりをもつ空間を，領域 territory として統一的に表現し，それぞれの領域ごとに適切な施策を相互に関連づけて行おうという試みが EU において行われ始めている。農村振興の進展を提示することに続いて，EU の多様な政策の進展と変遷の中で，多様なスケールの領域がどのように把握され，導入・利用されているのか，また，領域として具体的にどのような種類の面的な拡がりが捉えられているのか示すことを試みる。

　こうした領域は無味乾燥な空間ではなく個性を有するものであり，個々の領域の多様性とその活用，こうした領域に対するアイデンティティが，EU の経済的競争力や持続的な発展に寄与するとみなされるようになってきた。このような見地から，今日の EU の政策において，個々の領域，とりわけローカルな地域の個性ある多様な資源を地元の人々が自ら活用して振興を図ろうとする，いわゆるボトムアップ型の事業遂行が取り入れられている。最後にこうしたボトムアップ型の農村振興が EU の政策の中にどのように位置づけられているのか，そして，実際にどのような領域，ひいては農村においてどのように実施されているのか提示してみたい。

2．EU の政策における農村振興の変遷

2.1　農業政策と地域政策における農村振興

　今日の EU における農村振興政策は，共通農業政策 CAP（Common Agricultural Policy）の枠組みの中において始まる。しかし，当初の CAP においては食料生産を保障することが主たる目的であり，領域という観点や地域格差はあまり重視されてはいなかった（Dax 2015）。1973年のイギリスの EC 加盟後，イギリスの要求により，1975年に条件不利農業地域 LFA（Less Favored Agricultural Regions）政策が導入され，こうした状況に変化が生じる。この LFA 政策は，農業を行う上で条件の劣る地域における農業の持続性と人口の維持，田園空間の保全を目的とするものである。条件不利農業地域として，土壌浸食防止や観光ニーズから，農業によって田園が保護されるべき山間地域，最低限の人口の維持や田園の保全が困難な他の条件不利地域，特殊なハンディキャップを有しつつ田園と観光資源を保護するために農業を継続する必要のある小地域が設定された[2]。加盟国においてこれらの地域指定を受けた市町村の農家は，それぞれの条件に応じた補償金を受け取ることができた。地域指定は加盟国によりなされ，かつ各加盟国は，地域指定条件を緩和していったため，また，ギリシャやスペインなどの加盟にもより，拡大していった。かくして，農用地総面積に対する条件不利地域面積の比率は，1975年の33% から1986年には51％に増大した（市田 2004）。条件不利地域が設定され，広く農村が保全の対象となったとはいえ，サポートの対象はあくまでもそこにおける農家と彼らによる農業活動であり，他の住民や経済活動は対象外であった。

　一方，EU における地域政策は，1975年の欧州地域開発基金 ERDF（European Regional Development Fund）の設立を契機として実際に始まったといえる。しかし，すでに，1957年のローマ条約において，共同体の主要な任

262　第Ⅲ部　現代の光景

務のひとつが，調和のとれた経済活動の展開を促進することと位置づけられ
たし，1960年代には，共同体による地域問題の解決と地域間格差の是正の必
要性が認識されていた[3]。また，ローマ条約に基づき，1960年に雇用促進と
職業訓練を目的とする欧州社会基金 ESF（European Social Fund），1962年
の共通農業政策 CAP の実施に伴う欧州農業保証指導基金 EAGGF（Europe-
an Agricultural Guidance and Guarantee Fund）が設立されたが，必ずし
も地域問題や地域格差の是正を目的としたものではなかった（清水　2016）。
加えて，ERDF もまた，山地地域のインフラ整備への投資が対象となってい
たものの，各国がそれぞれの援助地域において実施するプロジェクトに資金
を提供するものに過ぎなかった[4]。

　その後，1981年のギリシャ加盟，1986年のスペイン，ポルトガルの加盟を
受けて，1986年に，これら地中海諸国を対象とした総合開発プログラム
IMPs（Integrated Mediterranean Programmes）が提唱される。そこでは，
地域間格差の拡大を問題視し，生活水準の差異を縮小し，共同体の結束を強
めることが必要であるとされ，IMPs は，そのための統合的なプログラムと
して位置づけられた。このプログラムは，多年度にわたり，あらゆる重要な
経済部門に効果を与えるあらゆる資金と，共同体だけではなく国家，地域，
市町村を総動員することを謳う。そして IMPs が対象とする活動は，農業，
漁業だけではなく，工業とサービス業も含み，さらには，人材育成にも及ん
でいた（CEC 1986）。限られた地域にしか適用なされなかったとはいえ，脆
弱な地域，とりわけ農村地域を対象とした幅の広い多様な助成策を含む協調
プログラムの嚆矢ともいえるものであった（Dax 2015）。

　加えて，1980年代，CAP を取り巻く状況も大きく変化する。価格政策に
より農産物の生産過剰問題が大きくなったこと，また，ギリシャ，スペイン，
ポルトガルの EC 加盟により，農業に依存する地域が拡大すると共に地域間
格差がさらに拡大したこと，また，農村において離農が進展し農業の比重が
減少する中で，非農業部門のもつ意義が向上してきたことなどである。これ
らを背景として，CAP は農業だけではない他の経済部門を含み，農村の多

機能性を考慮した政策を含む改革へ向かっていくことになる。

2.2　結束政策の開始と農村振興

　1986年，ローマ条約を改定した単一欧州議定書に調印がなされ，翌年に発効する。そこでは，共同体の目的として域内市場の完成が掲げられる一方，共同体全体の調和ある発展を促進するための経済的社会的結束（economic and social cohesion）の推進が掲げられた。経済的社会的結束とは，さまざまな地域の不均衡と最も恵まれない地域の後れを縮小することである。すなわち，経済的社会的格差を解消することで，格差のある状態における緊張を緩和し，互いの連携すなわち結束を強化しようとすることであり，その後，こうした経済的社会的結束を目指す政策は，結束政策と呼ばれる。この結束政策の推進のため，1988年，ERDF，ESF，EAGGFといった既存の基金を構造基金（Structural Funds）として統合した。そこでは基本原理として，優先的な目的と地域に集中すること，評価に基づいた複数年にまたがるプログラムを策定すること，プログラムの策定は，国，地域・基礎自治体などのパートナーシップに基づくこと，構造基金は加盟国の政策資金の代替ではなく，あくまでも付加的なものであることが掲げられた[5]。

　こうした原則のもとで，以下の6つの目的が設定された。

　　目的1：後進地域の振興と構造調整
　　目的2：工業衰退地域の構造転換
　　目的3：長期失業者対策
　　目的4：若年層の就業機会の増大
　　目的5a：農業構造調整の促進
　　目的5b：農村地域振興の促進

　これらの目的をもつ結束政策は，1989年から実施に移され，1993年まで5年計画で行われた。この中で，目的1，目的2，そして目的5bが，特定の

地域を対象とするものである。目的1は、1人当たりGDPが共同体平均の75％未満であるNUTS2地域[6]を対象とし、人口8600万人、共同体全体の25％を占めた。全予算の64％に相当し、主要な受け取り国はスペインで、ついでイタリア、ポルトガル、ギリシャ、アイルランドであった。目的1の予算の35％が、交通や環境などのインフラ整備に費やされ、34％が企業に対する助成に、30％が人的資源の開発に用いられた。目的2はNUTS3地域が対象であり、人口5700万人で全体の17％を占めた。全予算の9％のうち、最大の受け取り国はイギリスであり、スペイン、フランスが続いた。目的5bはNUTS2地域、とりわけ農村が対象となった。人口1800万人、全体の5％に相当する。農村地域における新たな経済活動の創出（47％）、インフラ整備（20％）、人的資源の開発（20％）、環境保全（12％）が主要な使途であった（CEC 2008a）。このように、目的5bは、農村地域を対象とし、目的1のかなりの割合も農村地帯にあった。目的1、2、5bに相当する事業の実施に当たり、構成国は、それぞれの目的に合致した地域発展計画を策定することが求められ、共同体の財政支援は、目的1の場合、事業費全体の75％、目的2、5bの場合、50％までとされた。

　一方、共通農業政策CAPにおいて、前述の状況を踏まえて、1985年に共同体における「農業の将来像」（A future for community agriculture）として、CAPの改革と将来の方向性が示された。そこでは、農業が経済活動を超えて、地域の発展に重要な役割を果たしつつあり、地域社会や経済の維持、環境や景観の保護に貢献しているとして、農業の多面的な機能が強調される。そして、当時、問題となっていた過剰生産の縮小や農家の収入確保などに加えて、土地利用計画や社会の維持、環境や景観の保全にとって必要不可欠な存在として農業の維持が必要だとされた（CEC 1985）。

　同様に、農村に関わるEUの政策の基礎となる「農村社会の将来」（The future of Rural Society）において、非農業部門の重要性と農村の多面的機能の意義が強調された（CEC 1988）。ここにおいて、農村を3つのタイプに分類し、それぞれに対して振興のための異なる視点が必要であるとされた。

第7章　EUにおける住民主体の農村振興と地域　265

第1のタイプは大都市にほど近い農村地域であり，都市化の影響を受け，農業は近代化して環境への負荷が大きくなっている。第2は衰退しつつある農村地域で，人口流出と高齢化が進み，自然上も，農業構造上もハンディを背負っているにも関わらず農業が重要な経済活動のままである。第3は，山地や島嶼など極めて周辺化した地域であり，そこでは農村の疲弊が著しく，農村の多機能化の機会も限られ，多機能化にとって必要な基本的な発展も極めて困難である[7]。このように，農村の特性ごとに異なる政策の必要性が認識されていたように，領域 territory に基礎をおく農村開発政策のビジョンが構築され始めたが，領域はまだ明示的ではない（Dax 2015）。

　こうした見方が現れる中で，構造基金の改革の一環として，1991年に，共同体主導の事業として，当初は実験的に，ボトムアップ方式を導入した農村振興の手法である LEADER が開始された（4節参照）。合わせて，1990年から，構成国間の国境を越えた越境的な連携活動を支援する Interreg プログラムも始められる（飯嶋 1990）。この Interreg プログラムは，Interreg I（1991〜1993年），Interreg II（1994〜1999年），Interreg III（2000〜2006年），Interreg IV（2007〜2013年）を経て，現行の Interreg V（2014〜2020年）まで継続的に実施されている。

2.3　結束政策と農業政策における農村振興の拡充

　1992年にマーストリヒト条約が調印され，翌1993年に発効し，ヨーロッパ連合 EU が設立された。この条約においては，加盟国の間の経済的社会的結束と連帯が共同体のミッションとされ，その実現に向けて，共通市場の完成と経済通貨同盟の導入に加えて，経済的社会的結束強化のための政策の実施が求められた。具体的には，結束基金という新しい基金が創設され，地域の代表による地域委員会が設置された。背景には，政策遂行はできうる限り市民に近いレベルで行い，より高いレベルで実施した方が効果的である場合にのみ高いレベルで実施するという「補完性の原理」の導入がある。

　このマーストリヒト条約の調印と共に，結束政策の改革が提示され，それ

に基づいて1994〜1999年期の結束政策が遂行されることとなった。これまで
の構造基金は年当たりで２倍となり，新設の結束基金と合わせるとEU予算
の３分の１近くを占めるまでになる。構造基金を用いる結束政策の目的は，
第１期として位置づけられる1989〜1993年期において定められた目的と基本
的に変わりがないが，極度に人口密度の低い地域の振興と構造調整を図る目
的６が付加された。この付加は，1995年にフィンランドとスウェーデンが
EUに加盟したことによる。一方，結束基金は，経済通貨同盟の基準を満た
す経済状況が実現するように，GNPがEU平均の９割未満の国に適用され，
交通インフラや環境のプロジェクトに用いられた。それぞれの目的に用いら
れる基金額の比率には大きな変化はないが，農村地域の振興を目的とする目
的5bがカバーする人口比率は，５％から９％に増加しており（CEC 2008a），
このことは，助成の対象となる農村地域の面的な拡大を意味している。

　CAPもまた，ウルグアイ・ラウンド交渉[8]を背景として大きな改革を経
験した。1992年のマクシャリー改革における重要な修正案は，減反や休耕に
より過剰生産を抑制すること，域内における支持価格水準を引き下げるこ
と，そして，これらの施策に伴う農業所得の低下を直接支払い制度の導入に
よって補填することにあった。この直接支払い制度の意義は，食料生産のた
めの農民の維持のみならず，農村地域における環境や景観，そして社会を維
持するための農民の確保にもあるとされた（豊 2016）。さらに，1996年，コー
クで開催されたヨーロッパ農村開発会議において，より統合された農村政策
を広くサポートし，将来の農村開発のための制度改革を強く進めていくべき
であるとされた。ここでのコーク宣言は，EAGGF補償部門からの財源を農
村開発政策に移行することを求め，CAPが農村開発問題に関わる政策部門
であるとの主張を支持した（Dax 2015）。

　1990年代後半，2004年のEUの東方拡大への準備と結束政策の整理・簡素
化をテーマとして議論がなされ，その結果としての改革案は，アジェンダ
2000として1999年のベルリン特別欧州理事会で合意された。予定される10カ
国の加盟によって，人口は約２割増加するが，GDPは５％増加するに過ぎ

ず，東方拡大により格差は増大し，新加盟国のほとんどの領域が，結束政策の目的1の対象になることが明らかであったからである。

この改革に基づく2000〜2006年期の結束政策では，1994〜1999年期における結束政策の目的のうち，目的2と5が，同様に目的3と4が統合され，構造基金の目的が6つから3つに削減された。新しい目的は以下のとおりである。

目的1：後進地域の振興と構造調整の促進
目的2：構造上の困難に直面した地域の経済的社会的転換の支援
目的3：教育・訓練・雇用に関する制度・システムの改革・近代化の支援

目的1は，EUの25になった加盟国の人口の37％をカバーし，構造基金と結束基金の72％が割かれた。そのうち，交通などのインフラ整備に41％が用いられ，企業の生産的な環境の創造に34％，人的資源開発に25％が用いられた。目的2は15％の人口をカバーし基金の10％が割り当てられた。この中で55％が，とりわけ中小企業のための生産的な環境の創造に，24％が古い工場などの物理的な環境の再生に，21％が人的資源開発に割かれた（CEC 2008b）。

一方，アジェンダ2000は共通農業政策CAPの改革をも含んでいた。新たに加盟する国々は，農業への依存度が高く農村地帯の経済力も低いので，農産物の保証価格の水準を下げる必要があったし，一方で，農村における所得の確保と雇用の創出が求められた。そこで，価格水準の引き下げとクロス・コンプライアンス[9]を伴う直接支払いの拡充を行った。加えて，CAPの第2の柱である農村開発政策を強化した。そこでの主要な目的として，農村地域が依拠する農林業部門の強化，雇用と生活の質を確実にするための農村地域の競争力の強化，ヨーロッパの環境，景観，農村遺産の保全が挙げられる。

ここで，支援の対象は農林業に限定されず，農産物，農産加工品の販売や観光も支援の対象となる。農業従事者だけではなく非農業従事者も政策の対象となっており（豊 2016），農業部門から農村地域への重点の変化がみら

268 第Ⅲ部 現代の光景

れる。しかしながら，CAP による農村開発政策に関わる予算はまだ限定的であり，ドイツやスペインなど一部の加盟国に集中していた（CEC 2007）。

2.4 結束政策における「領域」的結束

2007年にブルガリアとルーマニアが EU に加盟することで，EU 内における地域間の格差はますます広がることとなる。2007〜2013年期の結束政策では，これまでの経済的社会的結束に加えて，領域的 territorial 結束が追求されることとなった。これまでの結束政策により，1人当たり GDP でみる既加盟国の中における経済的な格差は縮小したとはいえ，いまだ存在する。同様に，失業率や教育水準でみる社会的な格差もまた依然としてある。これらを解消することが経済的社会的結束といえるが，加えて，領域間の格差を解消することが結束政策のもう一つの柱と位置づけられた。そこにおいて，領域上，問題とされたことは以下のとおりである（CEC 2007）。

ヨーロッパ全体では，経済的繁栄は，新しい成長の極が生まれることで特定の地域から分散傾向にあるといえる。しかし，加盟国の中には，首都に経済活動と人口が集中し，多様な都市問題を生起させている例もある。また，郊外化の進展は，都市中心部の経済の衰退をもたらし，また，都市の中には貧困や失業などの問題地域も存在する。一方で，農村から都市への移動も依然として続いており，農村における人口減少や高齢化などの問題を引き起こしている。さらに，国境地帯における越境的な協力は，旧構成国の間では政策の後押しもあって改善されてきたが，新加盟国の国境は未だ閉鎖的である。

次に示す2007〜2013年期の結束政策の目的は，こうした問題意識を背景としている。

収斂：低開発の構成国および，1人当たり GDP が EU 平均の75％未満の地域を平均へと収束していくことを加速化する。

地域の競争力と雇用：他のすべての地域において地域の有する競争力と魅

力，加えて雇用を強化する。

ヨーロッパにおける領域間協力：Interreg 事業を基礎として，国境間，国家間，地域間の協力関係・ネットワークを支援する。

「収斂」目的は，全予算の82%を占め，17カ国84地域（NUTS2）に適用され，人口で1億7000万人をカバーした。合わせて，新規加盟によりGDPの基準値をわずかに上回る16地域（1600万4000人）にも適用された。「地域の競争力と雇用」目的は，19カ国168地域に適用され，予算の16%が用いられた。「領域間協力」目的は，国境地域の1億8200万人を対象とし，人口の38%を占める。

ここで，結束政策に関わる基金の数は，6から3に減少する。ERDFとESF，そして結束基金である。EAGGFは廃止され，新たに欧州農業農村振興基金EAFRD（European Agricultural Fund for Rural Development）が設立され，価格保証の財政的基盤として欧州農業保証基金EAGF（European Agricultural Guarantee Fund）が創設された（CEC 2007）。

一方，2007年から，CAPにおける農村開発政策において，加盟国は助成手段を受ける際，3つの重点目的に言及した戦略的枠組みの策定が求められた。この3つとは農林業の競争力強化，土地管理の支援と環境の改良，生活の質の改善と経済活動の多様化の推進である。加えて，LEADER事業が，これらの実施をサポートするものとして農村開発政策のフレームワークの中に統合され，LEADER事業に関わる予算は大幅に増加した（Dax 2015）。

2010年，EUの中期的な戦略であるヨーロッパ2020戦略（Europe 2020 Strategy）が示される（CEC 2010）。ここでは，当時のヨーロッパを取り巻く内外の厳しい情勢の中で，EUが取り組むべき優先的な事項として3つが挙げられる。知識と革新を基礎とした経済発展を図る「知的な成長」，資源を効率的に利用し，環境に優しく，そして競争力のある経済を促進する「持続的な成長」，そして，社会的，領域的結束を実現するため，雇用のある経済を強化する「包括的な成長」である。この3つに基づいて，具体的な数値を挙げて2020年までの目標が定められたが，ここでも領域的結束が重要な優

先すべき事項として取り上げられている。

この戦略に基づいて2014〜2020年期の結束政策も策定されている。この期の結束政策の予算はEU全予算の33%を占める。ERDF，ESF，結束基金を主として用い，加えてEAFRDと欧州海洋漁業基金EMFF[10]も含めて，これら基金を共通のルールの下で使用することとなった。そして，以下の11の分野別目標が掲げられる。1.研究・技術開発・革新の強化，2.情報と通信技術へのアクセス・利用・質の向上，3.中小企業の競争力の強化，4.低炭素経済への移行の支援，5.気候変動への適応・リスク管理の促進，6.環境の保護と資源利用効率の向上，7.持続的な交通手段の確立とネットワーク・インフラの改良，8.持続的で質の高い雇用の確保と労働移動のサポート，9.社会的包摂の促進と貧困・差別の解消，10.教育・訓練・生涯教育への投資，11.行政の効率化である。これらに向けての投資を，構成国のニーズを反映し，かつ効率的にするため，地域（NUTS2）をGDPに基づいて「発展地域」（GDPがEU平均の90%超），「遷移地域」（75%から90%），「後進地域」（75%未満）の3つに分類している[11]。このように地域を経済的状況から分類し，それぞれに合致した施策が指向される一方で，すでにInterreg事業として実施されてきた領域間協力も重視される。ここでいう領域間協力とは，1.国境地域における国境の両側の地域間協力，2.複数の国にまたがる国家横断的な協力，3.ある都市や地域と別の都市や地域との間の協力である。2014〜2020年期のInterreg Vでは，領域間協力の1については60プログラム，2は15プログラム，3は4プログラム実施されている。このうち，2の国家横断的な協力とは，アルプス空間や，バルト海地域，ドナウ川流域地域など，複数の国にまたがる同様の地理的条件を有する広範囲な領域が対象となっている。そして，2009年にマクロ・リージョン戦略 macro-regional starategies（MRS）[12]が策定され，こうした広範な領域を単位としたプログラムは強化されているといえる。

3．EU の政策における「領域」

3.1　「領域」の導入

　それまで暗示的であった領域 territory について1999年の「ヨーロッパ空間開発展望」ESDP (European Spatial Development Perspective-Towards Balanced and Sustainable Development of the Territory of the European Union) において，領域がヨーロッパの政策における新しい次元として明瞭に言及される。この ESDP は，EU 構成国の空間計画の所管大臣と EU の地域政策に関わる委員が，ポツダムにおける議論の合意をまとめたものである（CEC 1999）。ここにおいて，EU という領域におけるバランスのとれた持続的な発展に向けて EU 域内のあらゆる地域において達成されるべき基本的事項は，経済的社会的結束，自然資源と文化遺産の保護管理，EU 領域におけるバランスのとれた競争であるとされた。そこでは，領域という次元を取り上げる意義が以下のように示される。

　EU という領域のもつ特徴は文化的多様性であり，それぞれがまとまった小さな地域に集中している。この多様性は，EU の発展にとって最も重要な要素の一つであり，開発政策は，地域アイデンティティを標準化してはいけない。経済通貨同盟 EMU の導入により，EU の統合はかなり進展している。こうした統合の進展により，国境の意味が消失し，構成国の都市や地域間においてより強固な相互関係，相互依存が生じつつある。このことが意味するのは，地域や国家，共同体によるあるプロジェクトの効果が，他の構成国の空間構造にかなりの影響を与えるということである。今後，共同体の政策を実施するにあたり，早い段階で，空間的な要素に注意を払う必要がある。なぜなら，地域間の生産性格差はもはや為替レートによって調整することはできず，空間計画によってこそこうした地域間格差の拡大を避けることができるからである。また，単一市場の中で，都市や地域間競争はますます激しさ

272　第Ⅲ部　現代の光景

を増すが，それぞれの都市が同じスタートラインに立つわけではない。EU
の領域において経済成長が地理的に広く分布するような空間バランスが必要
である。

　このような空間発展上の課題は，異なる政府・行政レベル間の協同を通し
て初めて解決できるとし，地域同士の間，地域と国家と EU の間のより密な
関係が重要であるとする。

　2007年になって，領域的結束は，結束政策の第3の次元とみなされる。こ
の時，空間計画・発展の所管大臣が，ヨーロッパ委員会と共に，将来にわた
る協力のための行動指向の政治的枠組みとして「領域アジェンダ」(Territo-
rial Agenda of the European Union Towards a More Competitive and
Sustainable Europe of Diverse Regions)[13]を示した。この領域アジェンダ
を通して，持続的な経済成長と雇用機会の創出，そして，社会的生態的開発
に貢献することを目指すという (Dax 2015)。将来の課題である「領域的結
束」は，政治・行政・技術レベルの開発における領域上の多様なアクター，
ステークホルダーを巻き込んだ恒久的で協調的なプロセスによると位置づけ
られた。この領域的結束の位置づけは，各国が2004年のロッテルダムの非公
式会議において領域開発政策に同意し，2005年のルクセンブルク会議で，領
域をプライオリティとして受け入れたことに基づいている[14]。

　2008年，「領域的結束グリーンペーパー」(Green paper on territorial
cohesion)（CEC 2008b）において，この概念による政策の妥当性がさらに
強調される。気候変動の影響や EU 拡大が領域ごとに異なる影響を与えよう
とする中で，ここでも領域の多様性を強みに変えることを求めている。領域
アジェンダを通して，ヨーロッパの地域や都市，農村の地域アイデンティ
ティや潜在力，ニーズ，多様な特性が価値を帯び，グローバルな競争力を高
め，ヨーロッパの全ての地域の持続可能性を高めることができるとする。

　加えて，2011年において行われた領域アジェンダの改正においては，都市
地域と農村地域，そして両者の相互関係を強調している。また，あらゆる領
域のもつ潜在力について述べながら，地域振興における農村の持つ潜在力の

活用を謳っている[15]。

　こうした領域への関心の高まりとともに，2012年に，「ヨーロッパ空間計画観測ネットワーク」ESPON（European Spatial Planning Observation Network）が設立されている。このESPONは，EU加盟国のみならず，アイスランド，リヒテンシュタイン，ノルウェー，スイスもカバーしている。ESPONは政策に関わる多様な研究を行うともに，統計や分析，地図のかたちで領域データを生み出し，こうした資料を地域の政策立案者が理解し利用できるようにしている[16]。結束政策の2014〜2020年期において，ESPONは，「ヨーロッパ領域協力グループ」EGTC（European Grouping for Territorial Cooperation）として機能している。このEGCTは，国境をまたぐ越境的な協力や地域間の協力を構築し，推進することを目的とし，EUと他の越境的協力プロジェクトとの支援を受けてプログラムを実施する[17]。

　実は，EUの文書において領域の定義が明確にされているわけではない。領域はその面的な拡がりの程度，スケールに関わらない。領域は，市町村local，州や県といった地域regional，国家nationalといったさまざまな大きさの既存の行政体の場合もあれば，都市，大都市圏，農村，通勤圏，流域，海岸地域，山地，国境地域といった同じ性格を有していたり，人や物の流動によって機能的にまとまっていたりする空間であったりする。こうした領域上，バランスの取れた経済発展と生活水準の空間的不平等の縮小を目指し，後れた地域の特性を活かして内在するポテンシャルを高めて，地域競争力を上げ，かつ，それを他の後れた地域や主導的な地域と結びつけようとする。その際に，ある特定の領域に居住する多様なステークホルダーに共有される領域アイデンティティの存在に基礎をおきつつ，市民，企業その他に等しく機会を提供する，場所に根ざしたアプローチを採用しようとする（Romeo 2015；Copus and Well 2015）。その意味で，領域的結束は，住民主体の地域振興，農村振興を包含するものであるといえる。

　こうした「領域」に関する議論をもとに，実際にそれを政策に生かす上で，以下に示すような領域の類型化が行われている。

3.2 「領域」の種類と類型

　EU の加盟国は，それぞれ独自の階層的な行政体を有してきた。EU として統一した統計単位として，1970年代に，既存の行政体の領域を基礎として NUTS が導入された。紳士協定により，修正・確定がなされてきたが，2003年になって NUTS に法的な地位が与えられ，その後，何度も修正が加えられてきた[18]。

　NUTS は，統計の単位であると同時に社会経済的分析の単位である。NUTS 1 は主要な社会経済地域，NUTS 2 は地域政策の施策への応募の基礎となる地域，NUTS 3 は特殊な評価のための小地域として位置づけられてきた。そして，NUTS 2 は，結束政策からサポートをえる地域単位であり，その政策レポートにおける分析がなされる単位でもある。

　原則として，政策遂行上，行政区域を基礎とし，最小と最大の人口規模で定められる NUTS 1 は人口300万人から700万人，NUTS 2 は80万人から300万人，NUTS 3 は15万人から80万人である。構成国は少なくとも 2 つの主要地域レベルから構成される。たとえば，ドイツの場合，バイエルン州やバーデン・ヴュルテンベルク州など州が NUTS 1 レベルに相当する。NUTS 2 は，こうした NUTS 1 の下位レベルの行政単位で，たとえばバイエルン州の場合，オーバーバイエルン，ニーダーバイエルンなど行政管区 Bezirk に相当し，NUTS 3 は，それぞれの行政管区を構成する郡 Kreis に当たる。現行の NUTS のシステムは，2016年に定められたもので，NUTS 1 は104，NUTS 2 は281，NUTS 3 は1348存在する。

　2016年まで，NUTS 3 の下にさらに 2 つのレベルの地方自治体単位 LAU（Local Administrative Units）が存在していた。この中で LAU 1 は上位のレベルであり，以前の NUTS 4 に相当し，ほとんどの国で設定されていた。たとえば，ドイツでは自治体連合 Gemeindeverbände に相当する。LAU 2 は下位のレベルであり，以前の NUTS 5 に相当し，28加盟国の基礎自治体，市町村に当たる。ドイツの場合，市町村 Gemeinde に相当する。2017年以

第 7 章　EU における住民主体の農村振興と地域　　275

表 1　EU における領域の類型

	地理的水準	基本領域類型	都市類型	海岸類型	国境類型	島嶼類型	山地類型
地域レベルの類型	NUTS 1						
	NUTS 2						
	NUTS 3	「純都市地域」「中間地帯」「純農村地域」	「大都市地域」	「海岸地域」	「国境地域」	「島嶼地域」	「山地地域」
市町村レベルの類型	LAU	「都市」「町・郊外」「農村」	「都市」「通勤帯」＝「機能都市地域」	「海岸地域」			
方形区画の類型	方形区画（1 km²）	「都市センター」「都市クラスター」「農村区画」	「都市センター」「都市クラスター」				

出所：Eurostat（2019）により作成。

降の LAU は，データが利用でき，政策の実施が可能な行政体であり，構成国の全経済領域をカバーする NUTS3 の下位領域とされる。加えて，ローカルレベルの領域の類型化に適した単位でもある[19]。

　EU の統計局である Eurostat は，2017年に，上述の行政単位である NUTS と 1 km²の方形区画[20]をもとに，国家の下位の領域を類型化した。ここで定められる類型は，政策決定および政策の評価にとって重要である。以下，Eurostat（2019）に準じつつ，この類型化を概観する（表 1 ）。

　まず第 1 に，1 km²の方形区画を基準単位とし，人口密度と人口の面的な拡がりを基礎として，この方形区画を次の 3 つのクラスターに分類する。「都市センター（高密度クラスター）」は，少なくとも1500人の人口を有する区画が互いに隣接し，合わせて 5 万人以上の人口となる領域である。「都市クラスター（中密度クラスター）」は，少なくとも300人の人口を有する区画が互いに隣接し，合わせて5000人以上の人口となる領域である。そして，これら「都市センター」と「都市クラスター」に分類されない区画が「農村区画」とされる。これらクラスターは，以下の地方自治体単位 LAU の分類に用い

276   第Ⅲ部　現代の光景

られることになる。

　伝統的に公的統計は，階層的な行政システムに基づいて記録されてきた。しかし，通勤やレジャー活動，洪水など，既存の行政界を越えた多くの現象の原因や影響を評価するためには向いていない。同一の大きさの区画を採用することで，比較が容易となり，時系列的な変化も辿ることができる。加えて，複数のデータを相互に比較・統合することでき，また，さまざまな目的のために，この区画を集約して他の区画を創り出すことができるという利点をもつ。このような理由から，方形区画を単位とすることが導入された。

　次に，都市化の水準によって前述の地方自治体単位 LAU を分類する。ここでは LAU を基準単位とし，この LAU が「都市」と「町・郊外」，「農村」の3類型に分類される。それぞれの LAU に含まれる上述の方形区画が，「都市センター」，「都市クラスター」，「農村区画」のそれぞれに分類されたとして，LAU 全体の人口の50％以上が，「都市センター」に居住しているとき，この LAU は「都市（人口稠密地域）」とされる。LAU 全体の人口の50％未満しか「都市センター」に居住していないが，少なくとも50％以上が「都市クラスター」に居住している場合，この LAU は「町・郊外」に分類される。そして，LAU 人口の50％以上が「農村区画」に居住している場合，この LAU は「農村」とみなされる。

　こうした都市化の程度に基づく分類は，1991年に導入されていた。それは LAU2 という行政区画を単位として，人口数，人口密度，その連続性を基礎とするものであった。LAU2 の面積はそれぞれかなり異なっており，相互比較する上では妥協の産物であった。2011年になって，OECD と EU によって都市化の程度による分類を再検討することが始められ，この分類はその検討結果に基づくものである。

　さらに，通勤流動に基づく機能的な都市地域，すなわち通勤圏の設定がなされる。上述の手続きで「都市」に分類された LAU は，通勤目的地となる。そして「都市」である LAU に居住する就業者の少なくとも15％が近隣の他「都市」で働いている場合，これらの都市は単一の通勤目的地として扱われ

る。就業者の少なくとも15％がある「都市」に通勤している全ての LAU を「通勤帯」とみなす。そして，「都市」と「通勤帯」を合わせて「機能都市地域」が設定される。単一の「機能都市地域」によって囲まれている LAU は「通勤帯」に組み込み，そうでない LAU は「通勤帯」から除外する。「機能都市地域」は，複数の「都市」と単一の「通勤帯」からなる場合もあるし，「通勤帯」を有さない「都市」もありえる。

　自然条件による分類もなされている。一つは海岸地域であり，LAU を単位として，その面積の50％以上が，海岸線から10km 以内の場合，海岸地域とされ，逆に海岸線から10km 以内に50％未満しかない場合，非海岸地域とされる。

　ここまでは，LAU を単位とした分類であるが，NUTS3 を単位とした，すなわち地域レベルでの類型化もなされている。第１に，都市か農村かに分ける分類である。「純都市地域」は，80％以上の人口が「都市センター」，「都市クラスター」に居住する NUTS3 区画である。「中間地帯」は，50％以上80％未満の人口が「都市センター」，「都市クラスター」に住む NUTS3 区画であり，「純農村地域」は，50％以上の人口が「農村区画」に住む NUTS3 区画である。2016年の時点で，1348の NUTS3 のうち367が「純都市地域」であり，553が「中間地域」で，428が「純農村地域」である。この分類は，都市政策，農村政策を遂行していく上で中心となるコンセプトであり，ヨーロッパ委員会のさまざまな部局，農業・農村開発，地域・都市政策担当部局などが合同で開発したものである。

　NUTS3 を基準として「大都市地域」という類型も設定される。一つの NUTS3 に含まれる「機能都市地域」が人口25万人以上を有し，この「機能都市地域」に人口の50％以上が居住する NUTS3 を「大都市地域」とする。2016年時点で，28の「首都である大都市地域」が，加えて249の「大都市地域」が設定されている。この大都市地域類型は，2008年の「領域的結束グリーンペーパー」において示されたものであり，OECD による大都市地域に相当する。

278 第Ⅲ部 現代の光景

　NUTS3レベルにおける「海岸地域」の設定もされる。海岸から50km以内の1km²区画に住む人口がNUTS3全体の人口の50％以上の場合，そのNUTS3は，「海岸地域」とみなされる。

　以下は法に基づかない分類ではあるが，NUTS3を基準として，人口の半数以上が国境から25km以内に居住しているNUTS3を「国境地域」とする。NUTS3のうち463が国境地域であり，885が非国境地域である。また，NUTS3面積が1km²以上，本土との距離が1km以上，人口が50人以上，島と本土の間に，橋やトンネルなどの固定された交通線がない領域を「島嶼地域」とする。

　加えて「山地地域」の設定もなされる。NUTS3面積の50％以上が地形学的に見て山地であり，かつその山地に人口の50％以上が居住している場合，「山地地域」とされる。ここでは，1km²DEM[21]により山地が定義される。標高2500m以上は山地，標高1500m以上2500m未満の場合，ひとつのDEMポイントの半径3km以内の傾斜が2度以上であれば山地，標高1000m以上1500m未満の場合，ひとつのDEMポイントの半径3km以内の傾斜が5度以上か，DEMポイントの半径7km以内の標高差が少なくとも300mあること，標高300m以上1000m未満の場合，DEMポイントの半径7km以内の標高差が少なくとも300mあることが山地の条件となる。標高300m未満の場合，DEMのそれぞれのポイントの周囲8ポイントとの偏差が50m以上の場合，標高が低くとも起伏があるとして山地とする。1348のNUTS3のうち，323が「山地地域」として，1025が非山地地域として定義される。

　以上のように，人口規模や密度に基づく都市や農村，通勤圏に基づく機能都市地域，自然的条件に基づく海岸地域，山地地域，島嶼地域，位置的条件に基づく国境地域といった「領域」の分類が行われることで，それぞれの領域の特性に応じた個々の領域での政策遂行が可能となる。

　これらは，主として一つの国の中における，その国を構成する領域である。しかし，海岸地域や山地地域，そして国境地域は国の領域を超えて広がっている。前述のInterreg事業における国家横断的な協力が行われる領域とし

て，Interreg Ⅴでは，アルプス空間や大西洋岸地域，地中海地域など15の領域が助成対象となっている。加えて，マクロ・リージョン戦略のもとで，2009年以降，バルト海地域（2009年），ドナウ川流域地域（2010年），アドリア海・イオニア海地域（2014年），アルプス地域（2015年）が指定され，それぞれプログラムが実施されている[22]。このようにEUにおいてはミクロなレベルからマクロなレベルまで多様な領域が設定されていることがわかる。

4．LEADER事業の導入とLAGの意義

4.1　LEADER事業の導入と構想

上述のように，すでに「農村社会の将来」The future of Rural Society（CEC 1988）において非農業部門の重要性と農村の多面的機能の意義が強調された。そして，農村振興の手法としてボトムアップ方式，異なる政策間の連携，地域のパートナーシップの重視が謳われた。それまでは，部門別，とりわけ農業構造の変化を目的とする農村振興の手法がとられてきたが，それらは，国家やその下のレベルの地域で決定された計画に基づくトップダウン型のアプローチであった。こうしたアプローチに対して，地元に根ざしたボトムアップ型のアプローチが，農村において新しい仕事やビジネスを生む新たな手法であるとみなされるようになってきた。

そこで採用されたプログラムがLEADER事業である。LEADERとはフランス語のLiaisons Entre Actions de Développement de l'Economie Rurale（農村経済振興活動の相互連携）の略称である。これは，住民の主導性と技能を活かしながら，農村地域の発展の潜在力を開発すること，そして，農村地域の総合的な発展に関するノウハウを取得し，こうしたノウハウを他の農村地域に広めることを目的として始まった。

1991年にLEADERは，共同体主導の事業として構造基金を用いて導入された（表２）。これまでの伝統的な農村政策とLEADERの異なる点は，何が

280 第Ⅲ部 現代の光景

表2 LEADER 事業の変遷

	期間	LAG 数（国数）	基金	予算(10億ユーロ)
LEADER I	1991–1993	217（12）	EAGGF ESF, ERDF	1.2
LEADER II	1994–1999	906（15）	EAGGF ESF, ERDF	5.4
LEADER +	2000–2006	893（15）+250（新規加盟国6）	EAGGF	5.1
LEADERaxis	2007–2013	2402（27）	EAFRD	9.2
CLLD	2014–2020	2515（27）	ESI（ERDF, EAFRD, ESF, EMF）	9.7

出所：EU Rural Review 11 'LEADER and Cooperation' (2012) https://enrd.ec.eu-ropa.eu/sites/enrd/files/C5783D0F-93AD-1BC6-83B6-2869BA396C36.pdf と LEADER INFOGRAPHIC http://enrd.ec.europa.eu/enrd-static/app_tem-plates/enrd_assets/pdf/gateway/LEADER%20infographic_final_20140326.pdf に加筆して作成。

必要かということよりも，どのように行うかを示すところにあるという。LEADER の鍵となる特徴は7点あり，それらは実行のための指針としても捉えられている（CEC 2006）。以下で，CEC（2006）に依拠しつつ，これら7つの特徴について重要と思われる点を中心にみていく[23]。

　第1に，ローカルな地域 local area に根ざした局所的な発展戦略をとることである。ここでのローカルな地域とは，小さく均質で社会的にも結束しており，しばしば共通の伝統と地域アイデンティティで特徴づけられ，政策に対して共通のニーズと期待を有している。こうした地域を対象とすることで，地域の強さや弱さ，脅威や機会，内在する潜在力を認識することにつながり，持続的な発展にとっての主要なボトルネックを同定することにもなる。ターゲットとして選択される地域は，実行可能な地域発展戦略をサポートするために，人的，財政的，経済的資源の点で十分な一体性と最小限の規模を持たなくてはならない。この領域は，既存の行政体に一致するわけではない。ローカルな地域の定義は普遍的なものではなく，多様な経済的社会的変化にともなって変化するものである。このように，既存の行政体の範域を

超えたまとまりのある一体的な領域を想定し，かつ，それはニーズによって，かつ時代によって変化するとされる。

第2に，ボトムアップ型のアプローチをとることであり，7つの特徴の中でも際立つものとして位置づけられる。これは，上述の地域におけるアクターと呼ばれる当事者が，そこで追求すべき戦略や優先順位についての意思決定に参画することである。ただし，ボトムアップ型アプローチは，トップダウン型アプローチに取って代わるものではなく，むしろ両者は相互に組み合わされて，成果を得ようとする。コミュニティのニーズに最も合った政策の立案・実施を確実なものにするには，地域のステークホルダーを取り込むことが重要とされる。こうした地域のアクターとして，全住民，経済的社会的利益団体，公的私的機関の代表が挙げられる。彼らの能力構築が，ボトムアップ型アプローチに欠くべからざる要素であり，以下の3点を含む。まず，地域住民の意識向上，トレーニング，参加，動員により，地域の強みと弱みを明らかにすること，次に，地域の発展戦略を描く上で，多様な利益団体の参加を促すこと，そして，地域レベルでの戦略実施にとって適切な行動を選択する上で，明確な基準を設けることである。参加はまた，初期の段階に限定されず，実施過程においてもなされる。

第3は，公的部門と私的部門の協力関係の構築であり，地域活動団体ローカル・アクション・グループ LAG（Local Action Group）がそれを担う。この LAG こそが，LEADER 事業独自のそして重要な特徴とされる。LAG は，地域の発展戦略を定め実行する役割をもち，財源の配分と管理に決定権を有する。LAG が，持続的な発展を促す上で効果的であろうことは，以下の理由による。まず，LAG は，公的部門，私的部門，市民，ボランティア団体から人的，財政的資源を集め結びつける。また，地域の経済的競争力向上のために必要な相乗効果をえるために，地域の人々を協同事業に誘い結びつけ，共に何かを行うという経験をしたことのないさまざまなアクター間の対話や協同をもたらす。そして，こうした多様なパートナーが相互に交流することを通して，農業変化や環境問題への対処，農村経済の多様化や生活の質

の改善を図る。

LAG は，地域の農村開発戦略の方向性と内容を決定づける。主たるアクターとして想定されるのは，農家や農業外の専門職，中小企業を代表するような組織・連合，交易団体，市民と市民団体，政治家，環境団体，メディアを含む文化・コミュニケーション提供企業，女性団体，若者である。

第4の特徴として，LEADER は，農村振興の新しく革新的なアプローチを生み出す上で，大きな役割を果たすことができることが挙げられる。こうした革新は，LAG に対して，その意思決定における広範囲の自由と柔軟性を提供することで叶えられる。そして，ここでいう革新とは，広い意味で理解され，新しい生産物や加工方法，新しい組織や市場の導入も意味する。さらに，第5に，LEADER は，部門別の発展プログラムではなく，他部門にまたがる総合的な行動であること，そして第6番目として，LEADER に関わる LAG，農村地域，行政，組織の全ての間において成果や経験，ノウハウを交換し合うネットワーキングを重視すること，最後に，ある LAG が，他の地域において同様のアプローチを採る他の LAG とジョイント・プロジェクトを行うなど共同を指向することである。

これら7つを指針として実際に事業が行われる。事業に地元のアクターが関わるのは，構成国や地方政府が，彼らのグループに向けて提案書の募集をすることに始まる。最初の段階として，ローカル・アクターは，プロジェクトのアイデアとノウハウ，活動に携わる人的資源，そして活動を管理する財政手法の点で，必要な能力を取得する必要がある。次に，ミーティングやセミナーを組織して鍵となる人々を引き合わせることで，アイデアを引き出し，地域のニーズについて議論できるようにする。そして，該当地域について詳細な分析は欠くべからざるものであり，分析を通して「領域の有する資源」を確認し，可能な発展戦略を導き出す。続いて，すでに実施されたり計画されたりしている農村振興の方策を評価し，それを基礎に事業を行うか，それに置き換えて事業を行うか決定する。このように地元のアクターを引き合わせ，領域について分析することで，公的部門と私的部門からなるパート

ナーシップを生み出し，そして，事業実施を管理できる人々を見出す。これが，ローカル・アクション：グループ LAG となる。彼らによる地域新興のアプローチは，文書として正式なものとされる。この文書は，目標設定，戦略上の優先順位の決定，活動の順位づけを含み，Leader 助成への応募申請の基礎となる。

　このような LEADER 事業が実施されるのは既存の行政体の範囲に関わらず，そこに住む住民が帰属意識を有する経済的にも社会的にもまとまりのある領域であると想定されている。そして，LAG の活動は，ボトムアップ型の地域振興の中核として位置づけられている。

4.2　LEADER 事業の変遷と LAG

　LEADER 事業は，1991年に共同体主導の農村振興として始められた。当初は，基金に依拠した単一のプロジェクトの実施から戦略的な場所に根ざしたアプローチへの転換を目指す実験的な事業という位置づけであった。1991〜1993年期の LEADER Ⅰ では，目的1，目的5b に該当する12カ国217地域が参加するのみであった（表2）。

　1994〜1999年期に実施された LEADER Ⅱ では目的1，目的5b，目的6の指定地域から選考され，906地域と参加は大幅に増加する。 LEADER Ⅰ を継承発展しつつ，プロジェクトの革新性を重視して選考が行われた。

　2000年から2006年における LEADER+ 以降は地域の限定は解除される。統合的で持続的な開発に向けた新しいアプローチの開発と検証が目的とされた。この期における重点は，場所の価値を高めることも含めた自然・文化資源の最大限の利用，農村地域における生活の質の改善，とりわけ小規模生産者による共同活動を通した市場へのアクセス確保による地方における生産物の価値の向上，農村地域の生産物やサービスをより競争力のあるものにするための新しいノウハウと新しい技術の利用にあった。LEADER+ の活動としては非農業的部門が主であり，「自然資源，文化資源の活用」34%，「新しいノウハウ，新技術の利用」11%，「農村の生活の質の改善」26%，「地域産物

284 第Ⅲ部 現代の光景

への価値付加」19％を占めていた[24]。

第4期に当たる LEADERaxis（2007〜2013年期）では，LEADER 事業が農村開発政策の第4の柱として位置づけられ，予算も大幅に増大し，合わせて参加も27カ国から2402と大きく増えている。欧州農業農村振興基金 EAFRD を用いて事業が行われ，予算規模も大きく増えて，主要な事業として位置づけられたことがわかる。

2014〜2020年期において新しく LEADER は「コミュニティ主導の地域振興戦略」CLLD（Community-led Local Development）という名称の下で事業が拡張される。ここで新たに，ERDF, EAFRD, ESF, EMF の4つの基金がヨーロッパ構造投資基金 ESI として全ての地域に同じ規則で用いられ，また，複数の基金を組み合わせることができるようになった。

ここでは，「人口減少による地域存続の危機」や「人材教育」といった大きな課題の解決，複数国間の共同プロジェクトと共同 LAG，都市と農村の連携に取り組まれるようになった。

LEADER の実施主体である LAG は法人格を有する団体である。その中核グループは地域の状況を把握した人物であり，半数が民間人で構成されなくてはならない。そして，そのもとで設置される作業グループは，テーマに応じて構成され，その構成メンバーは自由である。

2017年11月に ENRD がオンラインで LAG に対してアンケートを実施した結果によると[25]（ENRD 2018），LAG を始めた時期については，2014〜2020年期に新しく始めたものが22％で，それ以外の78％がすでに以前より LEADER 事業を行っており，さらに44％が2回以上の LEADER を経験していた。このように長期にわたって継続的に事業を行っている LAG が多くを占めているが，LEADER I（1991〜1993年期）より事業を行っている LAG は8％にすぎない。

どのような基金を用いて事業を行っているか，回答のあった696団体のうち466団体67％が，EAFRD のみを用いており，残りの230団体33％が複数の基金を用いている。このうち，88団体が，EAFRD に加えて ESF と ERDF

を利用し，70団体が EAFRD と ERDF を，39団体が EAFRD と EMFF を用いていた。予算規模は，団体ごとに大きな幅がある。1000万ユーロを超えるものが 2 ％，500万ユーロ超え1000万ユーロ以下が13％ と規模の大きなプロジェクトがある一方で， 6 割近くが，200万ユーロから500万ユーロの予算規模である。

　現場において真に利益をもたらす上で，LEADER のどの原則が重要かという設問に関して，地域開発戦略の実施にあたり LAG が意思決定力をもつというボトムアップ型アプローチが最も重要であると答えた団体が73％ であり，重要であると合わせて 9 割の団体によって評価されている。次いで，LAG を通した地域における公的部門と私的部門の協同，そして，農村地域向けの地域に根ざした地域開発戦略が重要とされる。このように，LEADER の原則がよく理解され，また評価されているといえる。

　LAG は国境を越えた越境的活動も行っている。1991年当時，地域間協力をすることはできなかったが，プログラムの終了時には，LAG の 4 分の 1 においてある種の協同活動がみられた。1994年から始まる後継の LEADER II において協同は推奨され，906の LAG のうち 5 割が何らかの地域間協力を行い，さらに252が越境的な協力を行っていた。2000年からの LEADER+ では，1143の LAG が参加し，そのうち約 7 割が，越境的な協力活動をしていた。LEADER+ の事後評価によると，協力活動は，共通の関心や課題があるときに良好に推移し，こうした協力活動を行うことで，地域アイデンティティが強化された側面もあるという（市田 2014）。

5．LEADER 事業の実際：オーストリア・チロル州の事例

5.1　オーストリア・チロル州における LEADER 事業

　LEADER 事業は EU のプログラムではあるが，個別の国の農村開発政策の中でその目的が定められ，国による助成もなされている。ここでは，ヨー

ロッパ・アルプスという山間部に位置するオーストリア・チロル州におけるLEADER事業の実施状況を概観する。

2007～2013年期において，オーストリア全体で，EU，連邦，各州合わせて，約467百万ユーロがLEADERに投入された。オーストリア全体では，2008年の時点で86のLAGが設立されており，その活動範囲は，面積でオーストリア全体の88％を占め，人口では52％を占める。同期に新しく活動を始めたLAGは29％であり，残りの71％は少なくとも2期めであり，35％は3期目に入る。4分の3は，比較的長期にわたってLEADER事業の経験を有していることになる。背景には，オーストリアの地域開発政策においては1980年代からすでに，小地域レベルにおいて地域資源を活用する施策の経験を有していたことも挙げられる（BMLFUW 2016）。

チロル州では，2007～2013年期において8つのLEADER実施地域があった（図1）。それぞれに地域マネジメント部局がおかれて活動をしてきた。この実施地域とチロル州における下位の行政単位である郡Bezirkを比較し

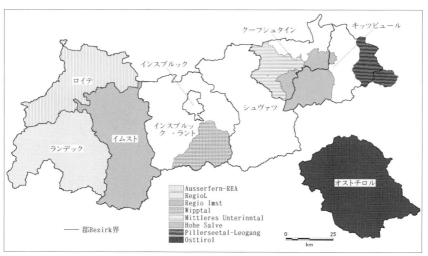

図1　オーストリア・チロル州におけるLEADERaxis（2007～2013年期）実施地域

出所：LEADER Tirol 2007 bis 2014 （https://www.rm.tirol.at/fileadmin/userdaten/dokumente/blaetterbuch/LeaderTirol/）より作成。

てみると，州の西部，ロイテ郡，ランデック郡，イムスト郡と東部のオスト
チロル郡では，行政区画である郡と実施地域が一致しているが，他の実施地
域では一致していない。ビィップタル Wipptal 実施地域は，インスブルッ
ク・ラント郡の一部であり，インスブルックから南方，ブレンナー峠に向
かって延びるビィップ河谷に位置する12の市町村 Gemeinde で構成されて
いる。下部インタル中央（Mittleres Unterinntal）[26]は，クーフシュタイン
郡の一部，イン川流域ヴェルグル周辺の16市町村で構成された。前の
LEADER+ 期において6つの市町村で発足した LAG ペンドリング（Pend-
ling）を継承した組織であり，チロル州における地域計画連合[27]26局と29局
に属する市町村からなる[28]。ホーエ・ザルベ（Hohe Salve）は，同名の山
を中心とするスキー・リゾート一帯にあり，クーフシュタイン郡とキッツ
ビュール郡の2郡にまたがる10市町村からなる。ちなみに，この LAG 下部
インタル中央と LAG ホーエ・ザルベは，2014〜2020年期において合併し，
26の市町村からなる LAG キッツビュール・アルプス（Kitzbühler Alpen）
となった。最後に，ピラーゼータル‒レオガング（Pillerseetal-Leogang）は，
チロル州に位置するピラーゼー河谷の5つの市町村とこの河谷に続くザルツ
ブルク州レオガング村の6つの市町村で構成されている。2014〜2020年期に
おいては，この2つに隣接するロイケン河谷（Leukental）の7市町村が加
わり，レギオ[3]ピラーゼータル‒ロイケンタル‒レオガング（regio[3] Piller-
seetal–Leukental–Leogang）を結成した。

　以上のように，LEADER 事業が実施され LAG が設立される領域は，既存
の郡という行政の範囲とは異なり，その一部であったり，また，郡の領域を
またいでいたりする。また，州の範囲を越えてその領域は広がるケースもあ
る。こうして設定される実施地域は，河川流域や山塊など自然上のまとまり
をもち，また，ある都市を中心とする都市圏の場合もあれば，同一のスキー・
リゾート地帯である場合もあるなど，経済的なまとまりも有していたりす
る。さらには，時期ごとにその領域を変化させることもあり，上述の
LEADER 事業の理念に合致した領域設定がなされているといえよう。

5.2 ビィップ河谷 Wipptal における LEADER 事業の実施

　ここでは，事例地域として，オーストリアとイタリアにまたがるチロル・南チロル・トレンチーノ地域を取り上げる。イタリア側南チロルはオーストリア，そしてチロルの一部であったが，第一次大戦後の1919年にオーストリアからイタリアへ割譲された。1957年にドイツ語集団の集会「トレントからの分離」が開催されるなど，第二次大戦後も分離主義的傾向を示してきたが，1972年に第二次自治法が施行，2000年には憲法が改正され地方権限の拡大が実現するなど，自治権は拡大されてきた（山川・鈴木 2010）。

　ここでは，2001年に，チロル・南チロル・トレンチーノ・ユーロリージョンが設立され，2011年には，このユーロリージョンは法人化し，越境的協力関係が構築されてきた[29]。さらに，EU の2014〜2020年期における越境地域プログラムとして，Interreg V–A イタリア・オーストリアが，ERDF より9800万ユーロの助成を受けて実施される。集中の原則から，研究・革新，自然と文化，組織能力，CLLD の４つの分野を選択し，国境を挟んだ地域の協力を推進することを目的としている。このプログラムの対象とする領域は，19の NUTS3 地域を含んでいる（図２）。各国の行政上は，オーストリアではチロル州の全域，ケルンテン州とザルツブルク州の一部，イタリアでは，ボーツェン・南チロル自治州，ベネト州の一部，フリウリ・ヴェネツィア・ジュリア自治州の一部である。越境的な性格を有し，このプログラム領域全体に対して，国境を越えた価値を提供するプロジェクトにのみ資金を提供する方針であり，各プロジェクトに少なくとも２人の受益者，イタリアから１人，オーストリアから１人が参加しなければならない。2016年に行われた第１回目のプロジェクトの公募では，66件の提案があり，「研究・革新」分野で41件中21件が，「自然と文化」で19件中13件が，「組織能力」では６件中５件，計39件が採択された。2017年には２回目の公募が行われ，38件の提案があり，「自然と文化」で18件中14件が，「組織能力」で20件中15件，計29件が採択されている。

第7章 EUにおける住民主体の農村振興と地域　289

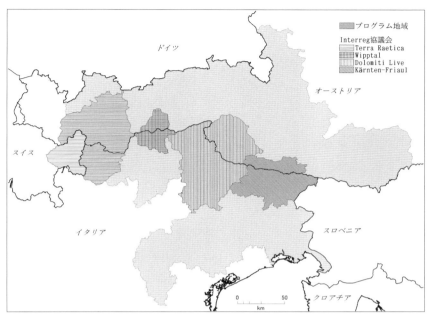

図2　オーストリア・イタリア国境地域における越境的協力

出所：Interreg V-A Italien–Österreich ホームページ（http://www.interreg.net/de/455.asp）より作成。

　これらは，プログラム地域全域において実施される事業であるが，一方でLAGによる活動もこのプログラム地域内で行われている。これらLAGは，その活動をInterregのフレームワークの中で行う先駆的な事例であり，図2に示されるように，4つのCLLD地域が設定され，それぞれInterreg協議会が設置されている。

　このうちのビィップタル（Wipptal）協議会についてみてみよう。ビィップタル（Wipptal）という名称は，イタリア側南チロルのシュテルチングSterzing近傍のローマ時代の宿駅Viptenamに由来し，シュテルチング周辺の地域を示すにすぎなかったが，15世紀になって今日のビィップタル協議会がおかれている領域まで拡大した。第一次大戦後における南チロルのイタリアへの割譲後，この領域はオーストリア・イタリア国境で分断され，包括

290　第III部　現代の光景

的な名称としてのビィップタルは忘れられ，ビィップタルは，北のオースト
リア側のみに限定して用いられるようになった。しかし，1970年代になって，
南のイタリア側でもビィップタルという名称が再び使い始められた[30]。ブ
レンナー峠の北と南は，現在ではそれぞれ異なる国に属してはいるが，歴史
的にみて，ビィップタルという地名で称される文化的にも経済的にも一体的
な領域であったといえる。

　この協議会が設置されている範囲のうち，オーストリア側で地域マネジ
メント協会ビィップタル Verrein Regionalmanagement Wipptal（LAG
Wipptal）が，12市町村のメンバーによって，2000～2006年期の LEADER+
プログラムへの参加を機に設立された。一方，ブレンナー峠の南，イタリ
ア側では，2002年にビィップ河谷・地域開発・生涯教育組合 Genossen-
schaft für Regionalentwicklung und Weiterbildung Wipptal（GRW
Wipptal）として，LAG が 6 市町村のメンバーを中心に設立された。オース
トリア側 LAG Wipptal もイタリア側 GRW Wipptal も，2007～2013年期の
LEADER axis プログラムに参画するとともに，2007～2013年期の Interreg
から共同事業に取り組み，2008年には両者によって，オーストリア側が主た
るパートナーとして前述の Interreg 協議会が設立された。すなわち，オー
ストリア国内における LAG とイタリア国内における LAG が存在し，それ
ぞれで活動する一方で，Inetereg 協議会のもとで越境的な LAG として活動
している。

　オーストリア側の LAG は，EAFRD，ERDF の基金に加えて，国と州の助
成を受けているのに対し，イタリア側の LAG は，EAFRD のみから助成を
得ている。そして，越境的な LAG（Interreg 協議会）は，越境的な活動向
けの CBC-ERDF を受けている[31]。

　両 LAG には役人，農家，旅行業者，専門家に加えて，観光局などの組織
も参画している。双方の LAG が関わる LEADER プログラムにおいて，オー
ストリア側では，ソフト・ツーリズムの振興や自然エネルギーの導入などが
行われているのに対し，イタリア側では，農林業，観光を含む産業振興が主

となっており，重点に差異がみられる。

この国境地域においては，既存の行政単位に加えて，LAG Wipptal の領域，GRW Wipptal の領域，そして，この両者から構成される Interreg 協議会の領域，そして Interreg V–A イタリア・オーストリアのプログラム地域という領域と重層的にそれぞれ異なる領域において農村振興に関わる多様な活動が行われていることになる。さらに，こられの領域は，Interreg V–B による国家横断的な協力であり，ドイツやフランス，スイス，スロベニアの一部も含むアルプス空間プログラムがカバーする領域の部分でもある。

6. おわりに

ヨーロッパは場所ごとに多様であり，そして格差を抱えてきた。EU が試みてきたことは，多様性を維持し活用しつつ，格差を是正しようとしてきたことでもある。EU の多様な政策を通して行われてきたその取り組みは，成功したと評価できる点もあるが，いまだ成し遂げられていないところも多い。ただし，そうした施策を省みつつ，また新たな施策を継続的に模索するその姿勢には一貫したものがある。

そこにおいて，場所ごとの多様性とそれぞれの特性に合致した施策が模索される中で，領域としてさまざまな面的な広がりをもつ空間を捉えることが行われるようになった。EU，国家，州・県，郡，市町村といった階層性を有する行政体に加えて，都市や農村，都市圏，さらには，山地地域，海岸地域，国境地域など，それぞれ異なる広がりと特性を有する領域が EU を構成している。それぞれの領域の特性を把握し，それぞれの領域に合致した施策の実施が試みられており，それが各領域，ひいては EU 全体の競争力や持続性に寄与すると考えられている。

こうした個性ある領域の一つが農村であり，多くの課題とともに潜在力を有する領域として捉えられている。農村のもつ潜在力を発掘し，農村の持つ課題の解決に取り組む試みの一つが LEADER 事業であり，その推進役はロー

292 第Ⅲ部 現代の光景

カル・アクション・グループ LAG である。この事業は，ローカルな領域に
おける住民のもつ能力を結集し開花させるように機能しているともいえる。
また，それが可能なのは，ローカルな場所ごとに，その場所で事業を実施す
る能力を有する人材やそれを支えるコミュニティが存在するからでもある。
彼らの活動は，彼らの住む地域への愛着，アイデンティティに根ざし，逆に
またこうした活動が，地域への愛着を高めることにつながってくるであろ
う。住民主体による活動とその依って立つ地域的基盤が，ヨーロッパ固有の
ものなのか，日本における地域や農村を考えていく上でも，より解明が必要
であろう。

〔注〕
1) 著書としては，井上（1999）や豊（2016），市田（2004），辻（2003）などがある。
2) Council Directive 75/268/EEC of 28 April 1975 on mountain and hill farming and
   farming in certain less- favoured areas.
3) 1965年に公開された First Communication on Regional Policy:conclusions of three
   groups of experts に，地域的不均衡を解決するための連携の必要性が認識されている
   （History and evolution of EU Regional and Cohesion Policy https://ec.europa.eu/
   regional_policy/en/information/publications/presentations/2010/history-and-evolu-
   tion-of-eu-regional-and-cohesion-policy）。History of regional policy.
   https://ec.europa.eu/regional_policy/en/policy/what/history/
4) 前掲2）援助対象は，1. 少なくとも10人以上の雇用を生み出す中小企業への投資，2.1
   に関連したインフラへの投資，3.農業指導基金の適用条件に合致した山地地域における
   インフラ投資，であった。
5) 前掲2）および CEC（2008a）。
6) NUTS は，EU における統計の単位であると同時に社会経済的分析の単位である（3.2
   項参照）。
7) LEADER II TeachingKit–Booklets.
   https://enrd.ec.europa.eu/leader-clld/leader-resources/leader-historical-resources/
   leaderII_en
8) 1986年にウルグアイで開始された貿易に関わる交渉。1993年に，保護を削減すること
   で合意した。
9) EU や加盟国によって設定された環境保全措置を遵守してはじめて，直接支払いを受
   けることができるという措置。

第 7 章　EU における住民主体の農村振興と地域　　293

10) 上記 3 つの基金とこの 2 つの基金を合わせて，ヨーロッパ構造投資基金 Euroepean Structural and Investment Fund（ESI）と称される。共通の規定が設けられ，EU と各国・各地域が共同で管理運営する（http://eumag.jp/issues/c0617/）。

11) An introduction to EU Cohesion Policy.
https://ec.europa.eu/regional_policy/sources/docgener/informat/basic/basic_2014_en.pdf

12) Macro-regional strategies in changing times.
https://www.adriatic-ionian.eu/wp-content/uploads/2018/04/RZ-macro_regional_strategies_161220_Ebook-2.pdf

13) Territorial Agenda of the European Union.
https://ec.europa.eu/regional_policy/en/information/publications/communica-tions/2007/territorial-agenda-of-the-european-union-towards-a-more-competi-tive-and-sustainable-europe-of-diverse-regions

14) The Territorial State and Perspectives of the European Union がこの領域アジェンダの基礎をなす。

15) Territorial Agenda of the European Union 2020.
https://ec.europa.eu/regional_policy/en/information/publications/communica-tions/2011/territorial-agenda-of-the-european-union-2020

16) https://ec.europa.eu/regional_policy/en/policy/what/glossary/e/espon および
ESPON のホームページ https://www.espon.eu/。

17) https://ec.europa.eu/regional_policy/index.cfm/en/policy/cooperation/europe-an-territorial/egtc/

18) https://ec.europa.eu/eurostat/web/regions-and-cities/overview

19) Eurostat における定義。
https://ec.europa.eu/eurostat/web/nuts/local-administrative-units

20) 日本の統計におけるいわゆるメッシュに相当する。

21) DEM とは数値標高モデルのこと。1 km²DEM の場合，1 km 四方の方形区画に地表面が分割され，それぞれの区画の中心点に標高のデータが与えられている。

22) https://pjp-eu.coe.int/en/web/cultural-routes-and-regional-development/eu-mac-ro-regions

23) LEADER 事業については日本でも注目され，その制度や実施状況について紹介されている（井上 1999；市田 2014；松田2013）。また，梶田（2012）によって，こうしたボトムアップ型の開発を巡る研究の展望がなされている。

24) 市田（2008）および EU Rural Review LEADER and Cooperation。

25) 200を超える LAG に依頼し，710の LAG から回答を得ている。国別ではドイツが最も多く143で，次いで，フランスの86，スペインの83であった。

26) インスブルックから下流域を下部イン河谷 Unterinntal と呼ぶ。

294　第Ⅲ部　現代の光景

27）チロルには279の市町村が存在する。こうした小規模な市町村の領域を超えた広域的な地域計画のために，2001年に36の地域計画連合が策定された。

28）Verein Regionalmanagement Mittleres Tiroler Unterinntal.
https://www.vivomondo.com/deine_welt/vereine/vereine_im_umkreis/verein_regionalmanagement_mittleres_tiroler_unterinntal

29）以下は，同ホームページ http://www.interreg.net/de/default.asp，およびオースリア側の地域マネジメント局ホームページ https://www.rm-tirol.at/regionen/wipptal/unsere-region/，イタリア側の GRW Wipptal のホームページ https://www.grw-wipptal.it/ に依拠した。

30）ANTRAG Entwicklungsstrategie CLLD-Gebiet von CLLD Gesamtregion Wipptal 2014–2020.

31）CLLD under ERDF/ESF in the EU: A stock-taking of its implementation.
https://ec.europa.eu/regional_policy/en/information/publications/studies/2018/clld-under-erdf-esf-in-the-eu-a-stock-taking-of-its-implementation

〔参考文献〕

BMLFUW (Bundesministerium für Land-und Forstwirtschaft und Wasserwirtschaft) (2016) *LE 07–13 Ex-Post Evaluierung EVvaluierungsbericht 2016–TEIL A*, p.182.

CEC (European Commission) (1985) *A future for community agriculture: Commission guidelines following the consultation in connection with the Green Paper. COM* (85) 750 final, Luxembourg: Official Publications of the European Communiteies.

CEC (European Commission) (1986) *Integrated Mediterranean Programmes. Euroepan File 1/86*, Luxembourg: Office for Official Publications of the European Communities.

CEC (European Commission) (1988) The future of rural society, *Bulletin of the European Communities. Supplement 4/88 COM* (88) 501, Luxembourg: Official Publications of the European Communiteies.

CEC (European Commission) (1999) *ESDP - European Spatial Development Perspective: Towards Balanced and Sustainable Development of the Territoryof the European Union*, Luxembourg: Office for Official Publications of the European Communities.

CEC (European Commission) (2006) *The Leader approach — A basic guide.* Luxembourg: Office for Official Publications of the European Communities, *Growing Regions, growing Europe- Fourth report on economic and social cohesion*, Luxembourg: Office for Official Publications of the European Communities.

CEC (European Commission) (2008a) *EU Cohesion Policy 1988–2008: Investing in*

Europe's future, Luxembourg: Office for Official Publications of the European Communities.

CEC (European Commission) (2008b) *Green Paper on Territorial Cohesion Turning territorial diversity into strength. COM* (2008) 616 final, Luxembourg: Office for Official Publications of the European Communities.

CEC (European Commission) (2010) EUROPE2020 A European strategy for smart, sustainable and inclusive growth, Luxembourg: Office for Official Publications of the European Communities.

Copus, A.K. and Well, L.v. (2015) Parallel Worlds? Comparing the perspectives and rationales of EU Rural Development and Cohesion Policy. In: Copus, A.K. and Lima, P. eds. *Territorial Cohesion in Rural Europe,* London:Routledge, 53–78.

Dax, T. 2015. The evolution of European Rural Policy. In: Copus, A.K. and Lima, P. eds. *Territorial Cohesion in Rural Europe,* London:Routledge, 35–52.

ENRD (Euroepan Network for Rural Development) (2018) *LEADER LAG Survey 2017 Findings at European Level ver.2.*

Eurostat (2019) *Methodological manual on territorial typologies 2018 edition,* Luxembourg: Office for Official Publications of the European Communities.

Romeo, L. (2015) What is territorial development?, *Great Insights,* 4 (4), pp. 15–17.

飯嶋曜子（1990）「ヨーロッパにおける国境を越えた地方自治体間連携」『経済地理学年報』45, pp. 79–99。

市田知子（2004）「EU 条件不利地域における農政の展開―ドイツを中心に―」農山漁村文化協会，p. 221。

市田知子（2009）「EU 農村地域振興の展開と「地域」」『歴史と経済』199, pp. 23–29.

市田知子（2014）LEADER の現状と2014年以降の展望．『農村イノベーションのための人材と組織の育成（6次産業化研究資料 第1号）』7 -15.

井上和衛（1999）『欧州連合［EU］の農村開発政策』筑波書房，p. 188。

梶田真（2012「ヨーロッパにおけるボトムアップ型・内発型農村開発をめぐる研究と議論」『地理学評論』85, pp. 587–607。

清水章一（2016）「EU の地域政策と地域間協力の進化」『岡山大学経済学会雑誌』47 (2), pp. 1–51.

辻悟一（2003）『EU の地域政策』世界思想社，p. 264。

松田祐子（2013）「EU における農村振興のリーダー的人材育成― LEADER 事業の成功の基礎条件―」『世界の主要国・地域の農業，貿易を巡る事情，政策等に関する研究（平成24年度カントリーレポート）』，pp. 13–34。

豊嘉哲（2016）『欧州統合と共通農業政策』芦書房，p. 202。

山川和彦・鈴木珠美（2010）「南チロルにおけるドイツ語系住民の集団的アイデンティティに関する一考察」『麗澤大学紀要』91, pp. 171–197。

第8章
日本林業の衰退・再編と 地域アイデンティティの模索

松尾 容孝

1．はじめに

1.1　背景と目的

　本章は，日本林業の展開・再編と先進林業地域の現状，新興地の取り組み，可能な代替方向の模索を検討することを目的とする。深刻な過疎化がさらに林業を困難にし，林業地域を周辺地域へと陥らせた。人口問題に関していえば，東アジアの国々は共通して類似した徴候：社会の高齢化，人口の不均等分布つまり過密な首都圏の人口集積と遠隔地の山村地域での人口減少，第一次産業従事者数の急激な減少を経験している。東アジアの他の国々よりも日本において早くこれらの徴候が生じたので，この研究は東アジアの類似した環境下にある林業と地域社会にとって有益であろう。

　先進林業地域については，吉野林業地域をケーススタディエリアとする。当地は18世紀（江戸時代中期）から20世紀第3四半世紀まで日本最大の林業地域であった。輸入材が全般的に国内の森林産業を衰退させたが，吉野林業地域はその高品質の木材と木材製品が評価されていたのでその上位の地位を1980年台まで保った。しかし，1990年台からの日本林業地域の再編の後，吉野を含む先進林業地域の持続可能性は不確実になった。

　新興地域における新たな林業の展開については岩手県をケーススタディエ

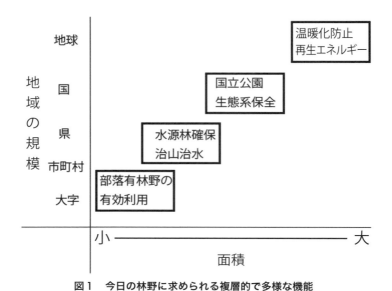

図1 今日の林野に求められる複層的で多様な機能

リアとする。

　新たな展開の方向は，林野がコモンズとして有する複層的で多様な機能を統合的に実体化する方向が望ましい。今日の先進国では，図1のような機能群が林野に対して期待されていると考えられるが，果たして今日の林業地の状況や山村の持続可能性に向けた取り組みは，それらを満たし，新たな地域アイデンティティとして確立していくのかを検討したい。

1.2　日本における林野と山村の特徴と現状

　日本では，林野への土地税の賦課はむしろ遅かった。低額の村請方式の税が近世期に課された。林野地片の私的な近代的所有は近代期，すなわち明治維新後の1870〜80年台に確立した。

　近世期に，里山（集落の林野のうち内側のエリア）における個々の世帯（家）による用益システムでの持分と，奥山（集落の林野のうち外側のエリ

ア）における地域社会による直接管理が考え出され，1870～80年台に林野所有と地租改正に基づく税体系が導入されるまで維持された。用益システムから保有システムへの移行は近代日本に進行し，排他的土地所有権は時間がたつとともに強化された。

　多様な林野利用が山村では盛んであった。山村の村落共同体は，往々２層もしくは３層からなり，村落共同体の機能をそれらの地域単位が分担して担った。すなわち，家々の集合の単位，近代行政村の部分単位＝封建時代の行政村（藩政村）かそれをいくつか集合した単位が分担して担った。そして，林野利用は一般に２つのタイプに分類される。一つは流域型＝流域内の村落共同体群が構築する型，もう一つは山体型＝ひとつの山に所在する村落共同体群が社会的まとまりの単位をなす型である。しかし，1950年台後半以降多様な林野利用は衰退・縮小して，育林生産への単一化が進行した。育林生産とは人工的な移植と苗木の撫育を意味する。多様な林野利用の衰退とほぼ同時期にたいてい山村の過疎化が起こった。1960年台から70年台まで育成林業が着実に進展したが，輸入材が，安価であることとかつ生活様式の変化のため，徐々に一般的な国産材にとってかわった。国産材の消費は全体の木材消費の20％前後にまで下がり，現在は再び30％台に回復している。

　1990年台以降アロマセラピー生産物，森林浴・森林遊歩などの森林セラピーツーリズム，それ以外の樹木生産物などの新しい林野利用が発達しはじめた。それらの経済的重要性が高まった。しかし，木材と育成林業の需要と重要性が依然として新たな経済活動よりも高い比重を占めるので，革新的な管理・経営によって安定的で強靭な林業と林業地域を維持することが必要である。しかし，現状は多くの山村において林業を利益が上がる産業として確立することが容易ではない。林業経営からの撤退・廃業と従事者の高齢化が1970年台から今日まで続いている。2000～2010年以降，経済的観点のみで林野と森林管理を政策的・物理的に支援することが困難になったので，政府は林野の環境・保養価値を考慮し始めた。

　たいていの山村は明治時代後半以後日本全域における相対的ウェートが低

下した。全人口の増加にもかかわらず，山村の絶対人口は1950年代まで変化なく停滞し，その人口の相対的比率は1890年台から徐々に減少し続けた。1950年台後半から人口減少が山村を特徴づけ始めた。明治中期には日本の全人口のおよそ15～17%を占めていた山村人口の比率は，現在では4%かそれ以下になっている。所有者が不明で手入れが放棄された耕地や林野が拡大している。

2．林野・地域社会・育成林業の史的展開

2.1　土地への租税の画期と林野

　日本の土地の仕組みの中で林野（山野）はユニークな位置を占める。そのユニークさは課税時期と野生度・文明度の2指標によって検証できる。土地への課税の有無は土地が政府の所有かそれとも私的所有か，および未開発の野生地かそれとも開発地かによって決まっていた。土地への課税はさまざまな局面で生じた（図2）。土地への課税はまず政府が所有する開発地や政府が管理する開発地に課せられた。水田は典型的な政府が管理する開発地で

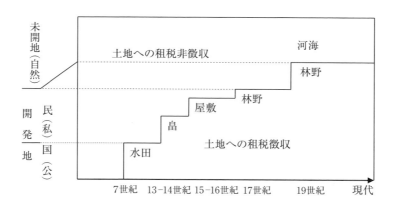

図2　土地への課税の画期と画期を生じる契機の歴史

あった。その後，土地税が私的開発地，特に畑と屋敷に課せられた。屋敷は畑よりも私的に開発・管理されていたので，課税の時期が遅かった。

林野は中世までは未開発の野生地と見なされていたので，林野への課税はなかった。近世期の初頭に林野は部分的に開発地に編入された。林野の一部は薪・木材・食料を得るのに利用された。しかし，大半の林野はまだ野生地と見なされていたので林野への課税は小物成で低額であった。所によっては，林野が定期的に焼畑に利用されていたので，土地への課税がなされた。現代では，政府は林野を私的な開発地と見なし，田畑に課すのと同じように税を課す。河海は未開発の野生地として税が課されていない。

2.2 林野基盤社会

林野資源に依存する地域社会（村落共同体）は，林野の持続可能な利用が広範な林野エリアの管理を必要とするので，たいてい共同体の内部におよび外部の共同体との間で規則（議定書）を作っている。資源が開発されて林野から持ち出されるとき，一般に河川流域が村落共同体間相互の管理単位になる。この場合を流域型という。資源が林野内で消費されるときは，一般に一山全体が村落共同体間相互の管理単位になる。この場合を山体型という。これら2タイプが図3に示されている。林業地域は流域型の典型，放牧地域は山体型の典型である。

山村集落では，山地エリアは2つに分かれる：里山（集落の林野のうち内側のエリア，図3のⅡ）と奥山（集落の林野のうち外側のエリア，図3のⅢとⅣ）。奥山はさらに2つ（ⅢとⅣ）に分かれる。Ⅲは外側エリアの近い方の部分で，村落共同体が直接管理するか持分を保有する全構成員が管理する。一方，Ⅳは外側エリアの遠い方の部分で，村落共同体が管理し，利益をもとめる人々が利用する権利を得，用益に対する代価を支払う。明治維新の後，里山はたいてい村落共同体を構成する各世帯の財産になり，奥山は所有権を証明できた場合，村落共同体の所有に帰した。

第Ⅲ部　現代の光景

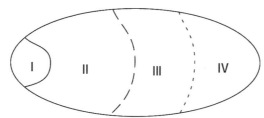

山村集落の構成要素：Ⅰ, Ⅱ, Ⅲ, Ⅳ

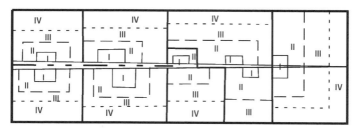

流域型の村々(郷など)のまとまり

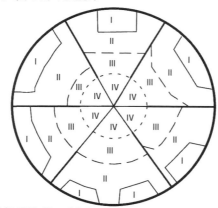

山体型の村々(郷など)のまとまり

図3　山村共同体の2つの結合タイプ―流域型と山体型―

Ⅰ：屋敷と農地，Ⅱ：里山（村落共同体を構成する家≒世帯の持分），Ⅲ：奥山のうちの近い方の部分（江戸時代は共同体が保有して直接運営），Ⅳ：奥山のうちの遠い方の部分（江戸時代は共同体が保有して分収や年限貸与）。

2.3 近世期と近代期の育成林業地域

　17世紀から19世紀末までの林業は今日の林業と同じではない。開墾・栽培方法が需要・利用・物理的条件等によって異なった。江戸時代には自然に生長した杉・檜・松等の樹木を育て，個々の林地の立木の目録を樹高や目どおりの直径と本数によって定期的に作成・記録して，必要な時に択伐していた。立木資源が豊富なときは，注意深い管理の下で，森林を伐採した。造林は適する林地片に時々行ったが，皆伐はまれであった。種子からの植林や開拓地への植林は，品質・利用・天候によって選択された。高齢木の択伐はよく行われ，植林は限定的で補足的であった。最も先進的な育成林業地域においてのみ，立木の皆伐や引き続いて同時に全伐採区域へ再造林することが江戸時代から実施された。吉野林業地域の中心地では奥山においても18世紀後半から皆伐・再造林が行われるに至った。

　日本の先進林業地域は，江戸から明治時代つまり17世紀から19世紀末の間に成立した。既存研究・歴史資料・林野庁編纂資料・森林組合や森林管理署や市町村役場の記念刊行物により，広域経済を対象とする江戸時代成立の育成林業，明治時代成立の育成林業，江戸〜明治初期の採取林業の地域を図化すると，図4のようになる。

　江戸時代，採取林業（略奪林業）は全ての封建領国が管理運営したが，それは自らの領国内部と自給的利用に供された。それらについては図4に示していない。図4には商取引がなされた林業だけを示している。採取林業（略奪林業）は厳密な管理運営によってのみ可能であった。木曽地域一帯の天領で営まれていた木曽林業が最大であった。明治時代以後採取林業は管理の不在と立木資源をすべて消費したことによって消滅した。

　江戸時代にはいくつかの育成林業地域があった：山城（京都）の北山（山国）林業，大和（奈良）の吉野林業，紀伊（三重）の尾鷲林業，遠江（静岡）の天竜林業，武蔵（埼玉と東京）の西川・名栗林業と青梅林業，上総（千葉）の山武林業，日向（宮崎）の飫肥林業。大半は多くの農民，職人，商人によっ

304　第Ⅲ部　現代の光景

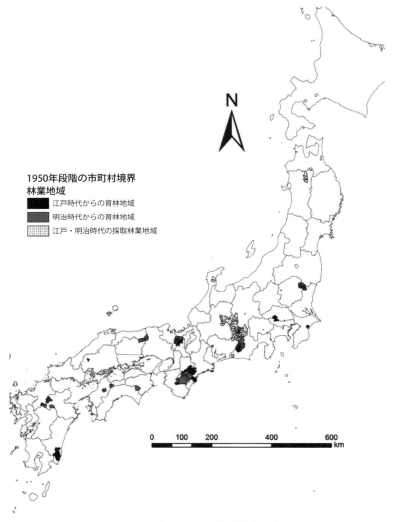

図4　日本における歴史的林業地域

注）既存研究，編纂された歴史資料，林野庁・森林管理署や地方政府の記念出版物を用いて作成。

第8章　日本林業の衰退・再編と地域アイデンティティの模索　305

て管理されていた。多くの協同組合が設立され，それぞれの生産・加工・流通の構造とシステムがつくられた。それゆえ，明治時代になるとこれらの地域のほとんどの林野は住民と村落共同体による私的所有となった。飫肥林業地域の林野だけが江戸時代に封建領主の関与があったため国有林になった。

　明治維新の後，地租改正による土地所有の確定と土地台帳の編纂が1872年から1880年台まで行われた。この土地台帳は林野所有にとって初めてかつ決定的な重要性があった。政府は，所有権の決定に際して，全ての人とムラや機関に対してその林地の排他的利用かその林地での経済活動を証明することを要求した。薪や緑肥の採集のような自給的利用の場合は証明が困難であったため，少なくない林地が国有林として登記された。江戸時代に商業的林野利用が盛んであった地域では国有林野比率は小さく，自給的利用地域では国有林野比率が高い（図5）。

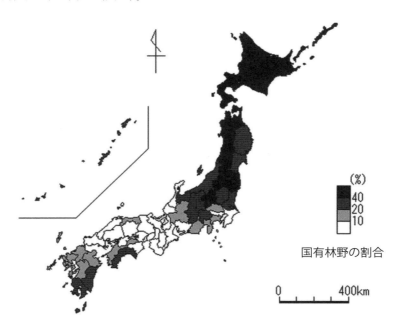

図5　国有林野の割合の地域差

306　第Ⅲ部　現代の光景

　江戸時代の先進林業地域に隣接する地域や江戸時代に木工産業が繁栄していた地域が明治時代に育成林業地域になった。上記の地域以外には明治時代に育成林業は一般的でなかった。

　日本では育成林業は第二次世界大戦後までそれほど進展しなかった。災害や洪水から地域を守るため造林が勧められて行われた。1897年の森林法の制定はこの延長線上に位置する。1907年の法改正で国有林と公有林では管理プランが強制（必須）になり，1939年の法改正では50ha以上の森林所有者にも管理プランの必須が拡大された。これらの法が，新たな育成林業地域の創出を促したが，効果は限られていた。第二次世界大戦以後，伐採面積と植林面積との間のギャップが拡大し，度重なる災害と木材不足が造林の成長と新たな育林地域の拡大をもたらした。多様な林野利用の衰退と育林利用への単一化がこの動きを加速した。1950年台に新たな山地に植林エリアがかなり増加し，1980年台まで続いた。

　しかし，1960年台以降輸入木材が徐々に木材消費を主導するようになった。国産材市場と木工職人や大工は戦後日本における国民の生活スタイルの変化や新たな好みに十分対応できず，住宅を建築する人や建築メーカーは商社から輸入材を購入するようになり，商社が主な住宅や家具木工品の供給者となった。この結果，国産材ビジネスの伝統的な関係者の後退が進行した。

3．1970年台以降の林業の景気変動とその地域分化

3.1　不景気の概要

　日本における木材生産と再造林・拡大造林の長期的変化を図6と図7に示した。図6は総丸太生産量を示している。木材と木材以外の全生産量である。薪ときのこのほだ木が木材以外の例である。1973年まで4000万㎥/年の生産量であった。その後，生産量は徐々に減少し，1980年台まで3000万㎥/年以上の生産量があったが，1990年から2002年の間に1500万㎥/年にまで低下し，

第8章 日本林業の衰退・再編と地域アイデンティティの模索　307

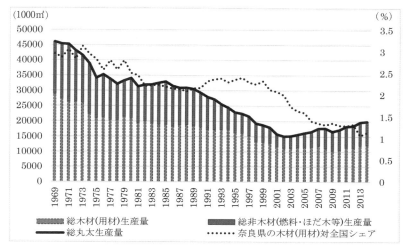

図6　木材と木材以外の丸太の全生産量の変化と奈良県の木材のシェアの低下

その後，需要が2014年に約2000万㎥/年まで回復した。

　図7(1)と図7(2)から，公有林や私有林における造林が減少しつつも　一定程度なされているのに対して，国有林での毎年の造林が1980年台以降かなり減少していること，再造林が安定的に行われているのに対して拡大造林が1970年台から1990年台の間に大幅に減少したことがわかる。最低量の丸太生産は2001年に記録された。2001年以降現在まで，丸太生産は徐々に増加し始めた。造林面積は2010年から2012年までの間に最低になり，2012年以降ゆるやかに増加している。

　ともかく，現在の丸太生産量は1960年台から1970年台前半の半分以下で，造林面積は1970年台から1980年台前半の5分の1以下である。第二次世界大戦以後の拡大造林政策は植林にあまり適していない林野にまで適用された。この間に，輸入材が国産材を凌駕して木材市場の動向を左右するようになり，拡大造林と新たな植林地の立木は経済的展望がないまま1990年台まで続けられ，森林環境の観点からみても不適当であった。2001年に林業基本法が森林・林業基本法に改正された。森林・林業基本法は，育成林業を森林の主

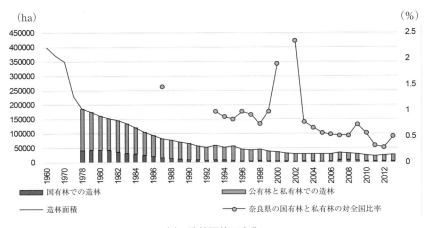

(1) 造林面積の変化

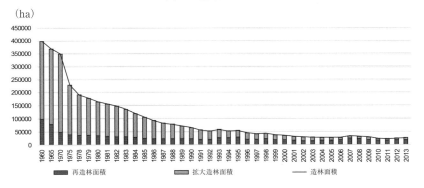

(2) 再造林と拡大造林の比率の変化

図7　造林面積の変化と再造林と拡大造林の比率の変化

要な機能からさまざまな機能のうちの一つへと相対化した。要するに，1970年台以降，とりわけ1980年台以降，日本林業は長期的不景気に突入した。2010年台以降，林業は再生の徴候と困難克服の糸口を見いだす状態になったが，それはまだ部分的で限定的である。林業が困難から脱却した後も，用材を対象とする造林面積はそれほど伸長せず，大幅な輸出の増加が生じなければ用材需要は3000万m³/年未満が続くであろう。

3.2 林業地域間の活力の比較

　図6と図7(1)は全国における木材生産量と造林面積に占める奈良県のそれぞれの比率も示している。その比率はそれぞれ1960年台後半の3%前後から1%, 0.5%に下がっている。つまり, 奈良県はかつて最先進林業地域であったがその強みと優位性を喪失したのである。この節では, 日本における先進林業地域が一般的に活力を減じたのかそれともそうではないのか, 奈良県の林業地域が優位性を減じたのはなぜかを検討する。

　表1と表2は杉と檜の立木価格の県別順の1997年から2010年までの間の変化を示している。日本における杉と檜の立木価格が最も高かったのは1980年で, 杉は22,700円/㎥, 檜は42,900円/㎥であった。その後急速に下落し, 2005年には杉が3,600円/㎥, 檜が12,000円/㎥になっている。各県の価格もほぼ国の平均価格と同じように変化している。表1と表2において順位を11以上上げた県と上位6位以内の県を活力ある林業地域と見なす。逆に, 順位を11以上落とした県と下位6位以内の県を衰退林業地域と見なす。表中で, 活力ある県は太字で, また衰退林業地域はイタリックで表現している。"rs"はスペアマンの順位相関係数（ρ）を指し,（ρ）は $1-6\Sigma D^2/(N^3-N)$ である。ここで, Dは1の時期と2の時期における順位の差異を指す。分子の$6\Sigma D^2$と分母の（N^3-N）と"rs"のρを計算して表1と表2に表示した。"rs" = 1は時期1と時期2の間で全く順位が変化しなかったことを意味し, "rs" = 0は順位が完全に逆転したことを意味する。なお, 北海道（1, 都道府県コード番号：図8参照。以下同じ）と沖縄県（47）は気候的に杉・檜の生育に適さない地域なので, 表に掲げていない。

　表1と表2から, 杉・檜ともに2001〜2002年の期間に最大の順位変動, 1999〜2000年の期間に2番目に大きな順位変動を経験したことがわかる。現在, 杉・檜について活力ある林業県は東北地方, 北関東, 九州と福井県（18）と滋賀県（25）である。一方, 杉・檜について衰退林業県は東京都（13）とその隣接県, 近畿地方の一部, 瀬戸内の県である。これらから, 活力ある林

310　第Ⅲ部　現代の光景

表1　1997年から2010年までの杉の立木価格の都道府県別順位とスペアマンの順位相

県コード番号	都道府県	1997 rank	1998 rank	1999 rank	2000 rank	2001 rank	2002 rank	2003 rank	2004 rank	2005 rank	2006 rank	2007 rank	2008 rank	2009 rank	2010 rank
2	青森	12	12	12	11	13	12	16	19	15	22	11	11	8	7
3	岩手	20	18	20	19	18	15	19	22	18	13	9	10	7	8
4	宮城	31	29	36	35	31	32	32	29	23	23	25	22	16	19
5	秋田	16	14	17	16	17	10	14	20	13	17	17	19	12	12
6	山形	9	8	8	9	4	2	4	5	4	3	3	3	3	1
7	福島	10	9	7	6	5	4	3	6	8	6	4	4	10	9
8	茨城	6	6	6	8	7	11	12	11	10	9	10	8	4	5
9	栃木	13	13	13	12	10	9	13	10	7	8	8	7	6	4
10	群馬	30	30	28	28	25	38	39	38	31	41	37	35	34	33
11	埼玉	5	4	5	13	3	9	8	9	6	5	6	6	9	10
12	千葉	1	1	1	5	12	21	27	40	38	35	42	42	42	42
13	東京	24	39	45	45	45	41	43	43	43	43	43	43	43	43
14	神奈川	15	19	19	43	42	27	35	31	34	38	34	33	33	34
15	新潟	7	7	11	10	11	8	7	7	5	4	5	5	5	6
16	富山	3	3	3	4	9	7	10	17	17	16	15	15	24	25
17	石川	17	16	14	14	14	20	18	12	19	18	16	13	13	13
18	福井	4	5	4	2	8	1	2	1	1	2	2	2	1	2
19	山梨	14	15	15	15	19	17	26	26	24	24	24	32	37	36
20	長野	28	28	27	29	29	43	42	42	40	39	35	38	37	36
21	岐阜	23	21	21	21	22	31	34	34	32	32	31	31	29	30
22	静岡	25	23	29	25	20	13	9	8	12	15	22	28	38	38
23	愛知	29	27	26	24	23	19	29	32	35	36	36	34	36	37
24	三重	11	10	10	7	6	6	6	4	9	10	12	12	14	15
25	滋賀	8	11	9	3	2	5	5	2	2	1	1	1	2	3
26	京都	27	26	23	23	26	37	37	37	33	31	28	25	22	26
27	大阪	21	24	25	31	33	45	45	45	45	45	45	45	45	45
28	兵庫	38	37	42	40	38	40	40	36	41	40	40	39	40	41
29	奈良	2	2	2	1	1	3	1	3	3	7	7	9	18	
30	和歌山	22	22	22	17	15	30	21	15	20	20	20	23	21	24
31	鳥取	33	33	33	27	30	25	22	21	27	27	30	26	17	23
32	島根	40	41	40	36	32	26	17	14	14	12	14	18	31	27
33	岡山	18	17	16	18	16	16	15	16	16	14	18	16	20	14
34	広島	34	32	30	26	24	24	20	39	42	42	41	41	41	39
35	山口	37	34	37	30	36	34	31	28	26	26	29	29	26	29
36	徳島	26	25	24	22	21	14	11	13	11	11	19	17	15	20
37	香川	35	35	31	33	28	44	44	44	44	44	44	44	44	44
38	愛媛	41	40	38	37	34	33	30	27	25	25	32	30	30	31
39	高知	39	38	34	32	35	35	33	30	37	34	33	36	32	32
40	福岡	43	43	41	41	39	22	25	24	36	33	38	40	39	40
41	佐賀	44	44	44	44	43	42	41	41	39	37	39	37	35	35
42	長崎	19	20	18	20	27	28	28	23	22	21	26	27	25	16
43	熊本	45	45	43	42	41	39	38	33	29	29	23	20	18	22
44	大分	42	42	39	39	40	23	23	25	28	30	21	21	27	21
45	宮崎	36	36	35	38	37	29	24	18	21	19	13	14	11	11
46	鹿児島	32	31	33	34	44	36	36	35	30	28	27	24	23	17

分子 $1-6\Sigma D^2$
分母 N^3-N
rs　*1

注）"rs"はスペアマン Spearman の順位相関係数を指す。都道府県欄において左寄せ太いゴチ文

関係数の変化

97-98	98-99	99-00	00-01	01-02	02-03	03-04	04-05	05-06	06-07	07-08	08-09	09-10	1997-2010年の偏差の合計値
0	0	1	4	1	16	9	16	49	121	0	9	1	227
4	4	1	1	9	16	9	16	25	16	1	9	1	112
4	49	1	16	1	0	9	36	0	4	9	36	9	174
4	9	1	1	49	16	36	49	16	0	4	49	0	234
1	0	1	25	4	4	1	1	1	0	0	0	4	42
1	4	1	1	1	1	9	4	4	4	0	36	1	67
0	0	4	1	16	1	1	1	1	1	4	16	1	47
0	0	1	4	64	25	9	9	1	0	1	1	4	119
0	4	0	9	169	1	1	49	100	16	4	1	1	355
1	1	64	100	36	1	1	9	1	1	0	9	1	225
0	0	16	49	81	36	169	4	9	49	0	1	0	414
225	36	0	0	16	4	0	0	0	0	0	0	0	281
16	0	576	1	225	64	16	9	16	16	1	0	1	941
0	16	1	1	9	1	0	4	1	1	0	0	1	35
0	0	1	25	4	9	49	0	1	1	0	81	1	172
1	4	0	0	36	4	36	49	1	4	9	0	0	144
1	1	4	36	49	1	1	0	1	0	0	1	1	96
1	0	0	16	4	81	0	4	0	0	64	16	1	187
0	1	4	0	196	1	0	4	1	16	9	1	1	234
4	0	0	1	81	9	0	4	0	1	0	4	1	105
4	36	16	25	49	16	1	16	9	49	36	100	0	357
4	1	4	1	16	100	9	9	1	0	4	4	1	154
1	0	9	0	9	0	4	25	1	4	0	4	1	50
9	4	36	1	9	0	9	0	1	0	0	1	1	71
1	9	0	9	121	0	0	16	4	9	9	9	16	203
9	1	36	4	144	0	0	0	0	0	0	0	0	194
1	25	4	4	4	0	16	25	1	0	1	1	1	83
0	0	1	0	4	4	4	0	16	0	4	100	1	134
0	0	25	4	225	81	36	25	0	0	9	4	9	418
0	1	25	9	25	9	1	36	0	9	16	81	36	248
1	1	16	16	36	81	9	0	4	4	16	169	16	369
1	1	4	4	0	1	1	0	4	16	4	16	36	88
4	4	16	4	0	16	361	9	0	1	0	0	4	419
9	9	49	36	4	9	9	4	0	9	0	9	4	151
1	1	4	1	49	9	4	4	0	64	4	4	25	170
0	16	4	25	256	0	0	0	0	0	0	0	0	301
1	4	1	9	1	9	9	4	0	49	4	0	1	92
1	16	4	9	0	4	9	49	9	1	9	16	0	127
0	4	0	4	289	9	1	144	9	25	4	1	1	491
0	0	0	1	1	1	1	0	4	4	4	4	0	23
1	4	4	49	1	0	25	1	1	25	1	4	81	197
0	4	1	1	4	1	25	16	0	36	9	4	16	117
0	9	0	1	289	0	4	9	4	81	0	36	36	469
0	1	9	1	64	25	36	9	4	36	1	9	0	195
1	4	1	100	64	0	1	25	4	1	9	1	36	247
1758	1680	5676	3660	16236	3996	5580	4188	1824	4044	1500	5082	2112	
91080	91080	91080	91080	91080	91080	91080	91080	91080	91080	91080	91080	91080	
0.98	0.98	0.94	0.96	0.82	0.96	0.94	0.95	0.98	0.96	0.98	0.94	0.98	

字の県は産出材の市場価値を高めた県，右寄せ斜字体の県は産出材の市場価値を下落させた県。

表2　1997年から2010年までの檜の立木価格の都道府県別順位とスペアマンの順位相

県コード番号	都道府県	1997 rank	1998 rank	1999 rank	2000 rank	2001 rank	2002 rank	2003 rank	2004 rank	2005 rank	2006 rank	2007 rank	2008 rank	2009 rank	2010 rank
2	（青森）	38	34	32	27	17	3	2							
3	**岩手**	19	13	12	9	10	9	12	11	10	9	7	5	3	4
4	**宮城**	32	29	31	31	24	18	16	14	13	12	11	8	7	13
5	（秋田）	37	39	42	43										
6	（山形）	45	45	45	45										
7	**福島**	14	11	11	12	12	5	8	5	4	5	5	4	8	6
8	茨城	15	18	16	30	27	16	14	13	11	13	12	12	10	12
9	**栃木**	17	15	20	15	9	13	10	9	8	3	3	3	4	2
10	**群馬**	35	36	36	33	34	30	27	19	19	17	17	13	15	10
11	埼玉	3	6	6	5	7	4	5	6	5	8	6	6	9	7
12	（千葉）	24	19	14	38	39	42	40	37						
13	（東京）	26	33	33	34	33	20	22							
14	（神奈川）	22	26	26	25	20	29	24	26						
15	（新潟）	18	22	21	17	30	15								
16	（富山）	39	38	34	19	29	14								
17	石川	20	20	15	8	11	10	9	7	9	11	13	10	16	16
18	**福井**	6	4	2	3	6	7	7	4	3	2	2	2	1	1
19	山梨	12	12	18	21	21	19	18	15	14	10	15	18	11	11
20	長野	16	16	19	22	19	24	23	18	16	15	16	15	17	14
21	岐阜	10	10	10	7	5	8	6	8	7	4	4	9	6	9
22	**静岡**	30	32	27	23	22	21	13	12	12	14	10	17	14	17
23	愛知	29	27	25	28	26	28	28	21	17	21	24	19	21	21
24	三重	2	2	4	2	2	6	4	3	6	6	8	7	13	8
25	**滋賀**	5	3	5	6	4	2	3	2	2	1	1	1	2	3
26	*京都*	8	8	8	10	13	12	20	25	20	18	19	24	26	26
27	（大阪）	4	5	7	13	18									
28	*兵庫*	21	23	22	32	28	35	36	34	30	30	33	32	32	33
29	**奈良**	1	1	1	1	1	1	1	1	1	7	9	11	5	5
30	*和歌山*	7	7	3	4	3	11	11	10	15	16	14	14	19	18
31	鳥取	13	14	13	14	14	22	19	17	22	19	18	16	12	15
32	島根	25	21	23	16	16	26	21	23	21	23	21	21	20	19
33	*岡山*	9	9	9	11	8	17	25	24	27	25	23	22	22	20
34	*広島*	11	17	17	20	25	25	17	22	26	27	30	30	31	27
35	山口	28	25	29	26	23	38	35	31	28	28	31	31	29	30
36	徳島	27	24	24	18	15	23	15	16	18	20	18	26	30	28
37	（香川）	33	28	28	24	32	31	26							
38	愛媛	31	37	37	35	35	37	32	28	29	29	28	29	27	29
39	*高知*	23	31	35	36	37	39	37	35	35	35	34	34	35	34
40	福岡	44	44	44	44	43	36	33	29	34	34	35	34	35	35
41	**佐賀**	43	43	43	42	42	40	39	36	33	33	29	28	28	31
42	**長崎**	34	30	30	29	31	27	30	27	24	22	20	20	18	22
43	**熊本**	40	40	39	37	36	33	34	30	31	31	27	27	24	25
44	**大分**	42	41	40	41	40	32	29	20	23	24	22	25	25	23
45	**宮崎**	41	42	41	40	41	41	38	33	25	26	25	23	23	24
46	鹿児島	36	35	38	39	38	34	31	32	32	32	32	33	33	32

対象県数
分子1-6ΣD²
分母N³-N
rs　*1

注）"rs"はスペアマン順位相関係数。太字左寄せの県は檜の立木の市場価値を高めたか高い順位を

関係数の変化

97-98	98-99	99-00	00-01	01-02	02-03	03-04	04-05	05-06	06-07	07-08	08-09	09-10	14年間の偏差の和
16	4	25	100	196	1								342
36	1	9	1	1	9	1	1	1	4	4	4	1	73
9	4	0	49	36	4	4	1	1	1	9	1	36	155
4	9	1											14
0	0	0											0
9	0	1	0	49	9	9	1	1	0	1	16	4	100
9	4	196	9	121	4	1	4	4	1	0	4	4	361
4	25	25	36	16	9	1	1	25	0	0	1	4	147
1	0	9	1	16	9	64	0	4	0	16	4	25	149
9	0	1	4	9	1	1	1	9	4	0	9	4	52
25	25	576	1	9	4	9							649
49	0	1	1	169	4								224
16	0	1	25	81	25	4							152
16	1	16	169	225									427
1	16	225	100	225									567
0	25	49	9	1	1	4	4	4	4	9	36	0	146
4	4	1	9	1	0	9	1	1	0	0	1	0	31
0	36	9	0	4	1	9	1	16	25	9	49	0	159
0	9	9	9	25	1	25	4	1	1	1	4	9	98
0	0	9	4	9	4	4	1	9	0	25	9	9	83
4	25	16	1	1	64	1	0	4	16	49	9	9	199
4	4	9	4	4	0	49	16	16	9	25	4	0	144
0	4	4	0	16	4	1	9	0	4	1	36	25	104
4	4	1	4	4	1	1	0	1	0	0	1	1	22
0	0	4	9	1	64	25	25	4	1	25	4	0	162
1	4	36	25										66
4	1	100	16	49	1	4	16	0	9	1	0	1	202
0	0	0	0	0	0	0	0	36	4	4	36	0	80
0	16	1	1	64	0	1	25	1	4	0	25	1	139
1	1	1	0	64	9	4	25	9	1	4	16	9	144
16	4	49	0	100	25	4	4	4	4	0	1	1	212
0	0	4	9	81	64	1	9	4	4	1	0	4	181
36	0	9	25	0	64	25	16	1	9	0	1	16	202
9	16	9	9	225	9	16	9	0	9	0	4	1	316
9	0	36	9	64	64	1	4	4	36	0	16	4	247
25	0	16	64	1	25								131
36	0	4	0	4	25	16	1	0	1	1	4	4	96
64	16	1	1	4	4	4	0	0	1	0	1	1	97
0	0	0	1	49	9	16	25	0	1	0	1	1	103
0	0	1	0	4	1	9	9	0	16	1	0	9	50
16	0	1	4	16	9	9	9	4	4	0	4	16	92
0	1	4	1	9	1	16	1	0	16	0	9	1	59
1	1	1	1	64	9	81	0	1	4	9	0	4	185
1	1	1	1	0	9	25	64	1	0	0	0	1	109
1	9	1	1	16	9	1	0	0	0	1	0	1	40
45	45	45	43	42	40	37	35	35	35	35	35	35	
2640	1620	8832	4278	12198	3336	2730	1776	996	1164	1200	1860	1236	
91080	91080	91080	79464	74046	63960	50616	42840	42840	42840	42840	42840	42840	
0.97	0.98	0.90	0.95	0.84	0.95	0.95	0.96	0.98	0.97	0.97	0.96	0.97	

維持した県，斜字右寄せの県は経済的地位を下げた県。

業をこれまでと同様に維持している県もあるが，近年の林業立地が人口稠密な主たる木材消費地域の隣接エリアから東北地方や九州地方などより遠方の周辺地域にシフトしていることがわかる。

　杉に関していえば，奈良県（29）同様千葉県（12）が歴史的には先進的な林業地域で（図4），かつては第1位の順位を占めていたが，1990年台後半や2000年台にこの地位を失った。しかし，山形県（6），茨城県（8），新潟県（15），福井県，滋賀県は上位の地位を失っていないし，埼玉県（11）は今日までその地位を維持する順応力がある。これらの地域群の中では，茨城県と埼玉県に先進林業地域がある。

　檜に関していえば，2000年台前半以降10都府県での檜の取引があまりに少なくなって檜の立木価格を求めることが困難になっている。青森県（2），秋田県（5），山形県，千葉県，東京都，神奈川県（14），新潟県，富山県（16），大阪府（27），香川県（37）である。これらの県は檜に関する育成林業の対象外であり，現状下ではその状態からの回復が困難と思われる。京都府（26）のような先進林業地域はその地位を喪失した。奈良県と埼玉県もその地位を失いつつあるが，これまでの地位を回復しようとしている。他方，岩手県（3），福島県（7），栃木県（9），福井県，滋賀県は，上位の順位を獲得あるいは維持している。栃木県，埼玉県，静岡県（22），三重県（24），奈良県には先進林業地域があり，上位の地位から脱落しないように努力している。

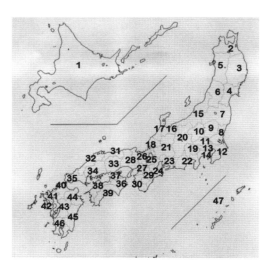

図8　日本の都道府県と都道府県コード番号

　活力ある林業地域には2

つのタイプがある。第一のタイプは，上位の順位を維持し，さらに上位を目指すタイプである。山形県，福井県，滋賀県がこのタイプの例である。第二のタイプは，以前はそれほどでなかったが一歩ずつ順位の上昇に努めてきたタイプである。岩手県，宮城県，栃木県，熊本県，大分県，宮崎県，鹿児島県がこのタイプの例で，ほぼ東北地方と九州地方に所在する。このことから，現在の育成林業は都市圏から遠方の地域において適した産業になってきていることがわかる。

3.3　先進林業地域の衰退の理由：奈良県吉野林業地域の場合

1 m³当たり山元立木価格を日本の平均価格と奈良県の価格で比較すると，奈良県の方が数千円高かった。しかし，差額は1990年台後半から縮み，2008～2009年には微々たる差になった（図9）。素材市場の丸太（素材）価格は山元立木価格と比べてずっと高い。山元立木価格も丸太価格も最も高かった1980年の日本の平均価格と奈良県の価格は，山元立木価格が22,700円/m³と28,700円/m³，杉の丸太価格が38,700円/m³と78,300円/m³（吉野市売り市場での価格）であった。吉野市売り市場は生産者が主体になって設立した市場

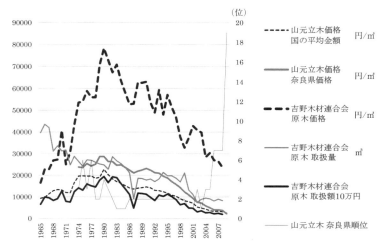

図9　奈良県吉野林業地域における立木と丸太(素材)の価格と素材取扱量の推移

316 第Ⅲ部 現代の光景

として有名である。しかし，その後，山元立木価格も丸太価格も暴落した。
2008年には山元立木価格は3,200円/㎥と3,800円/㎥，杉の丸太価格は11,800
円/㎥と23,600円/㎥になった。奈良県の山元立木価格の順位は2009年45位
中19位に下がった。

　山元立木価格と丸太（素材）価格がともに急速に下落したため，育成林業
を経済的に営むことが困難になった。山元立木価格は国平均ではもとの
14%，吉野では13%程度に下落し，丸太価格はともに30%に下落したから，
国と奈良での下落は同じであったといえる。しかし，日本平均と奈良・吉野
の間の価格差をネットでみた場合，杉の山元立木で6,000円差→600円差，杉
の丸太で39,600円差→11,800円差にそれぞれ縮小した。したがって，価格低
下によるネットでの衰退は吉野地域の方が大きかった。こうして，市場にお
ける吉野林業の高い評価は崩壊し，そのために林業経営者や森林所有者は伐
採を控えるようになった。吉野林業地域の丸太と木材の取扱量は極端に減少
した。

　上述したように，同様の徴候が国全体で進行したが，価格低下によるダ
メージは純益の大幅な喪失によって奈良県の方が深刻であった。加えて，よ
り高い山林労賃が奈良県では重くのしかかった。奈良県の方が除草，植林，
間伐，伐採費が高く，長年確立してきた既存の雇用構造と造林地の急傾斜度
に応じてコストはより高くなった。この点が林業の収益性を阻害し，林業関
連の職業の縮小をもたらし，従業者の高齢化や林業の廃業を引き起こした。
上記の状態によって，もともと高い優位性や上質性を持っていたにもかかわ
らず，日本における奈良県の林業の地位は低下した。

4．吉野林業地域での取り組み

4.1　中心域，中間域，周辺域の分化

　吉野林業地域は3地域からなる。中心域，中間域，周辺域である。川上村

第8章　日本林業の衰退・再編と地域アイデンティティの模索　317

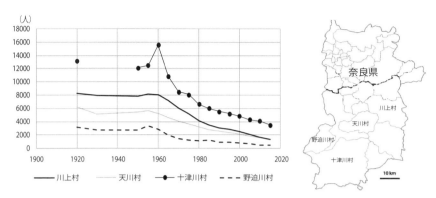

図10　奈良県の吉野林業地域と4カ村(川上村, 天川村, 十津川村, 野迫川村)の人口の変化

は中核の中心域である。天川村と十津川村は中間域, 野迫川村は周辺域に属する。図10はこれら4村の人口の推移を示している。1960年以前の数値はそれぞれの林業地域の生産性, 人口支持力を反映している。1960年以後, 4村とも深刻な人口減少を生じるに至った。

長期間にわたる人口減少の結果として, 多くの周辺域の山村ではほとんどの住民がいなくなった。野迫川村では既存部落の3分の2以上がこの20〜30年の間に消滅する危険がある。セカンドホームが増加し, 荒廃地と無住地が拡大し, 多くの大規模林業家が倒産し, あるいは林業をやめている。

中間域では多くの林業関連事業体が活動を休止している。天川村では林業経営者・林業従事者がほとんどいなくなった。中間域は, 都市域から遠隔地に所在するため代替の職業に乏しいので, 林業を再生することに熱心な地方公共団体もある。十津川村はこの例である。

中心域の川上村では, 伝統的な構造・メカニズムがかなり解体して地元の多くの山守が職をやめて都市に転出したけれども, 役場や一定程度の山守が林業を再生するのに熱心である。

4.2　中心地域の林業山村・川上村での取り組み

川上村の住民は伝統的にさまざまな木工関係の職業や育成林業に従事して

318　第Ⅲ部　現代の光景

いた。西南日本の外帯に位置する気候条件・地質条件・急峻な地形条件が杉と檜の生育に適していた。造林地は山守と呼ばれる地元管理者と山労によって手入れがなされた。社会的紐帯が強固なので，各村落共同体の領域は各共同体の住民によって管理運営されていた。そして，林業が河川流域全体の協業を必要としたので，流域内の村落共同体は経済・社会・環境の条件を向上するためにいくつかの関係組織を設立した。また，山守は江戸時代から長期にわたって親から子に継承されてきた。しかし，林業の衰退と都市的/近代的生活様式を好むようになり，諸条件の劣化と深刻な人口減少と高齢化が山守制度の存続を脅かすようになり，今まさに山守制度は風前の灯の状態になっている（表3）。

このような状況下において，一定数の山守たちと地元の諸機関が相互に努力をして林業を再活性化する施策を実施しはじめた。山守たちは2003年に木材生

表3　川上村における山守の減少

集落	山守				世帯数	
	1940年頃	現在			1940	2010.9
		A	B	C		
東川	8	5	1	2	165	158
西河	2	0	1	1	78	86
大瀧	4	0	3	1	69	69
寺尾	3	0	3	0	23	14
北塩谷	1	0	1	0	18	10
迫	3	0	2	1	80	55
高原	14	3	4	7	100	79
人知	3	1	1	1	43	20
白屋	6	1	2	3	65	9
井戸	2	0	2	0	35	19
武木	4	1	3	0	61	33
井光	4	0	2	2	58	55
下多古	8	2	5	1	55	21
白川渡	4	1	3	0	37	36
枌尾	3	0	3	0	32	23
中奥	2	2	0	0	29	27
瀬戸	5	2	3	0	29	17
北和田	4	1	2	1	55	41
神之谷	2	0	2	0	23	14
上多古	4	1	1	2	61	42
柏木	1	0	1	0	65	60
上谷	4	1	3	0	22	4
大迫	5	2	2	1	20	9
伯母谷	4	1	3	0	17	7
入之波	3	1	1	1	68	19
合計	103	28	51	24	1308	927

注）表中のAは現役の山守，Bは名目上の山守（活動停止状態），Cは廃業した山守。

資料）川上村役場（1939）『世帯主一覧』。

産・販売の事業体を設立して「川上さぷり」と名づけた。彼らは植林から伐採・加工・市場化までを一貫経営して，造林部門と木材製造・販売部門の両方を管理することを目指した。後半部分の過程にあたる木材の販売部門の管理実現のため，「川上さぷり」は吉野材の高品質を共通認識している都市部の大工・ハウスメーカーに働きかけて提携を結んだ。

この活動は2つの点で際立った特徴がある。1つは，立木・丸太（素材）・木材のそれぞれの価格の下落による利益の縮小を，実生苗から成木までの育成，立木の伐採，丸太の製材加工を一貫して営むことによって最小限にしようとする点，もう1つは川上村内部において林業関係の職の機会を増やして利益と雇用を域内に確保し，提携をつうじて利益を域内に還流して育成林業の再生産に結びつけようとする点である。山守が歴史的に有した育林生産から素材販売までの権能に大工・ハウスメーカーとの提携により丸太（素材）の製材・消費を補完して，一貫体制の育成林業を確立しようとする活動といえよう。

現在のところ，事業はまだ確実な状態になっていない。「川上さぷり」は取引の件数と取扱量を一度は上昇させた。しかし，2007年以降事業状況は再び減少に転じた（表4）。それゆえ，「川上さぷり」は宣伝活動を強化し，

表4 川上さぷりの経営状況

年度	売上金額 億円	取扱材積 ㎡	㎡あたり 単価 万円	契約件数 概数	職員数	売上額中のシェア				
						取引先数	A	B	C	D
2003	0.8	－	－	－	4					
2004	1.8	－	－	－	5					
2005	2.8	2350	12.0	65	7					
2006	4.2	2800	15.0	80	8					
2007	3.4	2500	13.6	70	8	110	78	86	99	3
2008	2.8	2300	12.0	65	7	91	76	79	89	2
2009	2.5	2200	11.6	60	6	86	74	82	89	1

注）川上産吉野材販売促進協同組合資料による。
　　Aは吉野郡＋橿原市と桜井市，Bは奈良県内，Cは近畿，Dは所在地未詳の金額比シェア（％）。

320 第Ⅲ部 現代の光景

2010年に吉野材を理解して使用する新たな大工たちと同盟を結び，再度事業状態が改善した。

さらに2014年に川上村役場が中心になって，「川上さぷり」も含め，川上村内に所在するいくつかの林業関係機関とともに「川上社中」の組織を設立した。このことは，川上村役場自身が，現状の困難を打開するために，また先進林業地域として存続し続けるために，真剣に林業を再活性化する仕事にとりかかったことを意味する。川上村の諸機関や一部の山守たちは，吉野の林業と木材加工の伝統的で手の込んだ生産技術が日本の林業の状況が大きく変化しても重要でしかも代えがたい可能性を持っていると信じているので，将来に向けての真剣な取り組みを続けている。

4.3 中間地域の天川村と十津川村での取り組み

天川村では，1980年台には大字ごとに数社は活発に活動する事業体があり，村外の林業家の森林の地元管理者（山守）や地元の林業家が素材を搬出し，磨き丸太も盛んに搬出されていた。しかし，2000年台には大半の山守や林業家が常雇従業者を抱えることがなくなり，森林組合の作業班以外の搬出事業体は2〜3軒にまで減少した。

ところで，天川村は熊野川（新宮川）の水源に所在し，傾斜は緩やかなので，川へのアクセスが容易である。川迫ダムが最上流部にあり，発電事業を営む関西電力が堆積物をダム湖の中で回収することが河川の保全につながっている。この川の水量が豊富で，淵と瀬がよく保全されているので，釣り観光が長く人気がある。林業の不振とはうらはらに，従来からの釣り観光とともに，キャラバンキャンプ場が川沿いに建設され，1990年台から観光客が増えた。2010年台には，奈良県全体の約半数にあたる25のキャンプサイトが天川村にある。観光客のおかげで，ある程度のレストランや食料雑貨店が営業を続けている。

たいていのキャンプは各集落の上層の世帯が経営している。それらの世帯のなかには，村外の林業家の森林の地元管理者で，元は熱心に林業を行って

いた家もある。部落の住民にとって，キャラバンキャンプ観光は林業とはかなり異なるビジネスである。キャラバン観光は，家ごとの経営で，家族構成員が仕事に従事する。家族以外の労働者は，ほとんど必要としないので，経営世帯以外に雇用が拡大することがない。しかし，キャンプ宿泊客はしばしば夜おそくまで花火をし，大声をだすので住民生活の安穏に支障を生じる。また日中に川で泳ぐので釣り客にとって邪魔になっている。川沿いの利用のしかた，遊ぶ時のルールについて，これまで住民の間で話し合いは行われていない。

　かつては育成林業を支えた部落有林野であるが，現在，天川村では，次の問題が生じている。いくつかの村が部落有林野を管理しているが，部落有林野は2タイプに分類できる。一つは部落民が所有するタイプ，もう一つは財産区のタイプである。両者は部分的には非常に類似しているが，相違点も多い。部落の住民が所有者の場合は，利用や収益の有無にかかわらず毎年税金を支払わなければならない。一方，財産区の場合は市町村財産に位置づけられるので，課税の対象にならない。洞川集落は300ha以上の部落有林野を財産区として運営していて，広大な人工林のほか，いくつかの観光資源施設を含んでいるので，多くの利益を受け取っている。一方，塩野集落では，200ha以上を住民所有の部落有林野として，立木一代の間貸与する方式で運営してきた。近年ほとんどの借地人が間伐も伐採もしないため，塩野部落は収入を得られないにもかかわらず，毎年固定資産税を払わなければならない。塩野集落は，深刻な過疎化が進行している村の西部に位置しており，西部に所在する別の2集落はすでに無住になっている。塩野部落はこの困難な状況を取り除くすべがなく途方にくれている。

　このように，林業の長期にわたる不振のなか，集落間で人口減少の進行が異なる。天川村西部では集落群が消滅の危機にあり，中・東部ではキャラバンツーリズムが隆盛するものの，全村的に有効な過疎対策が打てていない。その間，森林所有構造に大きな変化は起きておらず，天川村の山守と森林所有者は，林業の困難な問題に取り組むことはしてこなかった。このような状

況下，村に住み資産を得てきた村民の中には，都市やその周辺部に追加的に資産や財産をもつ人たちがいる。この現象は，彼らが将来に対して不安を感じていて村外に安全な避難所＝潜在的居住地を確保することが必要と感じていることを物語っている。

十津川村は天川村同様，中間地域を構成している。十津川村でも林業が不振になり，村内に所在した素材市場は市売りを停止し，伐採量が減少して100を超えた搬出業者が大幅に減少した。そのため，十津川村森林組合が，山林労働の作業班の組織化とともに，十津川材の販売促進のため，大字林に木材加工流通センターを設けた。当初は村内の公的機関でのセンターの製品の利用が目立った。さらに，2011年の紀伊半島大水害により，搬出業者は2社にまで激減した。しかし，災害を経験した十津川村では，村長の方針のもと，育成林業を村の存続に不可欠の産業と位置づけ，その活性化に取り組んで現在に至っている。村は住友林業とコンサルタント契約を結び，林道整備（路網密度・道幅）と機械化により，育林から伐出までに要する固定費用の削減を進めている。また，隣接県を対象にした住宅・家具・内装メーカーとの提携とともに，中国・韓国への長期にわたる量的に安定的な輸出を念頭においた育林材の生産目標をたてている。十津川村の取り組みは，高級住宅建材の提供を志向する川上村とは異なり，中品質の素材・製材・加工品の大量提供による事業と雇用の創出に力点を置いている。

4.4　周辺地域野迫川村の状況

これに対して，周辺地域に所在する野迫川村は，村自体が消滅の危機に瀕している（表5）。育成林業の歴史が浅く，林業関係での社会的分業は進展せず，市場における育林材の価値も高くない。野迫川村でかなりの森林面積を所有する多くの林業家には，保続のほか，破産，操業停止も多い。その育成林の資産価値は大きく減じてしまった。2009年に野迫川村役場は，村外の篤林家が4億円以上を投じて育てた森林をわずか1500万円で購入した。これは，野迫川村における育林生産の価値体系の崩壊を象徴しており，野迫川村

第8章 日本林業の衰退・再編と地域アイデンティティの模索 　323

表5　野迫川村　大字（集落）別の世帯・人口増減タイプ

組	集落	年	1960	1970	1980	1990	2000	2010	2010/1960	タイプ[2]
野川組	今井	世帯	47	40	32	29	22	19	0.40	C
		人口	189	144	93	63	39	30	0.16	
	平川	世帯	−	−	−	1	1	0		
		人口	−	−	−	2	1	0		
	栢原	世帯	56	47	38	34	30	22	0.39	C
		人口	243	168	89	80	56	39	0.16	
	中	世帯	56	48	29	31	32	29	0.52	C +
		人口	259	185	103	78	67	48	0.19	
	上	世帯	42	36	28	25	24	31	0.74	A
		人口	171	125	77	64	56	60	0.35	
川並組	中津川	世帯	0	0	7	2	1	0		
		人口	0	0	13	4	1	0		
	池津川	世帯	77	65	41	30	34	27	0.35	C −
		人口	295	200	97	63	52	35	0.12	
	立里	世帯			25	13	5	5	0.20 [1]	C
		人口			46	30	15	9	0.20 [1]	
	紫園	世帯	0	0	0	0	0	0		
		人口	0	0	0	0	0	0		
迫組	上垣内（小字）	世帯	55	40	34	31	42	41	0.75	A +
		人口	195	165	101	97	118	114	0.58	
	北股	世帯	51	44	42	39	38	37	0.73	A +
		人口	249	195	175	132	114	87	0.35	
	平	世帯	22	18	11	10	9	10	0.45	C +
		人口	117	77	31	28	25	22	0.19	
	大股（小字）	世帯	20	30	18	16	18	16	0.80	A +
		人口	107	141	76	71	52	43	0.40	
	北今西	世帯	39	42	24	20	26	18	0.46	C −
		人口	205	180	83	52	41	29	0.14	
	桧股	世帯	26	24	15	10	10	8	0.31	C −
		人口	136	88	54	39	25	19	0.14	
	弓手原	世帯	27	29	24	22	20	18	0.67	B
		人口	131	147	73	53	39	30	0.23	
全村計		世帯	518	463	368	313	312	281	0.54	B
		人口	2297	1815	1111	856	701	565	0.25	

資料）住民基本台帳による。
　注）1）2010／1980年値。
　　　2）世帯・人口の増減率により，A，B，Cに3大別し，各タイプの中でさらに細分類した。

324　第Ⅲ部　現代の光景

役場自身がそれに与したのである。この意味において，新たな林業が必要になっている。それは吉野の育林体系とは異なる方向にある可能性が高い。

　野迫川村の住民のなかには森林所有者が一定程度いて，家族経営（林家）として林業を営むのには十分な規模である。しかし，かれらの目指す方向は明らかではない。数部落は大規模な部落有林野をもっていて，分収造林契約が公的な林業機関（森林開発公団など）との間で結ばれている。森林は，野迫川村の世帯にとって，財産であると同様ここでの生活を支える装置にもなっている。野迫川村の流域では河川の水量は豊富でないので，キャラバンツーリズムは不活発である。いくつかのツーリズム施設が国や県の補助金によって整備されたが，その大半の施設は十分管理運営されていない。

　野迫川村が差し迫った状況になった一因は，40年にわたる前村長在任の間に，産業や新たなチャレンジの取り組みがあまりなされてこなかったためである。この間に村外の数名の投資家が，村内に数カ所アメニティ事業を開始した。オフロードの自動車コースが建設されたし，さまざまなセカンドホームが以前耕地だった場所に建設された。3ないし4集落には，それぞれ10軒以上のセカンドホームがある。その住人たちは役場や部落の人たちとほとんど関わりをもたない。村人の側からみれば，これは空虚な空間の拡大と認識されているかもしれない。一方で，野迫川村の住民の中には，都市や都市近郊にセカンドホームを所有している住民が一定数いる。村の住民は独居者の比率が非常に高い。3ないし4部落を除けば，人口減少が深刻である。

表6　野迫川村における企業・事業所と被雇用者数

企業・事業所	数	被雇用者数
建設	10	55
日用品	6	12
木工	1	3
ゴム製品工場	1	2
民宿・旅館・ホテル	10	28
宗教法人	1	11
養魚場	1	3
そうめん製造所	5	28
郵便局	1	9
土産物店	2	2
林業	4	28
食堂	3	7
高野豆腐製造	1	2
合　計	46	190

資料）野迫川村総務課資料による。

第8章　日本林業の衰退・再編と地域アイデンティティの模索　325

表7　野迫川村の世帯数と住民および村外2地域居住者のセカンドホーム数

集落	全世帯数	就業世帯	無職世帯	住民が村外にもつセカンドホーム数	村外の2地域居住者が村内にもつセカンドホーム数
今井	19	4	15	2	0
平川	1	0	1	1	0
柞原	23	3	16	2	14
中	29	8	19	?	2
上	30	16	14	?	4
中津川	0	0	0	0	0
池津川	28	8	28	?	0
立里	5	4	1	?	1
上垣内	38	10	20	5	8
北股	36	12	12	4	5
平	9	2	7	2	0
大股	16	8	8	2	0
北今西	18	3	15	?	2
桧股	8	4	4	2	4
弓手原	18	4	14	3	12
合計	278	86	174	23	52

注）2008-2009年時の聞き取りによる。不明世帯や村内一時移住世帯があり，集落ごとの世帯数等が必ずしも一致しない。

　野迫川村には従業員のいる企業・事業体が2009年現在46あり，従業員，経営者，公務員を含む全労働力は190人である。高野山や公的機関など村外の企業・事業体で働く村民は約15人なので，約205人の住民が定職についている（表6）。住民のほぼ3分の2は退職した高齢者である。多くの人が入院や老人ホーム・介護施設に入っているか，通院のために村外に住んでいる。一方で，多くの都市住民がセカンドホームとして野迫川村に家を買うか建設している（表7）。

326　第Ⅲ部　現代の光景

　このように，野迫川村では，村の部分的放棄が進行している。市町村役場の能力の相違が，かなりの程度地域の今後の見通しに影響を与える。また，山村で加速している農業の不在が，住民をフットルースにして（場所から解放して），転出と二地域居住を促進している。

　以上，上位県から中位県に下落した先進林業地奈良県の吉野林業地域において，それぞれの町村ごとに産地の縮小，深刻な過疎化の進行とともに，他方で，林業地としての独自の再生の歩みが進行していることを確認した。

4.5　小括

　1990年台以後の日本林業の再編のなかで，木材の国際価格への平準化が進行した。その基軸のなか，現在，新たに育成林業が進行し，千葉県や奈良県などの先進林業地域はその地位を低下させた。奈良県では中核地域・中間地域・周辺地域の動向を検討し，既存林業地域の縮小と地域差を伴う対策や活動が選択されていることが明らかになった。基幹産業として成り立つのに可能な伐採量を確保して林業を持続可能な地域産業として存続させる取り組みは，生産する用材の質・施業体系と不可分の関係にある。これらの先進林業地域における取り組みは，産地の縮小が進行するなかで，一定の閾値を満たす主産地を維持・再生する努力が行われていることを示し，かつその可否が予断できない状況にあることを物語っている。

5．岩手県における林業の現況

5.1　岩手県の多様な林野利用と林業の興隆

　本章では，前章とは異なり，多様な林野利用を維持し，そのなかで素材生産に関しても平均的な県から徐々に上位県に上昇してきた岩手県を対象に，林業の実態とアクショングループの展望を分析する。

　まず，2016年の農業部門別産出額による農業類型では，岩手県は畜産に特

第8章　日本林業の衰退・再編と地域アイデンティティの模索　　327

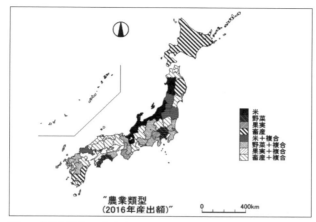

図11　農業類型（2016年産出額の第一販売部門）

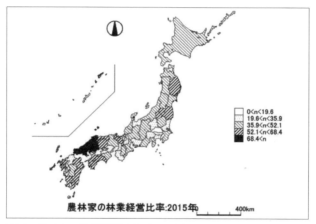

図12　農林家の林業経営比率（2015年）

化した県である。その牧畜は，伝統的には混牧林や改良牧野，1970年前後からは集約牧野の造成による山地への放牧の比重が高い特色がある。また，岩手県は農業だけでなく林業を兼業する農林家の比率が，島根県をはじめとする中国地方西部に次いで高い地域に属している。

次に，農林水産統計によれば，2015年現在，岩手県は，林野面積が北海道に次いで広く，林家数は最も多く，素材生産量は，北海道（329万㎥），宮崎

第Ⅲ部　現代の光景

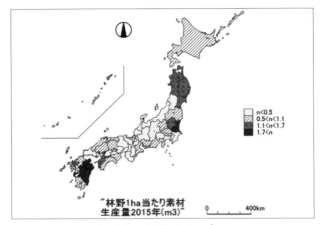

図13　林野1ha当たり素材生産量(2015年 m^3)

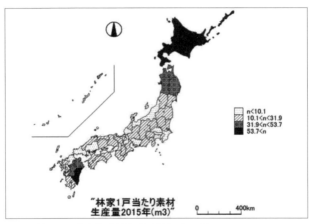

図14　林家1戸当たり素材生産量(2015年 m^3)

県（179万m^3）に次いで第3位である。素材生産の内訳をみると，岩手県（152万m^3）は，製材用（53万m^3），木材チップ用（54万m^3），その他（45万m^3）の各用途割合が比較的均等に近い点が特徴である。製材用は製材・集成材などの用材を指す。A材と通称し，この統計では，合単板＝ベニア材（丸太を桂剥きにして一般に直交に貼る。通称B材）も含まれる。木材チップ用はC材と通称し，針葉樹・広葉樹の製紙用パルプ原料のほか，緑化・舗装・農業・

園芸等に用いる。針葉樹の木材チップは燃料材としても適しているが，統計では薪・木炭・木質バイオマス燃料材等の通称D材はその他として分けられている。先進的な育成林業地域では製材用の比重が高い。木材価格の低下と林業再編の中での多様な素材生産の実現は，未利用廃棄を減らして多様な用途により高利用率を目指すカスケード利用として評価できる可能性が高い。牧野としての林野利用や農林家の林業経営比率の高さと併せて多様な素材生産を実現している岩手県の農山村生産活動は，森林・林野との結びつきが深い。

次項では，岩手県内における4カ所の専焼の木質バイオマス発電所の稼働状況に注目して，森林資源の持続的利用に向けた取り組みについて検討しよう。

5.2　木材・チップ加工・木質バイオマスのカスケード利用の展開と限界

岩手県内および県境に近い隣接地において2018年12月現在稼働している木質バイオマス発電所および年間生産量7万m³以上の集成材工場・合板工場の分布を図15に示した。これらは，地元資本である宮古市川井に所在する製材・集成材工場と発電所を除けば，東京に本社をもつ大手の林業会社，合板会社，産業廃棄物処理・リサイクル事業者，製紙会社，福井市に本社をもつ日本有数の建材メーカー，生活協同組合などが出資する事業所である（表8）。地元製材業者を除く事業者は，すべ

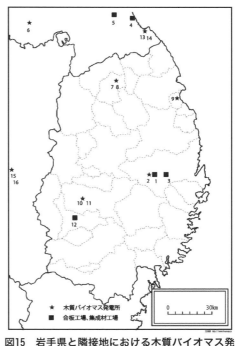

図15　岩手県と隣接地における木質バイオマス発電所と大型製材（集成材，合板）工場

注) 図中の番号は表8と対応している。

330 　第Ⅲ部　現代の光景

表8　岩手県と隣接地の木質バイオマス発電所と大型製材（集成材, 合板）工場

番号	1	2	3	4	5	6	7	8
事業所名	有限会社川井林業（本社工場, 雫石工場）	ウッティかわい（本社工場, 蟹岡工場, 区界発電所）	ファーストプライウッド株式会社	青森プライウッド株式会社	株式会社津軽バイオマスエナジー（平川発電所）	一戸フォレストパワー（電力販売事業者：御所野縄文発電所）	一戸森林資源（燃料製造事業者）
所在地	岩手県宮古市川井第2地割2番地 岩手県岩手郡雫石町長山太婦岩23番1	岩手県宮古市川井第6地割35番地 岩手県宮古市夏屋第4地割4番地	岩手県宮古市区界第4地割168番1	青森県上北郡六戸町金矢3丁目2番地1	青森県上北郡六戸町金矢3丁目2番地1	青森県平川市中佐渡下石田35番地1	岩手県二戸郡一戸町岩舘字田中65番地1
業務内容	製紙用チップ製造 集成材製造	製材・部材・集成材製造	木質バイオマス発電（区界発電所）	LVL（単板積層材）（建築材料：スギ・マツの筋違, 母屋桁, 垂木等）の製造	LVL（単板積層材）工場	木質バイオマス発電	木質バイオマス発電	木質バイオマス資源としての燃料チップの製造
設立年月	1960年3月	1992年6月		2014年5月	2018年3月	2013年4月	2014年1月
稼働開始年月	1960年3月	1992年6月	2014年4月	2015年4月	2019年4月	2015年10月	2016年5月	2014年3月
製材・集成材・合板・チップ等の年間生産量		81600㎡（集成材）	―	120000㎡	売上高32億8100万円を計画（2021年度）	チップ：280トン/日を生産		約10万㎡（木質バイオマス必要量）
年間原木換算消費量	180000㎡	233000㎡	8万トン 6.9トン/h			7.2万トン（木質チップ210トン/日を消費。間伐材, りんご剪定枝）	8.3万トン	9.8万トン（70km圏内から調達）
原料調達			自社製材端材6割		バイオチップ株式会社		ノースジャパン素材流通協同組合 二戸地方木材安定供給協議会（幹事：二戸地方森林組合）
時間当たり発電可能量	―	―	5800kW/h			6250kW/h	6250kW/h
実発電量	―	―	4669万kW/年			4000万kW/年 一般家庭14000世帯相当	5092万kW/年
売電量	―	―	4030万kW/年 新電力の事業所			90%以上を津軽あっぷるパワー（タケエイグループ会社）に売電。平川市内の小中学校＋公共施設等に送電。新電力にも売電	4467万kW/年をモノノ電力（東京都所在）に売電	
排熱の利用	―	―	特になし	―		親水性膜を用いた水耕トマト栽培（津軽エネベジ㈱2016年4月開始）	特になし
雇用者数, うち地元人数	47人（本社16名, 雫石31名）：男40人, 女7人	108人（旧川井村7割）：男93人, 女15人	99人（男92人, 女7人	50人		発電所22人＋チップ工場18人＝40人	25人（一戸町, 九戸村, 二戸市から23人, フジコー（千葉県）から2人）
備考：出資等	社長：澤田　令			ファーストウッド株式会社（飯田グループホールディングス。最大規模のハウスメーカー。購入部材の内生化を志向。福井市川尻町第40号126番地1）, (有)川井林業, 日新林業株式会社, 青森県森林組合連合会の4社が出資 代表：澤田　令	CO_2を2万トン/年削減 株式会社T・Vエナジーホールディングス（タケエイ：東京都港区の産業廃棄物処理会社） 津軽バイオチップ株式会社 平川市 みやぎ生活協同組合 生活協同組合コープあおもり 青森県民生活協同組合	株式会社フジコーの100%子会社 当初候補地八幡平市安代地区に送電線の空きがなく, 当地に設立を決めた。	「未利用材」は素材生産量の20～30%程度

注）現地調査等により入手した資料により作成。

9	10	11	12	13	14	15	16
野田バイオパワーJP	花巻バイオマスエナジー(電力販売事業者:㈱花巻銀河パワー)	花巻バイオチップ㈱(燃料製造事業者)	北上プライウッド(結の合板工場)	八戸バイオマス発電株式会社	みちのくバイオエナジー	株式会社大仙バイオマスエナジー(秋田グリーン電力)	秋田バイオマスチップ
岩手県九戸郡野田村野田第22地割52番地3	岩手県花巻市大畑第9地割92番地		岩手県北上市和賀町後藤1-112-1(後藤野団地)	青森県八戸市河原木字浜名谷地76-370		秋田県大仙市協和稲沢字台林16番地1	
木質バイオマス発電	木質バイオマス発電	木質バイオマス資源としての燃料チップの製造	構造用合板	木質バイオマス発電	木質バイオマス資源としての燃料チップの製造	木質バイオマス発電	木質バイオマス資源としての燃料チップの製造
2013年3月設立 2015年2月造成工事完了	2014年10月	2015年2月	2013年 2015年3月試運転			2016年4月	
2016年7月	2017年2月	2017年2月	2015年5月	2018年4月1日	2018年4月1日	2019年2月予定	2019年2月予定
－			約10万㎡(330万枚/年)				
15.7万トン(80km圏内。内PSK2.7万トン)	約7万トン		スギ, カラマツ, アカマツ	約13万トン 青森県三八・上北・下北地域の間伐材(林地未利用材),周辺鉄道林 パームヤシ殻			
久慈地域木材安定供給協議会(幹事:野田村森林組合)		間伐スギ, 松くい虫被害木アカマツ	岩手県森林組合連合会を窓口に,19森林組合の8保管所から供給	原木:住友林業フォレスト チップ:みちのくバイオエナジーが供給			
14000kW/h	6250kW/h	－	－			7050kW/h	
10800万kW/年	4000万kW/年 一般家庭14000世帯相当	－	－	12400万kW/年 一般家庭27000世帯相当	－	約5000万kW/年	
9956万kW/年を新電力2社に売電し,野田村公共施設(役場庁舎,小中学校,学校給食センター),岩手生協等に送電	公共施設,事業会社,生協等で使用	－	－	－	－	5000万kWh/年	
	施設園芸を周辺に建設して農産物・果樹栽培	－	－	－	－	発電出力	
			50人(男44人,女6人。北上市から35人)				
軽米町の大規模太陽光発電(軽米西ソーラー(48MW),軽米東ソーラー(2019年12月予定,80MW),軽米尊坊ソーラー(2021年10月予定,40.8MW)が稼働したら出力抑制の可能性がある	株式会社T・Vエナジーホールディングス(タケエイ:東京都港区の産業廃棄物処理会社)花巻バイオチップ株式会社 花巻市 興和林業株式会社 みやぎ生活協同組合 岩手生活協同組合	株式会社T・Vエナジーホールディングス(タケエイ)	セイホクグループ(セイホク株式会社秋田プライウッド株式会社ら4グループ企業の出資で建設)国産材原料の岐阜県森の合板協同組合(中津川市)に次ぐ2カ所目の内陸合板工場。震災被災の大船渡市の2合板工場に代わる工場。総工費78億円=31億円(国が震災復興補助)+15億円(県が復興支援)+4億円(北上市補助金)	住友林業㈱52% 住友大阪セメント㈱30%,東日本旅客鉄道㈱18%	住友林業㈱100%出資子会社	株式会社T・Vエナジーホールディングス(タケエイ)みやぎ生活協同組合 株式会社門脇木材 タブロス株式会社 株式会社サイサン	

332　第Ⅲ部　現代の光景

て2011年東日本大震災被災後に設立されている。発電所は2012年に導入され
た再生可能エネルギー固定価格買取制度（FIT）を利用して設立している。
製材所等の設備・拡張は，国による林業構造改善事業の補助金を得て行われ
ている。木材資源を活用したこれらの事業所の設立により，それぞれ20〜数
十人の男子労働力の雇用機会を創出している。

　木質専焼のバイオマス発電所が岩手県下に設立された2016年当時，岩手県
農林水産部林業振興課（2016）はそれぞれの発電所が相互に立地地点の約
50km圏から原料の原木を集荷できる関係にあることを想定していた。その
後，青森県，秋田県においても木質バイオマス発電所が設立され，実際には
原料獲得の競争が生じ，原料の仕入れ価格が上昇している。しかし，大手資
本が出資して，発電所や製材工場（合板，集成材）を設立する動きは2010年
台以降拡大して，現在，表8が示すように，岩手県と隣接地において10カ所
を数え，雇用を創出するに至っている。FITや震災復興補助の存在がこれら
の立地を促したといえよう。日刊木材新聞（2015）によれば，新設木質バイ
オマス発電所は日本全域で68に及んでいる。その出資状況に注目すると，多
くが大手資本の出資による。したがって，雇用の機会は拡大しているが，地
元から事業体が設立されることの少ない点は，他の電気事業と同様である。
製材（合板・集成材）工場とバイオマス発電所はそれぞれ，A,B材とD材
を原料（燃料）とするので競合の程度は小さく，カスケード利用が促進され
て，未利用材の林内捨て切りが減少し，森林環境も改善に向かっていると思
われる。木材生産の隆盛による林業の再編を岩手県の状況は如実に示してい
るが，東京や業界の大手資本が大半の経営者をなすので，地域アイデンティ
ティの形成の点では限界が大きいと思われる。

　また，日本における木質バイオマス発電所を中長期的経営から見た場合，
次の2点が懸念される。

　第一は，FIT失効後をにらんで木質バイオマス発電の経済性をいかに向上
させるかについての見通しをもった取り組みが弱い点である。木質バイオマ
ス発電は燃焼による熱風を電力に転換しているため，水力と比較して発電効

率はかなり低いので，設備稼働率つまり常時稼動することによりそれを補うことが重要である。それとともに，デンマーク（ボーンホルム島），スウェーデン（エステルスンド市やベクショー市），スコットランド（シェトランド諸島），オーストリアなどの実例では，いずれの場合も発生する熱水を用いた地域暖房と発電を組み合わせることで，他の発電方式に対する経済優位性を追求している（松尾 2013）。これに対して，日本のバイオマス発電所は，(株)津軽バイオマスエナジーや(株)花巻バイオマスエナジーによる，温水を用いた農産物栽培の例がわずかにあるものの，大半が発電事業単独での運営である。いわば FIT により20年間保証された未利用材の固定買い取り価格の高さに依存した運営にとどまるため，その後の事業展望が定かでない。

第二は，木材資源すなわち林野の木材資源量＝材積を，国や県あるいは森林組合など林政や林業の関係機関が捕捉していない点である。そのため，資源賦存量が必ずしもわからない状態で木質バイオマス発電所の立地を決定せざるをえない。用材・集成材，合板，製紙用チップ，木質バイオマス材などの用途別材積量についてはいっそう不明な状況にあるため，手探りの状態で木材利用が行われている。したがって，林業再編のなか活発な林業経済活動を営む新しい中心域においても林業による地域形成の方向を見通せていないと言わざるを得ない。

6．結論：日本の山村地域において現在必要な要素

以上，先進林業地域における再編，困難と現在の展開動向を説明した。ここでは，日本山村の持続可能性にとって今日必要な要素について考えたい。

人口減少と高齢化により日本の山村集落は以前のような活力がない。国産材が1960-70年台の状態に再びなることもない。それゆえ，これらの地域の人々は林業を他の事業と結びつけ，あわせて外部からの支援に頼る必要がある。再活性化の方策として次の3点が引き続き重要な点になるだろう：部落と市町村役場との関係，住民とボランティアや補助支援者との相互関係，新

たな地域の価値とアイデンティティの3点である。

　第一に，部落と役場との関係には次の4種類がある。役場の地域振興に関する施策が適切か否かはかなりの程度両者の関係によって決まる。ⅰ）衝突。その部落が市町村の中で少数派に属する場合，往々，その部落は従前の権益や利点を失い，他の部落や市町村役場と衝突に陥る。ⅱ）トレードオフ。部落が十分な力を持つ場合あるいは他の部落にほとんど影響を与えない場合，他からの支援はほとんど期待できないけれどもその部落は自分自身の思うとおりに進むことができる。ⅲ）ケースバイケース。国・県・市町村の農村政策は相互に時にはうまくマッチするが，互いにうまくマッチしないこともある。それゆえ，部落は自らの活動の優先順位をたてて部落構成員との定期的対話を通じて事前に外部の政策に迅速に対応できるように対応方法を選択し準備しておくべきである。ⅳ）相乗効果。市町村が類似した部落群で構成されている場合，部落間でスムーズに相乗効果が得られることがある。川上村と構成部落群はこの好例である。

　江戸時代の行政村や明治時代の部落は現代のより大きな行政村に編入されてしまい，現代の行政村が代わって施策を展開することも多い。現代の市町村は地元の活性化施策を実行するために国のさまざまな補助金を利用する。それゆえ，伝統的な部落はこのスキームに参加する機会を獲得する必要がある。この意味で，農村集落はより大きな現代の市町村と調和して自らの現代的アイデンティティを確立することが期待されている。それとともに，現代の部落はその部落の住民の意向や利害と両立する目的をどのようにして作り上げるかに一生懸命取り組むことも重要である。

　第二に，住民と支援者の相互作用がいかなる次元で行われているのかを観察しなければいけない。農村生活にとって社会経済的条件と森林資源の状態を改善することが重要である。外部のパートナーと交流することは，仕事と生活に十分な人数を獲得するために必要である。職業に関しては，個人化が進行している。仕事の質を維持するためには一定程度の労働力が必要である。育成林業地域の特色として，私有林野と部落有林野に対する排他的所有

権が住民たちによって守られてきたし，排他的態度は強化された。しかし，これほど深刻な人口減少のもとでは，柔軟な対応が不可欠である。転入者，セカンドホームへの一時的居住者，外部の支援者は貴重である。市町村や村落共同体の施設を維持管理するために，国や県から補助金を支給されて活動する支援者（地域おこし協力隊など）を導入し始めた。グラノベッター（Mark Granovetter 1973）が現代は環境や生活スタイルや価値観が異なる人々の間での「弱い紐帯」の機能が一層重要になっていると主張した。「弱い紐帯」が他の「強い紐帯」を結びつけるためのブリッジの役割を果たしている。住民と支援者との間の紐帯は部落群を管理する代替的なシステムと新しい地域の価値やアイデンティティを創出する可能性をもっている。住民と外部の支援者の間の相互作用は林業にとっても新しいビジネスや明確な地域アイデンティティをもった新しい部落群の創出にとっても必要不可欠である。

　第三に，新しい地域の価値は必然的に生活に関連する。吉野林業地域の事例は，生活の大きな変容が進行していることを物語っている。どこに住むか，どのように住むかと同じように，「住むとはどういうことか」が再考すべき不可欠の目標になっている。ローカルアイデンティティを追求することは未来のために重要であり，また，「住むとはどういうことか」あるいは現在のライフスタイルにおいて何を実質的な生活空間と見なすべきかに言及するには，ローカルアイデンティティについて考えることが必要である。

〔参考文献〕

Granovetter, M.（1973）'The Strength of Weak Ties', *American Journal of Sociology,* vol. 78-6, pp. 1360-1380.

一戸町産業部農林課（2018）『一戸町における木質バイオマス発電計画について』。

岩手県沿岸広域振興局農林部・宮古農林振興センター林務室（2017）『宮古・下閉伊の森林・林業』。

岩手県農林水産部林業振興課（2016）『岩手県における木質バイオマスエネルギーの利用促進に向けた取組について』。

336　第Ⅲ部　現代の光景

株式会社一戸フォレストパワー（2018）『回答書』。

株式会社ウッティかわい（2018）『回答書』。

株式会社野田バイオパワーJP（2018）『回答書』。

川上さぷり（川上産吉野材販売促進協同組合）（2003-2009）『木材取扱量』。

川上村役場（1939）『世帯主一覧』。

北島正元編（1975）『土地制度史　2』（体系日本史叢書7）山川出版社。

総務省（1920-2015）『国勢調査』。

竹内理三編（1973）『土地制度史　1』（体系日本史叢書6）山川出版社。

日刊木材新聞（2015）平成27年1月8日記事　http://www.n-mokuzai.com　最終閲覧日
　2018年12月10日。

二戸農林振興センター林務室（2018）『岩手県及び青森県における新規木材需要量』

農林省編（1930-34）『日本林制史資料』vol. 1-30 朝陽会。

松尾容孝（2012）「日本における育林生産特化以前の林野利用図」『専修大学人文科学年報』
　vol. 42, pp. 1-30。

松尾容孝（2013）「再生可能エネルギーの現状と展望―オプション価値の意義―」『専修人
　文論集』vol. 92, pp. 17-53。

有限会社川井林業（2018）『会社案内』。

吉野木材連合会（1965-2008）『素材取引資料：素材価格，取扱量・取扱高』。

林野庁編（1969-2015）『森林・林業統計要覧』各年版　林野弘済会。

渡辺尚志・五味文彦編（2002）『土地所有史』（新体系日本史3）山川出版社。

あとがき

　本書は，「アクション・グループと地域主義―日本とヨーロッパの比較考察―」（専修大学社会科学研究所の研究助成課題）をきっかけにして発足した研究会メンバー6名が，計10回の会合を開催し，発表と議論を相互に重ねた研究成果の一部である。

　その議論の中で，われわれは「日本とヨーロッパの比較」ではなく，より幅広く考えることに方針を変更した。地理学，社会学，歴史学の間の「地域」概念に対する認識の違いは存在するものの，その一方で，デヴィッド・ハーヴェイ（David Harvey）やドリーン・マッシー（Doreen Massey）の所論が広く諸分野で共有されている現状のおかげで，「場所」や「空間」に関して共通の土俵が形づくられていることも確認できた。

　研究会では，地域・場所とその形成を巡る議論のなかで，「アクション・グループ」「地域主義」「アイデンティティ」を同じく重要な考察対象ないし視点と見なして研究を取りまとめることとしていた。しかし，スコットランドやカタルーニャの独立問題やUKのEU離脱問題が現実の政治や社会生活の大きな課題となり，新たな関係構築への道筋を示しえていない。従来とは異なる位相に転化した現在，地域主義とナショナリズム，国と国際組織の問題は日々新たな歴史を刻むただ中にあり，早急の議論を展開できる状況にない。それゆえ，「地域主義」に関する議論はあらためて検討すべき課題として後景に退き，アイデンティティへの言及の比重が高まった。このような状況を踏まえ，本書のタイトルを，『アクション・グループと地域・場所の形成――アイデンティティの模索――』とした。

　研究助成の申請から本書の刊行に至るまで，5名の先生方には大変お世話になり，ご教示と貴重なアドバイスをいただいた。そして，2018年度内の刊

行に対しては，ひとえに専修大学出版局の真下恵美子氏にお世話になりました。最後に，歴史学・社会学・地理学各2名，計6名の共同研究により本書が成ったことに対して，専修大学社会科学研究所による研究助成が支えになったことを明記して，謝意を表します。

編　者

執筆者紹介 （掲載順）

松尾容孝 （まつお やすたか）

[**現職**] 専修大学文学部教授　[**専門**] 人文地理学

[**著書・論文**] 'Restructuring of Japanese forestry and the sustainability of more advanced forestry regions', In W. Leimgruber and C. D. Chang eds., *Rural Areas between Regional Needs and Global Challenges: Transformation in Rural Space,* Springer Nature Switzerland, 2019.「村絵図の種類・目的と地域性についての覚え書き」『専修人文論集』102, 2018年。「今日の人文地理学（1）」「同（2）」『専修人文論集』95号, 2014年, 『同』96号, 2015年。「山陰における農山漁村の生業と生活」*IATSS Review*, 34-1, 77-89, 2009, ほか。

広田康生 （ひろた やすお）

[**現職**] 専修大学人間科学部教授　[**専門**] 都市社会学

[**著書・論文**] 『新版 エスニシティと都市』有信堂, 2003年（1997年初版, 第1回都市社会学会賞受賞）。『トランスナショナル・コミュニティ　場所形成とアイデンティティの都市社会学』藤原法子共著, ハーベスト社, 2016年（2017年第10回地域社会学会賞共著部門賞受賞）。『先端都市社会学の地平』共編著, ハーベスト社, 2006年。『地域社会学講座2 グローバリゼーション／ポストモダンと地域社会』共編著, 東信堂, 2006年。『都市的世界／コミュニティ／エスニシティ』共編著, 明石書店, 2003年。『外国人居住者と日本の地域社会』共編著, 明石書店, 1994年, ほか。

堀江洋文 （ほりえ ひろふみ）

[**現職**] 専修大学経済学部教授　[**専門**] 歴史学

[**著書・論文**] 「アイルランドとスペイン内戦」『災害　その記録と記憶』第7章, 専修大学出版局, 2018年。「エルトン史学の再評価」『思想』1115号, 2017年。「ソ連共産党, コミンテルンとスペイン内戦」『専修大学人文科学研究所月報』281号, 2016年。バージル・ホール著『ヨハネス・ア・ラスコ　1499-1560』翻訳・解題, 一麦出版社, 2016年。「宗教改革後のアイルランドとヨーロッパ」『思想』1063号, 2012年, ほか。

砂山充子 （すなやま みつこ）

[**現職**] 専修大学経済学部教授　[**専門**] 歴史学

[**著書・論文**] 「スペイン内戦と子供たち」『災害　その記録と記憶』第8章, 専修大学出版局, 2018年。「ラーフェンスブリュック強制収容所のスペイン人女性亡命者」『人文科学年報』44号, 2014年。『世界歴史大系　スペイン史』第12章, 山川出版社, 2008年。「戦争とジェンダー―スペイン内戦の場合」『近代ヨーロッパの探求11 ジェンダー』第6章, ミネルヴァ書房, 2008年, ほか。

樋口博美（ひぐち ひろみ）

[現職] 専修大学人間科学部教授　**[専門]** 社会学

[著書・論文]「伝統的地場産業産地における後継者育成と技能継承」『専修大学人文科学研究所月報』290号，2017年。「伝統的都市の祭礼に見る共同性の維持と創造―山鉾祭礼の"祭縁"を事例として―」『社会関係資本研究論集』第5号，2014年。「一品生産型職場の仕事とキャリア形成」『キャリアの社会学』第1章，ミネルヴァ書房，2007年，ほか。

山本　充（やまもと みつる）

[現職] 専修大学文学部教授　**[専門]** 人文地理学

[著書・論文] 'Multi-Local Living by German Population in Tyrol (Austria)', In H. Mckenzie *et al.* eds., *Infinite Rural Systems in a Finite Planet: Bridging Gaps towards Sustainability,* Universidade de Santiago de Compostela, 2018.「中央ヨーロッパにおける市場経済化の進展に伴う都市システムの変容」『専修大学人文科学研究所月報』270号，2014年。「フランクフルト―金融都市マインハッタン―」『中央・北ヨーロッパ（朝倉世界地理講座―大地と人間の物語―）』朝倉書店，2014年，ほか。

専修大学社会科学研究所 社会科学研究叢書 21

アクション・グループと地域・場所の形成
──アイデンティティの模索──

2019 年 3 月 30 日　第 1 版第 1 刷

編　者　松尾容孝

発行者　笹岡五郎

発行所　専修大学出版局

　　　　〒101-0051　東京都千代田区神田神保町 3-10-3
　　　　　　　　　　　　　　　㈱専大センチュリー内

　　　　電話　03-3263-4230 ㈹

印　刷
製　本　電算印刷株式会社

ⒸYasutaka Matsuo et al. 2019 Printed in Japan
ISBN 978-4-88125-338-0

◇専修大学出版局の本◇

社会科学研究叢書 20
映像の可能性を探る──ドキュメンタリーからフィクションまで
土屋昌明 編　　　　　　　　　　　　　　A5判　260頁　3200円

社会科学研究叢書 19
変容するベトナムの社会構造──ドイモイ後の発展と課題──
佐藤康一郎 編　　　　　　　　　　　　　A5判　260頁　3200円

社会科学研究叢書 18
社会の「見える化」をどう実現するか──福島第一原発事故を教訓に──
三木由希子・山田健太 編著　　　　　　　A5判　332頁　3400円

社会科学研究叢書 17
ワークフェアの日本的展開──雇用の不安定化と就労・自立支援の課題──
宮嵜晃臣・兵頭淳史 編　　　　　　　　　A5判　272頁　3200円

社会科学研究叢書 16
学芸の還流──東-西をめぐる翻訳・映像・思想──
鈴木健郎・根岸徹郎・厳　基珠 編　　　　A5判　464頁　4800円

社会科学研究叢書 15
東アジアにおける市民社会の形成──人権・平和・共生──
内藤光博 編　　　　　　　　　　　　　　A5判　326頁　3800円

社会科学研究叢書 14
変貌する現代国際経済
鈴木直次・野口　旭 編　　　　　　　　　A5判　436頁　4400円

社会科学研究叢書 13
中国社会の現状Ⅲ
柴田弘捷・大矢根淳 編　　　　　　　　　A5判　292頁　3600円

社会科学研究叢書 12
周辺メトロポリスの位置と変容──神奈川県川崎市・大阪府堺市──
宇都榮子・柴田弘捷 編著　　　　　　　　A5判　280頁　3400円

社会科学研究叢書 11
中国社会の現状Ⅱ
専修大学社会科学研究所 編　　　　　　　A5判　228頁　3500円

（価格は本体）